SI DIOSITO QUIERE, MIJA

Historias de fe, sanación y legado

Una Poderosa Colección de Historias de Mujeres, Su Fe en Dios y Sabiduría Generacional

Editado por: Eliza M. Garza

Prólogo de: Leticia Chávez - Contreras

Mija Media House

SI DIOSITO QUIERE, MIJA

Una Poderosa Colección de Historias de Mujeres, Su Fe en Dios y Sabiduría Generacional

Copyright © 2025 por Eliza M. Garza

Todos los derechos reservados. Ninguna porción de este libro puede ser reproducida, almacenada en un sistema de recuperación, o transmitida en ninguna forma o por ningún medio -electrónico, mecánico, fotocopia, grabación, escaneo, o cualquier otro- sin el permiso previo por escrito de la editorial, excepto en el caso de breves citas plasmadas en reseñas críticas o artículos.

ISBN: 979-8-9870469-7-5

Impreso en los Estados Unidos de América

A menos que se indique lo contrario, todas las citas de las Escrituras están tomadas de la Nueva Versión Internacional® (NVI®). Copyright © 1973, 1978, 1984, 2011 por Biblica, Inc.™.

Las citas de las Escrituras marcadas con ESV son de La Santa Biblia, Versión Estándar en Inglés® (ESV®). Copyright © 2001 por Crossway, un ministerio editorial de Good News Publishers. Usado con permiso. Todos los derechos reservados.

Las citas bíblicas marcadas con NKJV son de la New King James Version®. Copyright © 1982 por Thomas Nelson. Usada con permiso. Todos los derechos reservados.

Las citas de las Escrituras marcadas con KJV son de la Santa Biblia, Versión King James. Dominio público.

Descargo de responsabilidad

En esta antología vas a encontrar historias personales, reflexiones y opiniones de colaboradores individuales. Estos relatos se presentan como testimonios personales y no pretenden representar experiencias universales o consejos profesionales. El editor y la editorial no garantizan la exactitud, aplicabilidad, idoneidad o integridad del contenido.

El editor y los colaboradores declinan específicamente cualquier responsabilidad por daños, pérdidas o riesgos -personales o de otro tipo- en los que se pueda incurrir como consecuencia directa o indirecta del uso o aplicación de cualquier contenido de este libro. Este libro no pretende servir como consejo médico, psicológico, legal, financiero o de asesoramiento profesional. Los lectores deben buscar orientación profesional cualificada para sus propias circunstancias.

Algunos nombres, lugares y detalles identificativos han sido cambiados u omitidos para proteger la privacidad de las personas. Cualquier parecido con personas reales, vivas o fallecidas, sucesos o lugares, fuera de los explícitamente identificados, es pura coincidencia.

Al leer este libro, el lector reconoce que el contenido se ofrece únicamente como narración e inspiración personal, y acepta que ni el editor, ni la editorial, ni los colaboradores serán responsables de ninguna interpretación, aplicación o resultado relacionado con el material aquí expuesto. *Créditos musicales: Todos los derechos de las canciones mencionadas en este libro pertenecen a sus respectivos propietarios. Los títulos de las canciones se sugieren únicamente para que sirvan de inspiración y no se reproducen aquí.*

Dedicatoria

Dedico este libro a mi padrastro, Roberto Hilario Contreras, creo con todo mi corazón que fuiste un ángel disfrazado de hombre en esta tierra. Gracias por mostrarme los caminos de Cristo y sembrar la Palabra de Dios en lo profundo de mi alma. Gracias al don de la fe que compartiste, nuestra familia cambió para siempre, y ahora llevo la esperanza de Cristo, sabiendo que te volveré a ver algún día. No te lo dije lo suficiente mientras estuviste aquí, pero te quiero. Ahora te quiero más que nunca.

Predicabas con el ejemplo en todo lo que hacías, amando a mi madre tan maravillosamente y abrazándonos como si fuéramos tuyos de sangre. Nunca olvidaremos la vida, el amor y el legado que nos dejaste.

A Las Mujeres En Cuyos Hombros Consigo Apoyo

Para mi madre y mis abuelas
las mujeres que me precedieron.

Sus espaldas se convirtieron en mi plataforma de lanzamiento.

Sus techos se convirtieron en mi suelo,

el lugar donde mi historia podía elevarse más alto de lo que la suya nunca pudo llegar.

Sus lágrimas son el suelo de mis firmes cimientos.

Su fe es mi herencia y se ha transferido a mi alma.

Sus sacrificios me han levantado

colocándome en la posición de vivir una vida más allá de tus sueños.

Camino en sus esperanzas.

Respiro sus oraciones.

Llevo su amor.

Estoy vestida con su sabiduría.

Este libro es nuestra cosecha, el fruto de su amor desinteresado y de su fe inquebrantable, y en él resonarán sus nombres durante generaciones.

Leticia Chávez - Contreras *(Mamá Osa)*

Maria Elida Rodriguez - Chavez *(Abuela Lela)*
Maria Guadalupe Rodriguez *(Abuela Lupita)*

Con todo mi cariño y admiración, Eliza Michelle Garza

Prólogo

por Leticia Chávez - Contreras

Cuando mi hija Eliza me pidió que escribiera este prólogo, hice una pausa, no por vacilación, sino porque sentí el peso de lo que significa este momento. No soy una escritora profesional, pero soy algo mucho más grande en su vida. Soy su madre, su intercesora y la primera en creer (aparte de su padre, por supuesto) en los sueños que Dios puso en su corazón.

He visto florecer a mi hija hasta convertirse en una joven increíble dedicada a buscar a Dios y a caminar según Su voluntad. Ha pasado de ser una niña con grandes ideas a una mujer que se mueve con valentía en su propósito. Me siento honrada y bendecida sabiendo que Dios realmente la apartó para un tiempo como este. Estoy tan agradecida de que Él es fiel y verdadero a Sus promesas, porque he visto de primera mano que cuando lo buscamos con todo nuestro corazón, Él ordena nuestros pasos.

Pero lo que muchos no verán tras las páginas de este libro son las oraciones susurradas en secreto, las lágrimas lloradas en señal de rendición y las noches que pasé de rodillas pidiéndole a Dios que guiara sus pasos, protegiera su corazón y diera vida a sus visiones.

Este libro que tienes en tus manos no es sólo un proyecto; es una promesa cumplida. Es el fruto de la fe, la perseverancia y el tiempo divino. He visto a Eliza enfrentarse a muchos retos que podrían haberla hecho desistir, pero que la han hecho más fuerte. Y cada vez que se sentía débil, le recordaba: "Mijita, confía en Dios. Él conoce los planes que tiene para ti". Sabía que mis oraciones estaban regando semillas que, un día, florecerían en algo hermoso, como esto.

Veo a mi hija como una mujer *de Proverbios 31*, vestida con fuerza y dignidad. Para mí, eso significa que camina con una tranquila confianza que no proviene del mundo, sino de Dios. Ella es fuerte porque ha soportado pruebas y todavía elegido la fe. Es digna porque sabe que su valor radica en Cristo, no en las circunstancias. Su vida refleja sabiduría, resistencia y gracia, y creo que por eso Dios sigue abriéndole puertas y la utiliza para bendecir a otros. Mi oración siempre ha sido que cuando mi hija hable, sea la buena obra de Dios la que la gente oiga y vea. Ahora, al verla usar sus dones para elevar a otros, mi oración es que sus palabras toquen los corazones, enciendan la esperanza y den gloria a Dios de maneras que van más allá de nuestra imaginación.

Siempre he querido estar en la cima de una montaña y dar a conocer al mundo el favor de Dios sobre ella, cómo la ha utilizado para Su gloria. Sus libros, sus palabras, su mensaje, cada uno de ellos tiene un propósito. Dios ha dado forma a su viaje hasta el más mínimo detalle, y cada paso ha provocado alegría no sólo en su vida, sino también en la mía. Y puedo decir con certeza que creo en ella con cada fibra de mi ser.

Como madre, no hay mayor alegría que ver a tu hijo caminar en lo que Dios le ha llamado a hacer. He orado por su felicidad, su fuerza, su esperanza, sus sueños y por el camino que Dios ha trazado para ella en este mundo. He orado para que Él continúe ordenando cada paso, manteniéndola alineada con Su plan perfecto.

Creo con todo mi corazón que estas palabras te tocarán de maneras que sólo Dios puede orquestar. Ya sea que estés buscando esperanza, sanación, guía o confirmación, oro para que lo encuentres dentro de estas páginas.

Este libro que tienes en tus manos es más que páginas y tinta; es la manifestación de la fidelidad de Dios, el fruto de años de ferviente oración y la prueba viviente de que cuando una vida se entrega a Él, Él la usará para transformar a otros. oro para que, al leer estas palabras, sientas la presencia de Dios. Que despierte algo dentro de ti -un sueño, una oración, una llamada- que te recuerde que Dios no te ha olvidado.

Siempre he pedido a Dios que quienquiera que se cruce en el camino de mi hija no sólo bendiga su vida, sino que también sea bendecido por ella. Creo de todo corazón que cada uno de los autores de esta antología fue divinamente designado para un momento como éste. Su presencia en estas páginas no es fruto de la casualidad, sino del perfecto designio de Dios. Sé que sus palabras no sólo inspirarán, sino que también despertarán corazones, y estoy asombrada de cómo Dios ha elegido a este círculo de mujeres para caminar junto a mi hija en esta sagrada tarea.

Antes de comenzar, permítanme dejarles con esta bendición:

Que cada palabra que lean les recuerde que Dios es fiel. Que despierte sueños que creías olvidados. Y que sepan que, al igual que estos autores, ustedes también tienen un gran propósito.

Padre Celestial, te doy gracias por cada lector que tiene este libro en sus manos. Que Tu Espíritu infunda vida en cada palabra. Que aquellos que se sienten cansados sean fortalecidos, aquellos que se sienten olvidados sean recordados de Tu amor inquebrantable, y aquellos que han dejado de soñar comiencen a soñar de nuevo. Que estas historias sean semillas de esperanza que arraiguen y den fruto a su debido tiempo. Bendigo a mi hija, su trabajo, a cada colaborador, lector y a todos los corazones que este libro tocará, en el nombre de Jesús. Amén.

A Dios sea toda la gloria por permitirme ser testigo de este momento. Que esto sea más que un libro para ti; que sea tu cita divina.

"¡Grandes cosas ha hecho el SEÑOR con nosotros! Estamos alegres".

- Salmo 126:3

Con todo mi cariño, admiración e interminables oraciones,

Leticia Chávez - Contreras
Orgullosa Madre y Guerrera de Oración

Nota Del Editor

Este libro no era parte de mi plan original; era parte del plan de Dios. Como autora de libros infantiles, tenía mi línea de títulos listos para lanzar, pero el Señor redirigió mis pasos y puso en mi corazón una nueva tarea: crear una antología. Sabía que quería seguir arraigada en lo que más valoro: la fe, la familia y honrar a Dios, y esos valores resuenan en cada página de esta obra.

Lo que más me conmovió fue el poder del testimonio. Creo que cuando compartimos nuestras historias, ya sea a través de la sabiduría transmitida, las experiencias vividas, las lecciones generacionales o las duras victorias, nos damos fuerza unos a otros. Las Escrituras nos recuerdan que Dios no hace acepción de personas. Lo que ha hecho por uno, puede hacerlo y lo hará por otro. Esa verdad es el núcleo de este libro.

No he buscado escritores experimentados. He buscado corazones dispuestos a ser sinceros. El mundo ya tiene suficientes filtros. Quería plasmar historias crudas, reales, descarnadas y sin pulir, porque es ahí donde la gloria de Dios brilla más. Demasiado a menudo tratamos de confinarlo a Él en cajas ordenadas, pero Su amor va mucho más allá de las paredes de una iglesia. Deja a los noventa y nueve por uno *(Lucas 15:4)*. Persigue a la oveja negra *(Mateo 18:12-14)*. Se preocupa por el detalle más pequeño *(Mateo 10:29-31)* y por la montaña más grande *(Marcos 11:23)* de cada una de nuestras vidas. Nada es demasiado grande *(Jeremías 32:27)* ni demasiado pequeño *(1 Pedro 5:7)* para Él.

Por eso no busqué escritores experimentados para este proyecto, así que, por favor, no esperes que este libro sea una obra literaria perfecta. Nunca se pretendió que lo fuera. No se trata de una prosa pulida ni de una gramática impecable. Se trata de corazones desnudos sobre el papel. Se trata de honestidad, vulnerabilidad y voces que se atreven a decir su verdad incluso cuando tiembla. Lo que tienes en tus manos no es literatura para la crítica, sino testimonios para el encuentro, pruebas de que Dios se mueve en lo real, lo crudo y lo imperfecto.

Esta antología demuestra que somos vencedores. Que el dolor, cuando se entrega al Espíritu Santo, puede transformarse en propósito y poder. Que incluso en el sufrimiento se promete la resurrección. Como escribió Pablo, si participamos de los sufrimientos de Cristo, también participaremos de su gloria *(Romanos 8:17)*.

Mi oración es que si te encuentras en el valle del sufrimiento, este libro sea una guía y una luz para ti. Que estos testimonios te recuerden que no estás sola, que Dios no te ha olvidado y que tienes todo lo necesario para levantarte de nuevo. Quítate el polvo. Levanta la cabeza. Clama a Él.

No estás demasiado lejos, demasiado rota, o más allá de la redención. No has hecho algo tan malo que el perdón de Dios no pueda cubrir. No hay pecado que la sangre de Jesús no pueda lavar *(1 Juan 1:7, Isaías 1:18)*. No tienes que ganarte tu regreso, hacer el bien, esforzarte más o probar que eres digno de Su amor. Su gracia y misericordia no son un salario, son un regalo *(Efesios 2:8-9, Romanos 5:8)*. Todo lo que tienes que hacer es aceptarlo y dejar que Su amor haga lo que sólo Él puede hacer.

Porque Él está contigo. Siempre. *(Mateo 28:20)*

- Eliza M. Garza, Conservadora

Índice

Dedicatoria	i
A Las Mujeres En Cuyos Hombros Consigo Apoyo	ii
Prólogo	iv
Nota Del Editor	viii
Una Banda Sonora Para Las Historias	xiv
Introducción	1
Sección Uno: El Valle	3
Pero Dios	4
por Perla Tamez-Casasnovas	4
La Jaula Dorada	15
por Anónimo	15
La Reina Que Toca El Alma: Un Viaje Al Despertar	29
por la Dra. Esther Akindayomi	29
Cuando Volvió El Aliento	46
por la Dra. Nina Golde	46
Del Tubo De Baile Al Propósito	60
por Tracey Castillo	60
Dos Zanahorias Y Una Manzana	89
por Magdalena Aguinaga	89
Sección Segunda: El Altar	107
El Camino De Erica Hacia La Entrega Y La Misericordia	108
por Erica Hernández Castillo	108
Del Hacer Al Ser: Mi Viaje A La Entrega	127

por Giselle Dominique Mascarenhas - Villareal 127

Roto, Pero Restaurado 146

    por Cynthia L. Hernández, M.Ed. 146

Cuando En La Tumba Renaces 161

    por Eliza M.Garza 161

La Entrega Que Me Construyó 188

    por Naomi M. Perales 188

Sección Tres: El Levantamiento 210

Lo Extraordinario En Lo Ordinario: Un Homenaje A Las Mujeres Que Me Educaron En La Fe 211

    por la Dra. Rutchie Contreras, PT, DPT 211

Señales Del Cielo: Del Padre De Arriba Y Del Padre Que Amé 223

    por Carolina Chams 223

La Belleza De La Gracia De Dios 232

    por Jaimie Luna 232

Legado En Mi Sangre 250

    por Chelsea Victoria Gonzalez 250

Jesús Y Las Ganas 256

    por la Dra. Esmeralda Adame 256

Sección Cuatro: La Corona 271

De Saber De Dios A Conocer A Dios 272

    por: Marie Salazar García 272

La Mujer Que Bailó A Mi Lado 289

    por Maribel De La Fuente 289

Salvada Por La Gracia 300

    por Geraldine Valdez 300

Cadenas Rotas: El Poder Del Perdón 318
  por Carmen Sauceda 318
Epílogo 340
Oración De Declaración Final 342
  Agradecimientos 343
  Acerca De La Autora Eliza M. Garza 345

Una Banda Sonora Para Las Historias

Canciones para el alma, oraciones para el corazón.

La música tiene una forma de encontrarnos donde nos dejan las palabras. Cada una de las canciones que aparecen aquí ha sido elegida para complementar el espíritu de cada capítulo, para ayudarte a quedarte un poco más con el mensaje, el recuerdo o el milagro.

Te invitamos a escuchar estas canciones mientras lees, o después de cada capítulo, durante tu tiempo de reflexión. Deja que las letras te inunden, agiten tu espíritu y te recuerden que Dios no sólo habla a través de las palabras, sino también a través de la melodía.

Canciones por capítulo

Prólogo: Sobre la naturaleza de la luz del día - Max Richter

1. **Pero Dios, de Perla Tamez-Casasnovas:** La bondad de Dios — CeCe Winans
2. **La Jaula Dorada, de Anonymous Contributor:** Hizo un camino — Travis Greene
3. **La Reina Que Toca El Alma, por Dra. Esther Akindayomi:** Milagroso (Waymaker) — Michael W. Smith
4. **Cuando Regresó El Aliento, por Dra. Nina Golde:** Respira — Michael W. Smith
5. **Del Tubo De Baile Al Propósito, de Tracey Castillo:** Tú dices — Lauren Daigle
6. **Dos Zanahorias Y Una Manzana, por Magdalena Aguinaga:** Miel en la roca — Brooke Ligertwood y Brandon Lake

7. **El Camino De Erica Hacia La Rendición Y La Misericordia, por Erica Hernandez Castillo:** Me rindo — Hillsong Worship y Matt Crocker
8. **De Hacer A Ser, por Giselle Dominique Mascarenhas-Villareal:** La gloria — Kim Walker Smith
9. **Rota Pero Restaurada, por Cynthia L. Hernandez, M.Ed.:** Océanos (Donde mis pies pueden fallar) — Hillsong UNITED
10. **Cuando En La Tumba Renaces, por Eliza M. Garza:** Haz espacio — la música comunitaria y la iglesia cantarán
11. **La Rendición Que Me Construyó, por Naomi M. Perales:** Espíritu, guíame — Influence Music y Michael Ketterer
12. **Lo Extraordinario En Lo Ordinario, por Dr. Rutchie Contreras:** La Bendición — Kari Jobe y Cody Carnes
13. **Señales Del Cielo, por Carolina Chams:** Gratitud — Brandon Lake
14. **La Belleza De La Gracia De Dios, por Jaimie Luna:** A ese es a quien alabo — Brandon Lake
15. **Legado En Mi Sangre, por** Chelsea Gonzalez: Cimiento firme — Cody Carnes
16. **Jesús Y Las Ganas, por Dr. Esmeralda Adame:** Corre hacia el Padre — Cody Carnes
17. **De Saber Sobre Dios A Conocer A Dios, por Marie Salazar Garcia:** Ese es mi Rey — CeCe Winans
18. **La Mujer Que Bailó A Mi Lado, por Maribel De La Fuente:** Promesas — Maverick City Music, Naomi Raine, y Joe L. Barnes
19. **Salvada Por La Gracia, por Geraldine Valdez:** Rodeado — Michael W. Smith
20. **Cadenas Rotas, por Carmen Sauceda:** Tumbas a jardines — Elevation Worship

Epílogo-Agnus Dei-Passion y Kristian Stanfill

Oración de Declaración Final – En el nombre de Jesús-Katy Nichols

⚠ Aviso de Contenido Sensible

Esta antología contiene historias honestas y vulnerables de mujeres que han caminado a través de experiencias de vida difíciles. Algunos capítulos incluyen referencias a traumas, abusos, dolor, pérdidas y otros temas delicados.

Estas historias se comparten como testimonios de sanación y esperanza, señalando el poder redentor de Dios. Sin embargo, reconocemos que ciertos contenidos pueden ser desencadenantes o dolorosos para algunos lectores. Por favor, sé prudente al leer estas historias y permítete hacer una pausa, reflexionar o buscar el apoyo que necesites.

Si encuentras dificultades mientras lees, te animamos a que busques el apoyo de un amigo de confianza, un mentor, un pastor o un consejero profesional. No estás sola.

Para obtener ayuda inmediata en los Estados Unidos, ponte en contacto con

- **Línea Nacional de Prevención del Suicidio**: 988
- **Línea Nacional de Violencia Doméstica**: 1-800-799-SAFE (7233)
- **Línea de ayuda de la Administración de Servicios de Salud Mental y Abuso de Sustancias (SAMHSA)**: 1-800-662-HELP (4357)

Introducción

"Lo vencieron por la sangre del Cordero y por la palabra del testimonio de ellos".
- Apocalipsis 12:11

Hay momentos en la vida en los que el suelo cede bajo nuestros pies. Cuando los sueños se derrumban, las relaciones se fracturan o el peso de la pena presiona tanto que respirar parece un trabajo. En esos momentos, susurramos: "Dios, si eres real, si estás cerca, muéstramelo".

Este libro nació de esos susurros.

Si Diosito Quiere, Mija es más que una colección de historias. Es un testimonio vivo de mujeres que caminaron por valles de oscuridad y encontraron la luz. Mujeres que entregaron lo que no podían cargar y descubrieron a un Dios que las cargó en su lugar. Mujeres que resurgieron de sus cenizas, no intactas, pero innegablemente transformadas. Mujeres que ahora llevan coronas de gracia, no por su perfección, sino por su perseverancia.

Las voces de estas páginas son diversas -madres, hijas, líderes, soñadoras-, pero su latido es el mismo. Cada historia es un hilo cosido en el tejido vivo de la fidelidad de Dios, que se transmite de generación en generación. Juntas, nos recuerdan que incluso cuando la vida parece incierta, las promesas de Dios permanecen inquebrantables.

Al pasar estas páginas, te invito a que te veas reflejada en ellas. Tal vez estés en tu valle, preguntándote si alguna vez amanecerá. Tal vez estés en el altar, luchando por rendirte. Tal vez te estés levantanda, temblorosa, pero decidida, o tal vez estés saboreando la dulzura del legado. Dondequiera que estés, que estos testimonios susurren a tu corazón: No estás sola. Eres amada. Y tu historia aún se está escribiendo.

Lo que estás a punto de encontrar es la Palabra viva en acción.

Esta es nuestra ofrenda para ti, querida lectora. Un libro que no sólo te habla de la esperanza, sino que la respira. Que suscite valor donde había miedo, curación donde había dolor y fe donde había incredulidad.

Porque es la voluntad de Dios, mija. La corona ya está reservada para ti. Todo el cielo simplemente está esperando que digas sí, te levantes y la reclames.

Sección Uno

El Valle

"Aunque camine por valle de sombra de muerte, no temeré mal alguno, porque Tú estás conmigo".
- Salmo 23:4

Toda historia comienza en un valle. A veces es un lugar en el que tropezamos por accidente, y otras veces parece que la vida misma nos empuja hacia sus sombras. El valle es solitario. Es crudo. Nos despoja de todo lo que creíamos que nos hacía fuertes.

Sin embargo, el valle también es tierra sagrada. Es donde nos enfrentamos cara a cara con nuestra humanidad y con la fidelidad de Dios. En estas páginas, conocerás a mujeres que lucharon con su identidad, que caminaron a través del dolor y soportaron el dolor en silencio. Su honestidad puede despertar el dolor de tus propios valles. Pero escucha atentamente, entre líneas, oirás el susurro de Dios: "Yo estuve contigo incluso aquí".

El valle no es el final. Es el lugar donde el quebrantamiento resquebraja la tierra y las semillas invisibles comienzan a echar raíces. Mientras lees, espero que encuentres valor en sus valles, y recuerda que tus propias sombras aún pueden dar paso a la luz.

Capítulo 1
Pero Dios

por Perla Tamez-Casasnovas

"Tu intención era hacerme daño, pero Dios lo quiso para bien, para lograr lo que ahora se está haciendo: salvar muchas vidas".
- Génesis 50:20

De Los Rituales De Poder A La Presencia De La Paz

Antes pensaba que lo tenía todo. Poder. Influencia. Rituales que me hacían sentir que podía controlar el caos de la vida. Me rodeé de mentores que me daban libros, mantras y ceremonias que prometían protección. De cara al mundo exterior, me veía fuerte, imparable, una joven con confianza, éxito y una cubierta "espiritual".

De cara al exterior, mi "poder" parecía bolsos de lujo, trajes perfectamente confeccionados y el auto más nuevo estacionado frente a mi oficina. La gente acudía a mí en busca de consejo. Me presentaba como una mujer que lo tenía todo planeado.

Pero tras el velo de humo y ceremonia, estaba vacía. Ni siquiera sabía lo que practicaba; sólo sabía que necesitaba algo, cualquier cosa, en la que creer. Algo que me protegiera del dolor de mi pasado y del caos de mi presente.

Cuando perdí a mi prometido, sentí que mi mundo se derrumbaba de la noche a la mañana. Lo teníamos todo preparado: el lugar planeado, la luna de miel pagada, la música elegida, el anillo elegido y guardado en su caja... y luego se acabó. Él era un profesional con estudios, ahora entre rejas. Yo era una mujer culta, sola. Y los susurros de aquellos con los que una vez había luchado, familiares que esperaban mi caída, se hicieron más fuertes. No sabía si alguna vez me recuperaría.

Cuando Todo Cambió

Tenía veinte años cuando me arrebataron a mi prometido en una situación legal que destrozó mi mundo. Un día estaba planeando una boda y al día siguiente lloraba como una viuda sin poder cerrar el duelo.

El dolor era insoportable. Las noches eran largas y sofocantes. Me preguntaba: "¿Por qué yo? ¿Por qué él?" Y la mentira que empecé a creer era que no estaba a salvo a menos que me alineara con un poder superior, cualquier poder, que pudiera protegerme de volver a perder tanto.

Mujeres mayores que me doblaban la edad me acogieron en su círculo. Me dijeron que este camino me mantendría a salvo, que si daba lo suficiente, si me sacrificaba lo suficiente, si me dedicaba lo suficiente, podría proteger a las personas que amaba, y les creí.

Mi vida se convirtió en un ciclo de rituales: velas encendidas a medianoche, ofrendas depositadas en altares, cánticos susurrados a fuerzas invisibles. Mis mañanas empezaban con oraciones a los santos, mis noches terminaban con incienso y cartas puestas sobre una mesa. Por fuera, era una próspera mujer de negocios. Por dentro, era una niña desesperada que quería sentirse segura.

Un ritual que nunca olvidaré consistía en matar a un pollo macho. Le cortaban la garganta. Me dijeron que me lo metiera en la boca, que lo chupara y lamiera, aunque sólo fuera unos segundos. Me daba asco, pero lo hice de todos modos. Así es como quería protección.

Sentía las plumas rozándome la boca y el mundo se reducía a una terrible y urgente instrucción. El aire olía a humo. Durante un instante, mi boca se llenó del cálido sabor metálico del miedo y de la exigencia del ritual.

Después, se hizo un silencio que parecía más pesado que la ceremonia. La gente asintió como si algo sagrado hubiera sido sellado, y me metí la vergüenza en el mismo bolsillo en el que me había metido el coraje. Me conté extrañas historias para darle sentido. Si cumplía, tal vez el peligro pasaría. Si les daba esta prueba, tal vez me protegerían. En aquel momento, la esperanza se parecía mucho a la rendición. Me enseñó que hay ritos de paso que no son sagrados, sino perjudiciales, y que "salvarse" por miedo es una falsa forma de salvación.

Mirando atrás, puedo decir lo que me costó: un trozo de confianza, un pedazo de dignidad, una deuda invisible de culpa que tuve que pagar con años de reconstrucción silenciosa. Entregué dieciséis años de mi vida a ese camino.

Entonces llegó la noche del robo: una pistola en la cara, mi armadura espiritual hecha añicos. Todos aquellos espíritus por los que me había sacrificado callaron. Nada podía protegerme del miedo que me envolvía el pecho cada vez que cerraba los ojos.

Pensé que iba a morir y que mi familia moriría conmigo. Vi mi vida pasar ante mis ojos cuando el atracador me apuntó a la cabeza con la pistola. Intentó arrancarme las pulseras de oro con una mano mientras sujetaba la pistola con la otra. Yo estaba boca abajo con la cabeza en el suelo. La pistola me golpeaba la frente como si bailara sobre mi piel. Le rogué a Dios, *por favor haz que esto desaparezca. Por favor, deja que se vayan de mi casa.* Oraba por mi vida con cada respiración. En algún momento entre el golpe de la pistola contra mi piel y mis plegarias, los ladrones se marcharon.

Aun así, seguí con mis rituales durante dos años y medio más, convencida de que había hecho algo mal la primera vez. Que quizá esta vez, si era más fiel, más devota, los espíritus aparecerían. Pero en lugar de eso, mi vida volvió a derrumbarse. Mi marido y yo lo perdimos todo.

La Invitación De La Paz

12 de diciembre.

Nueva York.

Entré en la catedral de San Patricio, sin saber lo que buscaba, sólo sabiendo que estaba cansada del miedo. La ciudad afuera era ruidosa, caótica. Pero dentro de aquellos muros, había un silencio que nunca había conocido. Los suelos de mármol se extendían sin fin, las velas parpadeaban sin demanda, y el aire se sentía espeso de paz.

Por primera vez en años, no estaba actuando. No estaba cantando. No estaba negociando. Sólo estaba sentado. Y en esa quietud, sentí algo sagrado, algo vivo. No en las estatuas, no en los rituales, sólo en la presencia.

Empecé a darme cuenta: Dios no comparte su gloria. Él es el Alfa y la Omega. No pedía sacrificios, sino a mí.

24 De Marzo De 2024-Mi Momento "Pero Dios"

Siempre solíamos guardar dinero en el altar de nuestra casa. Estaba en la base de unas vasijas de cerámica llenas de piedras y miel, que simbolizaban a los santos que protegerían nuestro dinero. Pero en el fondo, yo sabía que no eran santos. Eran ídolos. Símbolos artificiales en los que me habían enseñado a confiar.

Y cuando por fin decidimos dejarlo todo, mi marido y yo volvimos a nuestra ciudad natal. Tomamos esas vasijas y las tiramos a un estanque de agua, rompiendo lazos con todo lo que representaban.

Pero mi marido no quería tirar el billete de 100 dólares. "No", dijo, "voy a gastarlo". Así que lo trajimos de vuelta a casa. Flotó por nuestra casa durante un tiempo, casi como una reliquia del pasado.

En un momento dado, se lo di a mi hija para que se lo gastara en la feria.

Pero no lo hizo.

Me lo devolvió.

Y aquel domingo 24 de marzo de 2024, cuando llegó el momento de diezmar en la iglesia, ese billete de 100 dólares era el único dinero que teníamos para dar. No lo pensamos dos veces. Lo soltamos.

En ese momento, supe que Dios lo estaba recibiendo. No sólo el dinero, sino el gesto, la entrega, la confianza. No se trataba de la cantidad. Se trataba del corazón que había detrás.

No era sólo una ofrenda, era una declaración:

No necesitamos altares de piedra. Confiamos en el Dios vivo.

Oí al Señor tan claro como si estuviera sentado a mi lado: "Voy a bendecir tu dinero. Te perdono".

Las lágrimas se derramaron por mi rostro. Mi cuerpo se estremeció con una mezcla de alivio y arrepentimiento. Durante años, había invertido miles de dólares en rituales, sacrificado animales, renunciado a mi paz, todo para ganar el favor de algo que nunca aparecía.

Y aquí estaba Dios. Sin gastos. Sin rituales. Sólo gracia.

La Espera Y Los Milagros

Los milagros no llegaron de la noche a la mañana. Fueron necesarios nueve meses, como un embarazo, para que todo renaciera. Pero durante esa espera, Dios envió mujeres a mi vida: Marie, Eliza y Miriela. No me dieron fórmulas. No me pidieron ofrendas. Abrieron sus Biblias, me tomaron de la mano en oración y me enseñaron a hablar con Jesús como una amiga.

Aquellos nueve meses fueron profundamente espirituales. Dios seguía enviándome personas que se volcaban en mí en el momento justo. Desconocidos, amigos, incluso una conversación pasajera que a cualquier otra persona le habría parecido ordinaria, se convirtieron en salvavidas para mí. Me dieron agua cuando mi alma estaba deshidratada.

Una palabra de aliento. Un versículo que se deslizaba perfectamente en las grietas de mi preocupación. Una oración susurrada cuando ni siquiera sabía cómo orar por mí misma. No eran coincidencias; eran interrupciones divinas, como gotas de agua viva que caían en los lugares desiertos de mi espíritu. Cada encuentro era como un recordatorio: Te veo. No te he abandonado. Aquí no te marchitarás.

La Biblia se convirtió en algo más que un libro en mi mesilla de noche: se convirtió en mi sustento. *El Salmo 91* me envolvió especialmente como una armadura y un refugio. *"El que habita al abrigo del Altísimo descansará a la sombra del Todopoderoso"*. Esas palabras se convirtieron en mi refugio cuando el miedo intentaba colarse, en mi cobertura cuando me sentía expuesta. Me aferraba a sus promesas: que me libraría, que sus ángeles me protegerían, que ninguna plaga ni terror se acercaría a mi morada. Cada versículo era como un trago de agua fresca en el desierto, que me recordaba que estaba a salvo bajo Sus alas.

Las Escrituras me nutrían como ninguna otra cosa podía hacerlo, ablandando la tierra seca de mi corazón y permitiendo que la fe echara raíces de nuevo. Aquellos meses me despojaron de mi autosuficiencia, pero a cambio crearon en mí una dependencia de la presencia de Dios que nunca antes había conocido. No fue la estructura lo que me sostuvo, fue el Espíritu. No fue la disciplina lo que me sostuvo, fue la gracia. Y en esa época frágil y sedienta, aprendí lo que significaba ser mantenida viva por el Agua Viva, protegida por las promesas del Salmo 91 y sostenida por el Dios que nunca falla.

Al principio, mis oraciones eran torpes. Frases sencillas susurradas entre lágrimas: "Dios, ayúdame". Pero cada día, mi fe se hacía más fuerte. Aprendí a orar con las Escrituras. Aprendí a escuchar la voz del Espíritu Santo en lugar de perseguir espíritus que exigían miedo, invitando a Dios a los lugares donde antes habitaba el miedo.

Empecé a orar de forma diferente. Jesús ya no era una figura distante; se convirtió en mi compañero. Comencé a invitarle a cada parte de mi vida, y mis oraciones pasaron del miedo a la fe.

Uno de los primeros momentos innegables en los que sentí la presencia de Dios fue mientras escuchaba la canción "La bondad de Dios". Me sentí cubierta. Protegida. Acompañada. Era como si el soplo del cielo me envolviera.

Y lentamente, las bendiciones comenzaron a florecer:

- Nuestras finanzas se recuperaron.

- Mi matrimonio se profundizó en el amor y el respeto.

- Mi salud se renovó.
- Mi identidad se arraigó en algo eterno.

Quién Soy Ahora

Ya no soy religiosa. Estoy en una relación. Jesús es mi mejor amigo, mi ancla, mi luz. No me despierto preguntándome qué dicen los espíritus. Me despierto sabiendo a Quién pertenezco. Hace unos años, habría entrado en pánico si no pudiera predecir mi futuro a través de cartas o rituales. Ahora, descanso en paz sabiendo que mi Padre ya tiene el mañana.

Lo que rompí, lo construí

En mi línea familiar, había un hilo de brujería, religión basada en el miedo y esclavitud espiritual. Generación tras generación, sin saberlo, habían pasado creencias envueltas en control, confusión y poder falso. Pero por la gracia de Dios, ese hilo termina conmigo.

Yo tracé la línea en el Espíritu. Rompí las cadenas que se disfrazaban de protección. Corté los lazos que me conectaban a la oscuridad, para que mis hijos nunca tuvieran que preguntarse a quién pertenecen o de dónde viene su ayuda. No crecerán con miedo. No necesitarán manipular resultados ni suplicar a lo desconocido. No heredarán el trauma de los falsos altares. Mis hijos heredarán la verdad. Estarán arraigados en el fundamento inquebrantable de Cristo. Sabrán que están cubiertos por la sangre de Jesús: plenamente vistos, plenamente amados y plenamente protegidos. Caminarán en paz, hablarán con autoridad, y se levantarán con confianza en quienes Dios los creó para ser. No perseguirán un propósito, sino que lo vivirán. No sobrevivirán mediante rituales, sino que prosperarán gracias a la gracia.

No sólo estoy rompiendo maldiciones generacionales; estoy construyendo un nuevo legado.

Uno de fe.

De libertad.

De herencia divina.

Las maldiciones se han roto.

El silencio se ha roto.

La vergüenza se ha roto.

Y ahora, la generosidad del cielo está sobre nosotros.

Caminamos hacia un futuro empapado de promesas, cubierto de favores y guiado por el Espíritu del Dios vivo.

A ti, hermana mía

Si estás leyendo esto, atrapada entre altares, entre el miedo y la fe, el control y la rendición, necesito que me escuches: no estás sola.

Yo estuve donde tú estás. Conozco la desesperación. Conozco el miedo. Pero también conozco la libertad.

Al principio te va a doler. Dejar lo que has conocido, incluso si ha sido dañino, se sentirá como arrancarse de un falso consuelo. Cuando has seducido a la oscuridad durante tanto tiempo, alejarte de ella se siente como una retirada. Tu alma puede temblar. Tu mente puede cuestionarse. Puede que incluso sientas que estás traicionando algo sagrado. Pero esa es la mentira: nunca fuiste hecho para servir al miedo.

Habrá guerra espiritual. El enemigo no quiere dejarte ir tranquilo. Pero mayor es el que está en ti que el que está en el mundo. No te estás yendo con las manos vacías; estás caminando hacia la libertad, hacia la verdad, hacia un amor que no exige sangre de animales, silencio o sufrimiento a cambio. No te rindas. No des marcha atrás.

Dios tiene planes para prosperarte, no para manipularte, no para castigarte, sino para prosperarte. Pero esos planes no pueden desarrollarse mientras tus manos sigan atadas a altares que nunca fueron para ti. No puedes llevar la bendición divina a un espacio construido sobre el engaño.

Sí, el dolor es real. Las lágrimas. La confusión. Las noches solitarias en las que te preguntas si tomaste la decisión correcta. Pero también lo es la gloria del otro lado.

Una vida donde la paz no se gana, se hereda. Donde no persigues la protección, sino que vives en ella. Donde tus oraciones no resuenan en el silencio, sino que son respondidas por un Dios vivo que conoce tu nombre.

No tienes que suplicar. No tienes que demostrar nada. No tienes que actuar. Sólo tienes que rendirte.

Y cuando lo hagas, verás: lo que creías que era poder era sólo una sombra. ¿Y lo que Dios te da? Esa es la verdadera autoridad. Esa es la verdadera cobertura.

No tengas miedo de despojarte de todo lo hecho por el hombre. Camina hacia la presencia de Jesús crudo, real y listo. No tienes que ganarte Su amor. No tienes que sangrar por Su atención. Sólo tienes que recibirlo.

Serás protegida.

Serás restaurada.

Serás bienvenida a un Reino más grande que cualquier cosa que hayas conocido.

Y cuando el miedo se levante, recuerda estas palabras que cambiaron todo para mí: Pero Dios.

Perla Tamez-Casasnovas

Instagram: @perlatamezcasasnovas

Capítulo 2

La Jaula Dorada

por Anónimo

*"Se reviste de fuerza y dignidad
y afronta segura el porvenir".*
- Proverbios 31:25

El Principio Del Fin

Hay momentos en la vida, en los que uno no se da cuenta de que ha comenzado un capítulo hasta que ya está metido de lleno en él. Para mí, ese capítulo comenzó el día que dije "acepto".

Dicen que el matrimonio es el comienzo de un hermoso viaje. Pero el mío empezó con miedo, confusión y una creciente sensación de que había cometido un terrible error. Debería haberme sentido segura, no como una prisionera atrapada en una jaula. Las cosas ya habían empezado mal. Un incidente había ocurrido pocas semanas después de nuestra boda y, por vergüenza y pudor, mantuve oculto este oscuro secreto durante los once meses siguientes. Para el mundo exterior, todo debía parecer brillante y perfecto. Lo que no veían a puerta cerrada era manipulación emocional, luz de gas y maltrato psicológico. Estaba viviendo una pesadilla de la que no podía despertar.

Dos meses después de las nupcias, estaba sola en casa un domingo y decidí hacerme una prueba de embarazo. Era sólo una formalidad para acallar los "y si...". Me quedé mirando el test, sin esperar nada, pero antes de que se acabara el tiempo de espera, el resultado dio positivo al instante. Me quedé en estado de shock e incredulidad. Ni siquiera me sentía embarazada. Esa misma semana fui al médico de familia y me confirmó que estaba embarazada. De seis semanas, para ser exactos. Mi mundo cambió por completo en un instante. Recuerdo que me sentí desbordada de emoción por la vida que crecía dentro de mí. Por un breve momento, me sentí llena de esperanza.

La casa que alquilábamos, nuestro primer hogar juntos, no tenía muchos muebles, pero parecía el comienzo de todo lo que habíamos soñado. Tenía planes para convertir la habitación de invitados en una habitación infantil y empezar a elegir colores de pintura. Pasaba los fines de semana en Barnes & Noble comprando revistas, libros sobre bebés y leyendo todo lo que podía sobre qué esperar como madre primeriza.

Todas mis esperanzas y sueños se vinieron abajo rápidamente cuando me di cuenta de que había una bolsita de plástico transparente con polvos blancos escondida en el fondo del armario del baño. Quería creerme la excusa de que no era suyo, o que se trataba de un error puntual. Era mucho más fácil creerse las mentiras porque la verdad era demasiado dolorosa. No conocía a esa persona en absoluto. Se fueron descubriendo más mentiras y me di cuenta de que teníamos problemas económicos. Llevábamos meses sin pagar el alquiler. Utilizaba mi embarazo como excusa para retrasar las consecuencias, contando historias para ganar tiempo. Al final, todo se vino abajo.

Fuimos desalojados en Diciembre, nos mudamos con mis suegros y almacenamos la mayoría de mis pertenencias.

Fue otra señal de alarma. Entonces no lo sabía, pero me estaba preparando para sobrevivir. ¿Por qué seguí ignorando todas las señales de advertencia? ¿Por qué creía que de alguna manera podría arreglar a esta persona y salvar nuestro matrimonio?

La trampa que parecía un hogar

La mudanza a casa de sus padres iba a ser temporal, pero se convirtió en un cautiverio. Las promesas se desvanecieron. Su verdadero yo salió a la luz: abuso de sustancias, comportamiento errático y falta de transparencia financiera. La casa era grandiosa, pero no era segura. Aunque una jaula esté hecha de oro, sigue siendo una prisión.

Mi embarazo había sido coser y cantar. Sin náuseas matutinas, ni antojos inusuales de comida. Sólo apetito para dos y una barriga que crecía. Probablemente era la mujer más sana de mi vida. Quería hacer todo lo posible para que mi bebé estuviera sano. Tuve la suerte de poder trabajar hasta el día del parto. Recuerdo que me desperté a las 4 de la mañana para ir al baño (esto se convirtió en algo frecuente en mi último trimestre y no era divertido para alguien que no es una persona madrugadora). Estaba manchando. ¿Podría ser esto? No siento ninguna contracción. Después de una llamada rápida a mi ginecólogo/obstetra, nos dijeron que nos dirigiéramos al hospital. No hay suficientes libros ni material de lectura para prepararte para el parto. Todo iba muy deprisa, pero me sentía aliviada de tener a mi madre a mi lado. Todo iba bien hasta que mi marido decidió que ya no quería a mi madre en la sala de partos. Se inclinó hacia mí y me dijo que solo permitían a una persona y que tenía que pedirle a mi madre que se fuera. Eso no era lo que yo quería. La necesitaba en ese momento más que nunca. Me destrozó el corazón pedirle que se fuera, pero sabía que empeoraría las cosas si no hacía lo que me ordenaba.

Aparte de la angustia y la tristeza de otro de sus arrebatos controladores, apenas sentí dolor físico. Después de sólo cuatro horas de parto, sentí la repentina necesidad de empujar. Mi médico dijo: "Claro, vamos a intentarlo". No sentía nada por debajo de la cintura y ni siquiera estaba segura de estar empujando correctamente, pero después de tres intentos, mi bebé vino al mundo. La habitación estaba poco iluminada y tranquila. Sin gritos, solo un bebé sano con unos reflejos asombrosos. Fue demasiado fácil:. Creo que era la forma que tenía Dios de mostrarme misericordia por todo lo demás que había tenido que soportar en mi matrimonio.

La noche siguiente, cuando salimos del hospital, sentí que una repentina tristeza se apoderaba de mí. Las enfermeras nos habían atendido muy bien. Me daba miedo volver a casa de mis suegros. No había nada cálido ni acogedor en aquel lugar. Intenté hacerlo lo mejor posible, pero a mi familia no se le permitía visitarme. No tenía ni voz ni voto, ni autonomía. Solo intentaba sobrevivir.

El aislamiento puede llevar a algunas personas al límite. Para mí, fue un descanso de los arrebatos violentos. El embarazo cambió mi cuerpo de muchas maneras; ya no me veía ni me sentía yo misma. Me miraba al espejo y me parecía estar mirando al abismo. No reconocía a la mujer del espejo. ¿Qué había sido de la chica que conocía? Esta persona estaba entumecida, privada de sueño, una cáscara de la chica vibrante que solía ser, que tenía tantas esperanzas y sueños para el futuro. Estaba aislada, pero no sola. Tenía a mi bebé; estábamos los dos solos en nuestra pequeña burbuja. Estaba asombrada por aquel bebé tan hermoso y perfecto y pensaba: *"¿Cómo ha salido de mí algo tan precioso?* No me sentía digna, pero agradecí a Dios que me diera el regalo más grande y me confiara la crianza de este niño. Mirando ahora hacia atrás, no me cabe duda de que mi bebé me salvó la vida. Fue un amor que nunca antes había experimentado.

El silencio de la vergüenza

No lloré. No me derrumbé. No podía permitírmelo, no mientras amamantaba a un recién nacido. Hice todo lo que pude para reprimir todas las emociones negativas. No sólo para mantener la paz, sino porque creía que no tenía elección. Recuerdo haber encontrado consuelo en programas de televisión de cocina como Gordon Ramsay, que me hacían compañía mientras mi bebé dormía la siesta. Y mientras tanto, la vergüenza crecía en silencio.

La vergüenza es un monstruo que te come vivo. Mi autoestima estaba completamente destrozada. Esta persona conocía mis puntos débiles en y, poco a poco, fue minando mi confianza. Me sentía débil, impotente y sin salida. Se suponía que esto no tenía que pasarme a mí. No encajaba en las estadísticas. Venía de una familia cariñosa, de padres maravillosos que me proporcionaron todo lo que un niño necesita para ser independiente y tener éxito en la vida. No crecí en un hogar abusivo, pero mi padre era estricto y creía en los valores tradicionales. Nos educaron en la Iglesia Católica y asistíamos a misa casi todos los domingos. Solía decir: "No saldrás de esta casa hasta el día en que te cases". Pensaba que el matrimonio era mi billete de salida de casa de mis padres, como si fuera tan terrible. Vivir con compañeros de piso en la universidad o acostarme con un novio estaba descartado. Vivir con un hombre antes del matrimonio era pecado y estaba mal visto. Como era una hija tan obediente, así fue exactamente. Esperé a que la primera persona me propusiera matrimonio y pensé que la vida iba a ser mucho mejor. Estaba muy equivocada. Es increíble cómo las palabras de alguien y sus creencias sociales pueden marcar y cambiar el curso de tu vida. No fue hasta hace poco que analicé las palabras de mi padre y me di cuenta del mensaje subliminal que había detrás de ellas. No creía que su hija pudiera valerse por sí misma y triunfar. Necesitaba un hombre que viera mi valor y me sacara al mundo como si fuera un premio o un trofeo. Era el falso cuento de hadas de que mi príncipe azul me conquistaría y viviríamos felices para siempre. Por desgracia, eso no fue lo que ocurrió en mi caso. ¿Cómo pude caer en esas mentiras? Yo era más lista.

El Dios del hilo

El día que me fui, no lo planeé. Mi marido se ofreció a dejarme en casa de mi abuela. No mis padres, que, tras años de noviazgo y diez meses de matrimonio, se convirtieron de repente en el enemigo. No luché contra ello. Sólo necesitaba salir. Echaba mucho de menos a mi familia, mi sistema de apoyo, y sé que ellos también me echaban de menos. Se preocuparon cada vez más después del parto y la comunicación se hizo menos frecuente. Mi única línea de vida era mi Blackberry. Mis familiares y los pocos amigos que me quedaban en se turnaban para enviarme mensajes de texto todos los días y asegurarse de que estaba bien. Cuando por fin accedió a llevarnos a mí y al bebé a ver a mi abuela, lo sentí como un permiso. Un descanso temporal de la cárcel. No llevaba el anillo de compromiso. Pensé que si me lo dejaba, no levantaría sospechas de que quería escapar.

Sin embargo, se dio cuenta de que no lo llevaba y le molestó. Me dijo que fuera a buscarlo mientras me esperaba en el auto. Me dio un vuelco el corazón. Pensé: *va a cambiar de opinión.* Lo tomé rápidamente y me lo puse en el dedo anular. Lo que antes era un hermoso anillo lleno de brillo, ahora parecía más un monitor de tobillo o una placa de identificación que decía que le pertenecía. Rápidamente me subí al asiento trasero y me senté cerca de mi bebé.

Fue entonces cuando lo vi, un único hilo suelto en la manta de mi bebé, con la forma perfecta de un ictiónido. Un símbolo parecido a un pez. El mismo símbolo que siempre parecía aparecer cuando necesitaba un recordatorio de que Dios estaba cerca. Yo no tenía un plan, pero el cielo sí.

El colapso de que me salvó

Llegamos a casa de mi abuela, y él llevó al bebé en la sillita del auto mientras yo le seguía sólo con una bolsa de pañales al hombro. Dijo que volvería a por nosotros en unas horas. En cuanto salió y cerró la puerta, me derrumbé. Las lágrimas empezaron a correr por mi cara y ya no podía ocultar la pesadilla que estaba viviendo. No tenía energía para mantener la fachada. Como una niña perdida, grité: "Por favor, llama a mi madre. No me hagas volver".

Ese día, la verdad se abrió de par en par. Mi familia me llevó a casa de mis padres, y todos supieron que algo iba terriblemente mal cuando corrí al armario de mis padres para esconderme con mi bebé. El nivel de miedo que exhibí era prueba de abuso. Realmente pensaba que me quitaría a mi bebé o me haría daño. Ya me había amenazado en el pasado y, desde luego, no iba a dudar de él. Cuando se presentó en casa de mis padres, mi padre se mantuvo firme y dijo que no me iba a ir. Por primera vez en mucho tiempo, me sentí protegida. Pero la vergüenza persistía. La culpa. Las dudas. ¿Estaba exagerando? ¿Hacía lo correcto? ¿Mi hijo me odiaría algún día por haberme ido?

Nunca me había sentido tan mal en mi vida. Esta persona realmente me llevó a las profundidades del infierno, y yo lo permití. Quería que me tragara la tierra. Desaparecer en silencio, esperando que nadie se diera cuenta de que me había ido. No podía ver un futuro mejor. Lo único en lo que podía concentrarme era en mi mundo derrumbándose y en tener que pender de un hilo por mi bebé. Las esperanzas que tenía de formar una familia y estar felizmente casada se evaporaban rápidamente. No sólo tenía que llorar la pérdida de mi matrimonio fracasado, sino que la vergüenza y los secretos que una vez mantuve ocultos estaban saliendo a la superficie. Otra frase que mis padres solían decirnos a mis hermanos y a mí mientras crecíamos era: "No me importa en qué lío se han metido; iremos hasta las puertas del infierno para rescatarlos si hace falta". Cuando era adolescente, no consumía drogas ni abusaba del alcohol, así que nunca pensé que fuera necesario salvarme. Pero esa era su forma de decirnos que si alguna vez cometíamos un error o nos metíamos en una mala situación, pasara lo que pasara, podíamos recurrir a ellos para que nos sacaran del apuro. Siempre supe que mis padres me querían y que querían lo mejor para mí. Cuando llegué a los veinte años, necesitaba desesperadamente que me rescataran y, efectivamente, cumplieron su promesa.

La segunda salida y tocar fondo

Habían pasado al menos tres meses desde que solicité el divorcio. La baja de maternidad había terminado, nuestro bebé estaba en la guardería y yo me estaba acostumbrando a empezar de nuevo. En el tribunal de familia las cosas iban insoportablemente lentas. No era un ámbito con el que estuviera familiarizada.

El día anterior a una vista judicial, sufría los peores ataques de ansiedad y, a veces, de pánico. Me sentía fuera de lugar rodeada de hombres y mujeres con monos naranjas, esposados y encadenados. No pertenecía a este grupo de delincuentes; ¡no había hecho nada malo! No llegaba a ninguna parte con el sistema judicial. Sin embargo, mi marido estaba cambiando. Parecía que estaba rehaciendo su vida y hacía todo lo posible por reconciliarse. Me dije que tal vez funcionaría, que se lo debía a mi hijo. Quizá esta vez sería diferente. También me aliviaría económicamente. Quería creer que podía cambiar, que estaba realmente arrepentido del dolor que me había causado. Esto no era una segunda oportunidad; iba mucho más allá. Incluso mi terapeuta me lo advirtió. Pero no podía vivir con la duda, así que detuve el proceso de divorcio.

Las cosas no eran perfectas, pero parecía un nuevo comienzo. Ahora teníamos nuestro propio apartamento y criábamos juntos a nuestro bebé. Se acabaron las órdenes de custodia temporal. No pasó mucho tiempo antes de que los viejos patrones y comportamientos regresaran, unos dos meses para ser exactos. Encontré botellas de licor en la cocina. Empezó a controlar de nuevo mi comunicación con mi familia. Cualquier pequeña cosa lo hacía estallar. Pensé que podría ser más astuta que él a pesar de las amenazas legales que me hizo. Mi alma sabía que no estaba a salvo. Tenía que encontrar una salida. Era el fin de semana anterior a Navidad y llevaba despierto al menos veinticuatro horas. Cuando creí que era seguro marcharme, metí al bebé en el auto y llamé al 911. ¿Por qué no me había marchado? ¿Por qué no me marché? Seguía bajo su control y ni siquiera necesitaba estar presente. Cuando encendí el auto, salió y sacó al bebé de la sillita. Le expliqué a la agente que las últimas 48 horas habían sido una tortura y que lo único que intentaba era ponerme a salvo con mi bebé. Por desgracia, sin una orden judicial, no podían intervenir.

Tuve que elegir entre volver al peligro, sabiendo que había mostrado mis cartas, o marcharme sin mi bebé. Era un desastre emocional. Para la agente, probablemente parecía una madre inestable que luchaba por expresar el nivel de peligro que corría. Me pidió que llamara a un familiar o amigo que pudiera llevarme a casa de mis padres. Puedo decirle que los ángeles son reales. La primera persona en la que pensé fue un compañero de trabajo que también era un buen amigo y vivía cerca. Era un domingo por la tarde. Ella respondió y vino a rescatarme. Sin preguntas ni juicios. Respondieron por mí para que el agente supiera que yo no era el problema. ¿Cómo iba a volver con mis padres después de todo lo que les había hecho pasar en los últimos meses? Más vergüenza apilada sobre la culpa. La cruda realidad es que dejé a mi bebé con mi maltratador porque temía que me quitara la vida si me quedaba. Una decisión que me perseguirá el resto de mi vida. En el fondo de mi alma, algo me decía que él no le haría daño al bebé; era a mí a quien quería castigar. También sabía que su madre intervendría para ayudarle.

Cuando regresé unas horas más tarde, dos policías me acompañaron a nuestro apartamento para que pudiera recoger algunas de mis pertenencias. Me advirtieron de que, si causaba algún problema, me detendrían en el acto. Recuerdo que pasé junto a mi futuro ex marido y mi suegra, que llevaba a mi bebé en brazos. ¿Cómo se habían convertido ellos en las víctimas y yo en la villana? Sentía que la rabia se apoderaba de mí y les dirigí la mirada más sucia, como diciendo: "Esto no ha terminado y volveré por mi bebé".

Cuando el refugio se convirtió en mi santuario

Aquella noche acabé en un refugio para mujeres. Sola. Asustada. Destrozada. Todavía estaba intentando asimilar las últimas cuarenta y ocho horas. Yo era una mujer educada con un título universitario, pero la gravedad de la situación me golpeó como una tonelada de ladrillos cuando alguien me mostró un gráfico y me explicó cómo era el ciclo del abuso. Por primera vez, vi la horrible verdad mirándome fijamente. Tuve que aceptar mi realidad. Estaba en una relación abusiva y era víctima de violencia doméstica. La mujer que me atendió me preguntó si tenía hambre. Ni siquiera recuerdo haber comido ese día. Me ofreció un cuenco de arroz con judías y una rebanada de pan blanco. Recuerdo estar sentada sola en la cocina, comiendo en silencio. Fue un momento aleccionador. Estaba agotada y necesitaba un lugar de refugio para recuperar fuerzas. Mi sistema nervioso había estado tanto tiempo en estado de lucha o huida que había olvidado lo que era la paz.

No se parecía en nada a la primera vez que me fui. Esta vez había tocado fondo. Dejé atrás a la única persona de este mundo a la que debía proteger. Fracasé. Defraudé a mi familia. Sabía que me juzgarían por dejar a mi hijo con mi maltratador. ¿Qué clase de madre haría eso? Sin embargo, algo en mi interior estaba decidido a no aceptar la derrota.

Cuando me enseñaron mi habitación, me senté en el suelo frente a un espejo estrecho y pensé: *Soy lista. Tengo un buen trabajo. ¿Cómo he llegado hasta aquí? ¿Está bien mi bebé?* Como madres, a menudo damos tanto de nosotras mismas a los demás hasta que no nos queda nada. Nunca esperé acabar en un refugio, pero sabía que era donde tenía que estar en ese momento para recomponerme y poder volver al incendio y salvar a mi bebé. Incluso en aquella habitación desolada, sentí a Dios. En la tranquilidad. En la comida. En el hecho de que aún respiraba.

La sabiduría que nace del fuego

Aquella experiencia me obligó a romper todas las creencias autolimitantes que había tenido. Me obligó a ser valiente incluso cuando no me sentía preparada. No podía permitirme el lujo de esperar a "curarme". Tenía un pequeño bebé que me observaba. Dependiendo de mí. Y tuve que levantarme.

He aprendido que perdonar no es decir que lo que hiciste estuvo bien. Es decir que lo que hiciste ya no me controla.

Tuve que aprender a perdonar a alguien que nunca se disculpó porque mi curación no podía esperar a su rendición de cuentas. Perdonar no fue fácil. Llegó después de incontables noches de llorar hasta quedarme dormida, años de terapia y la comprensión de que merecía la paz más que un cierre. También tuve que perdonarme a mí misma. La persona que me había asfixiado durante tanto tiempo ya no tenía poder sobre mí. Yo era su fuente de poder, y ya era hora de recuperarlo.

La maldición que se rompió y la bendición que comenzó

Generacionalmente, a las mujeres de mi familia se les enseñaba a aguantar. A guardar silencio. A "aguantarse". Yo fui la primera en decir: *"Quiero irme"*. No me importaba a quién decepcionaba. Y ese cambio lo cambió todo.

Porque con ese movimiento audaz, no sólo me salvé a mí misma. Mi divorcio no fue sólo un punto de inflexión en mi vida: cambió todo el tejido de mi familia. Para mí, se trataba de sobrevivir. Para mis seres queridos, fue un ajuste de cuentas. Mi padre, un hombre educado en la creencia de que proteger a su familia era su deber sagrado, cargó con el peso de mi dolor como si fuera el suyo propio. Varios miembros de mi familia lucharon por aceptar que no podían impedir lo que me había ocurrido. La verdad es que nadie podría haberme salvado. Tuve que salvarme a mí misma. Las secuelas de mi divorcio mostraron a mi familia que la fortaleza a veces consiste en alejarse y elegir a uno mismo. Las tormentas que no nos rompen nos construyen para algo más grande. Puede que no lo veamos en el momento, cuando estamos llenos de desesperación, pero un día todo tendrá sentido.

Si pudiera abrazar a la mujer que lee esto…

A la versión de mí que no creía que fuera a salir del bosque: estoy muy orgullosa de ti. No solo sobreviviste. Te levantaste cada vez que te derribaron. No te adormeciste con vicios. No te rendiste. Luchaste para salir de la oscuridad y encontraste un camino hacia la curación. Uno que rompió maldiciones generacionales para que el ciclo de abuso no se repitiera. Elegiste lo mejor de todo: el AMOR.

Y para *ti que* lees esto, no estás sola. Que estés aquí ya es un milagro. Y si mi historia te da aunque sea una pizca de fuerza para aguantar un día más, entonces valió la pena contarla.

A la mujer que se siente atrapada y no ve una salida, Dios no la ha abandonado. Yo te veo. Conozco el peso que llevas. Los oscuros secretos que enmascaras con una sonrisa. El miedo. La vergüenza. He estado en tu pellejo. Atravesé el fuego y viví para contar la historia que no muchos tienen la suerte de contar. Por favor, entiende que esto no es culpa tuya. No te lo mereces. Y lo que es más importante, no eres impotente.

"Y finalmente, esta pregunta, el misterio de quién será la historia. De quién corre el telón. ¿Quién elige nuestros pasos en la danza? ¿Quién nos corona con la victoria cuando sobrevivimos a lo imposible? ¿Quién hace todas estas cosas? ¿Quién nos enseña lo que es real y cómo reírnos de las mentiras? ¿Quién decide por qué vivimos y por qué moriremos? ¿Quién nos encadena? Y quién tiene la llave que puede liberarnos… Eres tú. Tienes todas las armas que necesitas". **(Sweet Pea, *Sucker Punch*)**

Siempre has tenido el poder; sólo tienes que reclamarlo. Estás a una decisión de cambiar por completo el curso de tu vida. No tienes que ser valiente, pero sí luchar. Porque alguien cuenta contigo, y en el fondo hay una versión de ti que merece ser libre, estar entera y, por fin, en paz. No te rindas, porque un día, cuando estés preparado, te levantarás.

Retenida en la oscuridad: una oración para la mujer que no puede ver la luz

Dios, por la mujer que se siente atrapada, olvidada o demasiado rota para empezar de nuevo, te pido que Tu presencia inunde su corazón de valor. Recuérdale que Tú ves lo que sucede detrás de las puertas cerradas. Susúrrale la verdad cuando las mentiras del miedo sean demasiado fuertes. Fortalece su espíritu, estabiliza sus pasos y pon a las personas adecuadas en su camino. Hazle saber que no está sola, que ella es digna de paz. Que su historia no ha terminado, es sólo el principio. Cúbrela con tu divina protección, restaura lo que le ha sido robado, su voz, guíala con sabiduría y condúcela a la vida que siempre quisiste para ella.

En el nombre de Jesús, Amén.

De una superviviente a otra, soy la prueba viviente de que las tormentas no duran para siempre y que siempre hay un resquicio de esperanza.

Una Hija De Dios

Capítulo 3
La Reina Que Toca El Alma: Un Viaje Al Despertar

por la Dra. Esther Akindayomi

"Os devolveré los años que comió la langosta...".
- Joel 2:25

Las Raíces Que Me Hicieron

Nací perteneciendo, antes de cuestionarme dónde encajaba, antes de preguntarme si realmente podía existir un hogar. Lagos, Nigeria, mi primer hogar. Una ciudad de movimiento, de resistencia, de espíritu inquebrantable que palpitaba con el tráfico interminable, los vendedores voceando sus mercancías, el zumbido de los generadores y las sirenas. Pero incluso en medio de aquel caos eléctrico, mi alma encontró anclaje en el ritual y el linaje.

En nuestra cultura, los recién nacidos son llevados lejos del ajetreo de la ciudad para recibir un nombre cargado de historia y someterse a ritos que vinculan al niño con sus antepasados, su propósito y su destino. Cuando me pusieron en brazos de mi abuela, el mundo enmudeció. Me abrazó como si fuera la respuesta a una plegaria que había pronunciado décadas atrás. Allí, a la sombra de un manglar, mi abuela -una mujer que había perdido a su propia hija hacía mucho tiempo, cuyos ojos ya no podían ver el mundo, pero cuyo espíritu lo percibía todo- declaró: "Esta es mi hija, *Abake*, que ha vuelto a mí. Esta vez, su vida no se verá truncada. Ha venido para quedarse, y vivirá una vida larga y plena". Aquel día, sonaron los tambores y las mujeres cantaron bendiciones entre las altas hierbas. Una promesa se entretejió en mi médula: Me habían elegido, me habían atado, estaba en casa.

No tengo ningún recuerdo consciente de aquel día, pero durante años mis padres pronunciaron sus palabras sobre mí con silenciosa reverencia. La voz de mi madre temblaba de asombro; los tonos profundos de mi padre se hinchaban de orgullo. Cada repetición me parecía una promesa sagrada y un manto espiritual que invitaba a la responsabilidad y la devoción. Cada vez que me asaltaba la duda -un giro incierto en mi carrera, la punzada de no encajar, el dolor silencioso de la lucha diaria-, esas palabras me cimentaban, recordándome que estaba sobre los hombros de generaciones que creían en mí.

Aunque mi abuela rara vez aparecía por nuestro recinto de Lagos, las escasas visitas a su aldea quedaron grabadas en mi memoria: toscas paredes de arcilla calentadas por el sol del mediodía, humeantes brasas que se elevaban entre los doseles de los mangos, cabras balando al atardecer y la voz de mi abuela retumbando en los patios abiertos. Incluso cuando regresé a la expansión urbana de Lagos -las bocinas sonando, los vendedores ambulantes de buñuelos de ñame, el aroma del arroz jollof cociéndose a fuego lento en ollas al borde de la carretera- llevaba esas escenas de pueblo en mi espíritu.

De vuelta a Lagos, la vida en nuestro hogar polígamo estaba llena de energía. Seis hijos -cinco chicos bulliciosos y yo, la única hija- llenaban de risas todos los rincones. Los sábados por la mañana había *amala* y *gbegiri*, cocinados con esmero por nuestras madres y servidos en armonía ritual. Mi padre, un hombre próspero con una casa llena de personal, nos convocaba en el salón. Nos sentábamos en esteras tejidas, con las manos raspando la suave masa de ñame negro y la rica sopa de alubias de un ancho cuenco de cerámica que él colocaba entre nosotros. Con cada bocado compartido, probaba algo más que comida: probaba la unidad, la herencia y la promesa de que había venido para quedarme.

Mi padre me enseñó a remover la olla, guiando mis dedos hasta que la masa mantuvo su forma, bromeando con que incluso las madres podrían aprender de mi técnica. Me deleitaba con sus elogios, viendo en sus ojos un reflejo de mi propia valía en ciernes. Aunque no era el hijo mayor, era innegablemente su hija: su fuerza sobre mis hombros, su liderazgo en corriendo por mis venas. Me convertí en el pegamento que nos mantenía unidos: seis hijos, dos madres, un espectro de voces.

A los veintiún años, la esperanza brillaba en forma de matrimonio. Llegué al matrimonio como lo hacen tantas mujeres jóvenes: idealizada, ingenua, creyendo que la estabilidad era algo que otra persona podía darme. Él era mi profesor de universidad, diez años mayor, responsable y fiable. Eso es lo que yo quería. Eso es lo que elegí. Y durante un tiempo, fue suficiente. Cuando me propuso matrimonio, acepté con el mismo fervor que una vez me hizo agarrarme a la mano de la abuela. En noviembre de 2006, embarcamos en un vuelo a Estados Unidos, con el corazón rebosante de promesas. El aire fresco de Rhode Island anunció el nacimiento de nuestro primer hijo en 2008; los extensos cielos de Texas dieron la bienvenida al segundo en 2011. Me volqué con amor en la maternidad, en la nueva cultura, en la construcción de una vida que se sentía como el siguiente capítulo. Me encantó la familia que formamos. Y sigo queriéndola, a pesar del fracaso matrimonial.

En nuestro décimo aniversario, celebramos la boda que nunca habíamos celebrado. Manteles blancos, velas bailando sobre los rostros sonrientes de amigos y familiares. Sin embargo, entre votos y brindis, percibí y saboreé la ironía: un comienzo destinado a renovar los votos marcaba, en cambio, un final. Nos aferramos durante cinco años más, tejiendo hilos de unidad fingida hasta que el tapiz se deshizo por completo. Al deshacerse, recordé las palabras de la abuela, un eco más fuerte que el derrumbe: Has venido para quedarte. Has sido elegido. Y así comenzó mi viaje de regreso a casa, a mis raíces, a mi alma, a la mujer en la que siempre debí convertirme.

Cuando La Vida Que Conocías Se Desmorona

Creía en el amor eterno, inquebrantable, sellado con votos pronunciados ante Dios, un anillo intercambiado ante testigos, que unía a dos personas hasta que la muerte las separara. Pensé que el matrimonio anclaría mis sueños y definiría mi valía. Pero en agosto de 2018, ese mismo marco se resquebrajó. Sin peleas elaboradas, sin grandes gestos, sin fuegos artificiales en la corte, solo la salida silenciosa de dos almas demasiado heridas para quedarse. Nos separamos por el bien de nuestros hijos, pero en la quietud que siguió, me sentí más sola que nunca.

De pie entre los escombros de una vida que una vez creí inquebrantable, me di cuenta de que era una extraña para mí misma. La identidad que había cultivado -esposa, cuidadora, compañera- se disolvió en pedazos a mis pies. Durante años, había vivido dentro de los muros protectores de su provisión: facturas pagadas, mantenimiento gestionado, decisiones tomadas. Él había sido el arquitecto de nuestra vida y yo me había conformado con vivir en el hogar que había construido. Nunca me paré a reconocer el nivel de dependencia que había cultivado hasta que me vi obligada a navegar sola por el mundo.

Me metí en un hotel de estancias prolongadas que nadie podía rastrear, un santuario oculto para el desamor. Estar sola era como ahogarse; algunos días, el mero hecho de respirar requería un esfuerzo. Cada día era supervivencia, y las lágrimas caían libremente: lágrimas en aparcamientos vacíos, lágrimas en los largos trayectos en auto desde el hospital donde trabajaba, lágrimas en los pasillos de los supermercados detrás de latas apiladas. El mundo me veía seguir con mis rutinas, pero por dentro me estaba desmoronando.

El alcohol se convirtió en mi escape y en mi enemigo, en mi ritual nocturno. Me apoyaba en la promesa adormecedora del vino, una copa, dos copas, hasta que nada me resultaba nítido. El sueño sólo llegaba cuando lo forzaba, hundiéndome en el olvido para acallar el dolor. A la luz del día, me sumergía en el ajetreo: turnos en el hospital que abarcaban desde el amanecer hasta el anochecer, actos comunitarios en los que llevaba la máscara de "estoy bien", tan apretada, que parecía una segunda piel. Viajar para asistir a conferencias me ofrecía una breve vía de escape. Los desconocidos aplaudían mi profesionalidad, mi carisma, mi competencia. Con cada apretón de manos, cada sala de conferencias que llenaba, el vacío interior no hacía más que ensancharse. Me sentía inquieta, temeraria, una mujer al borde del colapso que fingía tenerlo todo controlado.

Sin embargo, en medio de mi temeridad, la bondad de Dios me perseguía. Un colega deslizó una taza de café en mi mano, sus ojos suaves. Un amigo me envió un mensaje de texto: "Estoy aquí si necesitas algo", justo cuando me hundía en el dolor. Un versículo de las Escrituras apareció en mi teléfono precisamente en el momento en que mi corazón se aceleró por el miedo. Cada acto de bondad susurraba: "No estás sola". Pero yo seguía encadenada a la vergüenza, convencida de que debía esconderme o corría el riesgo de derrumbarme por completo.

La Noche En La Cárcel Que Debería Haberme Despertado

Nunca pensé que conocería el frío mordisco del acero alrededor de mis muñecas. La cárcel era una posibilidad lejana reservada a otros, a los que habían perdido el control o se habían alejado demasiado de casa. Yo no. Yo era educada, responsable y cuidadosa. Sin embargo, aquella noche de diciembre aprendí lo rápido que puede descarrilar una vida.

Ese mismo día, había salido del hospital llena de esperanza. Después de pasar casi un año en un hotel de larga estancia, acababa de pagar el depósito de una nueva casa, una atadura para empezar de nuevo. Un amigo me invitó a su cervecería para celebrarlo. Saboreamos una selección de cervezas que él mismo había fabricado, cada sabor era una posibilidad. Cuando subí al auto, me sentí más ligera, creyendo que por fin podía dejar atrás el pasado.

El viaje de vuelta está borroso. En algún momento, debí de desmayarme al volante, porque lo único que recuerdo es el chirrido de las sirenas, el latido de las luces intermitentes y mi auto destrozado al borde de la carretera. En la comisaría, me senté en un banco de metal bajo unas bombillas parpadeantes que zumbaban como insectos maníacos. La vergüenza se apoderó de mí en ondas pesadas. Yo, madre y anestesista, alguien que calibraba con precisión la vida y la muerte, me había convertido en una estadística.

Entonces llegó ella, otra madre, atrapada en su propia espiral de angustia. Había sido detenida por dejar solos a sus hijos mientras perseguía los restos de su fracturado matrimonio. Su dolor reflejaba el mío. Sin dudarlo, cruzó la celda con los brazos abiertos y me estrechó en un abrazo que no merecía pero que necesitaba desesperadamente. Su abrigo olía a café y especias calientes; su tacto era feroz y compasivo. En ese momento, sentí que el peso de mi vergüenza se disipaba, como si su abrazo contuviera la promesa de la redención.

A la mañana siguiente, mi madre y mi hermana aparecieron en la sala del tribunal, sin ninguna barrera entre nosotras, sólo la proximidad y el dolor. Los ojos de mi madre se encontraron con los míos, con un amor herido por la decepción y una esperanza golpeada por la realidad. Su silencio formuló la pregunta que yo había estado eludiendo durante meses: ¿En quién te has convertido?

No tenía respuesta.

La fianza iba y venía, me instalaron un alcoholímetro en el auto y me dejaron el carné en libertad condicional. Pero traté cada restricción como un inconveniente y no como una llamada de atención. Seguí sirviendo vino por la noche, mantuve mis intensos turnos en el hospital y mantuve mis funciones comunitarias cuando convenía a mi imagen. Había perfeccionado el arte de funcionar, un exterior pulido que ocultaba una hemorragia de dolor.

Sin embargo, la gracia persistía. Pequeñas intervenciones como un mensaje de texto inesperado, una oración respondida o el recuerdo del abrazo de aquella madre seguían aflorando en mi destrozado corazón. Cada uno de ellos se convirtió en una grieta en mi armadura, preparándome para algo más que simplemente sobrevivir.

Un Alma Que Sigue Buscando

Durante casi un año, viví en la confusión de una suite de larga estancia. Estaba presente, pero ausente. Visto, pero oculto. Funcionaba pero no tenía ataduras. Nadie sabía dónde vivía, ni mi madre, ni mis hijos, ni siquiera mis amigos más íntimos.

Mi suite de un dormitorio tenía todas las necesidades básicas. Tenía una pequeña cocina, una modesta sala de estar y un dormitorio escondido detrás de una puerta endeble. Traía muy pocas pertenencias, la mayoría de las cuales colgaban en ordenadas filas dentro del armario. Rara vez cocinaba. Rara vez me entretenía. Las tenues luces amarillas daban a la habitación un brillo cansado, como si también estuviera esperando a alguien que nunca llegaba del todo. La mayoría de las noches, la televisión emitía repeticiones de Family Feud, y las voces de extraños llenaban el silencio que yo me negaba a tocar.

El trabajo se convirtió en mi distracción. Todas las mañanas me vestía con un uniforme impecable y recorría los pasillos estériles de los hospitales, calibrando las máquinas de anestesia, consultando con los cirujanos, calmando a las familias ansiosas. En esos pasillos encontraba un propósito, una medida de autoestima ligada a la competencia. Cuando mis hijos me visitaban, nos reuníamos bajo las luces fluorescentes en la sala de médicos, intercambiando pequeños abrazos y susurrando historias. Nunca hablábamos del hotel. Fingía que era otra persona, alguien más fuerte, alguien que podía escapar de los escombros, pero algo dentro de mí se estaba deshaciendo.

El dolor en mi interior se hizo más fuerte; era una inquietud que no podía adormecer. Entonces llegó la invitación. Un retiro para mujeres en Sedona, Arizona. Mi querida amiga me envió los detalles con suave insistencia, no con presión, sino con esperanza. "Lo necesitas", decía su mensaje. Mi respuesta inicial fue la duda: demasiado caro, demasiado pronto, demasiado indulgente. Pero surgió una emoción más profunda: quizá me merecía algo más que la mera supervivencia. Reservé el viaje en un momento de fe y tomé un vuelo que me llevó hacia la transformación.

Sedona me recibió con un silencio que no había sentido en años. La tierra parecía zumbar. Había energía en espiral a través de los vórtices, los acantilados brillaban como ascuas, vientos ancestrales transportaban historias a través de las ramas de los enebros y cada respiración se sentía cargada de posibilidades. No sabía cómo encajaba esto en mi educación cristiana, pero me sentía menos preocupada por la doctrina o el dogma. Sólo sabía que este lugar era sagrado, y mi espíritu reconoció su resonancia antes de que mi mente pudiera nombrarla.

Una doctora y su hija guiaron nuestro círculo con serena autoridad y gracia. Sus voces atravesaron mis defensas, su presencia invitó a la quietud y sus preguntas despertaron algo profundo en mí. Vieron una fuerza que había enterrado, una intuición que había ignorado, una vocación que había abandonado. El trabajo energético elevó mi vibración y, por primera vez en años, me sentí espiritualmente despierta. No estaba atada por normas ni rituales, sino liberada por una sensación de alineación divina. ¿Se reunió Dios conmigo aquí? Por supuesto. Su bondad me había estado persiguiendo a través de estados, a través de opciones rotas, incluso en la habitación de hotel que me negaba a llamar hogar. Sedona fue el lugar donde finalmente me detuve el tiempo suficiente para escucharle.

El último día del retiro, tomé una decisión que me pareció a la vez atrevida y sagrada. Invertiría en mi propia curación, comprometiéndome a un año de entrenamiento que costaría diez mil dólares. Las palabras de mi padre resonaban en mi mente: "La inversión en recursos humanos es el mayor activo". Me di cuenta de que yo valía esa inversión. Sedona me había abierto. Estaba lista para recuperar a la mujer que había enterrado bajo el dolor.

El Santuario Del Lento Devenir

Sedona había abierto algo sagrado dentro de mí, una invitación silenciosa a recordar. Salí del retiro con dos versiones de mí misma a cuestas: la mujer que había sido y la mujer en la que me estaba convirtiendo, y ninguna de las dos podía sostenerse por sí sola. Era diferente, no estaba arreglada, no me había transformado, pero era consciente. Y la conciencia es un comienzo sagrado. Es el susurro que precede al trueno. La puerta que precede a la decisión. Seguía bebiendo. Seguía tomando decisiones que no se alineaban del todo con la claridad que ansiaba. Pero ahora, podía verlo. Podía sentir el desajuste.

Mi vida ya no era un borrón; ahora tenía bordes. Suaves. Pero bordes al fin y al cabo. Avanzaba hacia la curación, centímetro a centímetro, incluso cuando aún no conocía el camino. Ansiaba algo estable, algo suave, algo que me susurrara: "Aquí estás a salvo".

Así que alquilé un modesto bungalow de tres habitaciones en el sur de Texas. Fue el primer lugar en años que sentí como un santuario de pausa. Aquí cultivaría el delicado arte del devenir. Entre aquellas paredes, pequeños momentos se convirtieron en señales de restauración. La cena del Día de la Madre llegó con los platos amontonados y las risas rebotando en las paredes, donde antes sólo resonaba el silencio. Un lugar tranquilo donde mis hijos podían visitarme, acurrucarse en el sofá y jugar en el jardín.

Celebré mi cuarenta cumpleaños no sólo como un año que pasa, sino como una declaración: Sigo aquí. Sigo en pie. Sigo convirtiéndome. Los amigos se reunieron para celebrar un cumpleaños de disfraces con máscaras brillantes, seda y satén, plumas y cuernos. El DJ puso "This Girl Is On Fire" mientras yo levantaba mi copa al cielo, declarándome, por primera vez, "Reina Esther". Salió humo, llovieron bengalas de fuego y sentí la plenitud de cada estación de mi vida: enraizada en Lagos, pulida por el dolor, coronada por la promesa. Incluso en aquella celebración, encontré quietud. Cuando los invitados se marcharon, respiré hondo, sintiendo el temblor de la gratitud.

Aquel bungalow no era sólo una casa, era una pausa. Una pausa sagrada. Una tarde, los niños estaban con su padre, el turno del hospital detrás de mí, y me senté sola en el sofá. La suave luz se derramaba a través de las persianas sobre los desgastados cojines. En aquel silencio, sentí que se me ablandaba el pecho. No oí hablar a Dios, pero sentí que Su presencia me envolvía, silenciosa y suave como el amanecer.

Sin embargo, las viejas costumbres me llamaban. Pasaba más horas despierta en el hospital que en casa. Me puse la máscara de "estoy bien" para visitar. Mi vida seguía en la cuerda floja entre la supervivencia y la rendición. Pero ahora caminaba con los dos ojos abiertos.

El Año De La Aceleración

Entonces llegó 2020, el año en que el mundo hizo una pausa. Las ciudades se vaciaron, las empresas cerraron y el miedo se extendió más rápido que la comprensión. El globo exhaló y se preparó para lo desconocido. Pero mi aceleración comenzó antes de que el mundo se ralentizara.

En diciembre de 2019, un momento de silencioso rechazo lo puso todo en movimiento. Un cirujano con el que había trabajado a menudo pidió que me sustituyeran como su proveedor de anestesia. Ese día, no era mi yo juguetón habitual. Estaba de luto por la pérdida de la mujer de un amigo, de 38 años, como yo. No estaba hablador, sino reflexivo, y algo de eso le inquietaba.

No podía preguntar por qué. Así que me rendí en silencio. Dejé mi placa en recepción y me alejé de un sistema que ya no me veía. Esa decisión me costó 10.000 dólares en salario, seguridad y familiaridad. Pero incluso entonces, Dios ya me estaba atrapando a mitad del salto. Había estado preparando mis alas.

Tres meses más tarde, COVID-19 golpeó. El mundo se detuvo, pero yo ya me estaba moviendo. Mi trabajo había sido un pilar de estabilidad. Ahora parecía una jaula. El ritmo que antes dictaba mis días ya no encajaba con la mujer en la que me estaba convirtiendo. Empecé algo nuevo: un trabajo temporal, viajando por Texas, construyendo una carrera a mi manera. Me convertí en la arquitecta de mi tiempo, de mi energía, de mi futuro.

Entonces llegó una invitación inesperada, tan oportuna que sólo podía ser un guiño de Dios. Me pidieron que creara un grupo de anestesia. No era sólo un papel. Era la colisión de todo lo que había llevado: liderazgo, experiencia médica, profundidad espiritual, visión. Incluso mientras la pandemia asolaba los sistemas, yo estaba construyendo, diseñando la estructura y reuniendo al equipo. Entré de lleno en una vocación que había esperado pacientemente a que dijera sí. Ya no me limitaba a funcionar dentro de la estructura de otro. Estaba creando un sistema basado en la compasión, la eficacia y la gracia.

Pero Dios no había terminado. En agosto de 2020, R.G.Vita Infusions nació. Lo que comenzó como una restauración personal para mi propia anemia y agotamiento floreció en un santuario de sanación para otros. Creé menús de infusión ricos en electrolitos, vitaminas y aminoácidos, diseñando salas de tratamiento con iluminación suave, asientos acolchados y listas de reproducción relajantes. Los pacientes llegaban agotados y salían radiantes de renovación. La hidratación ya no era una transacción, sino una transformación.

En esos sillones de infusión se desarrollaron historias: una profesora lloró al sentir que recuperaba la energía, con las manos temblorosas aferradas al tubo intravenoso; un veterano se atragantó al sentir que se le cuidaba tras años de resistencia silenciosa; una futura novia rio con vibrante claridad cuando el caos de la boda se disipó. Cada historia unía la ciencia y el alma, y me sumergía en la sinergia de la curación.

El COVID había detenido el mundo, pero me había impulsado hacia un propósito. Ya no sobrevivía, sino que creaba, dirigía y curaba. Por encima de todo, estaba entrando en la plenitud de lo que siempre debí ser.

Ajuste De Cuentas Y Renacimiento

A principios de 2024, me había convertido en una experta en cuidar mi imagen, equilibrada, empoderada y en sintonía espiritual. Pero el espejo sólo reflejaba una superficie pulida. La claridad se convirtió en una ilusión cuando me negué a mirar debajo del brillo. Entonces llegó Nueva Orleans: tres días que rompieron todas las ilusiones.

La primera noche me perdí, física, emocional y espiritualmente. Bourbon Street me engulló en neón borroso y bajo atronador. Cada bebida sabía a rebelión, cada cara a desconocido, cada dólar a emoción fugaz quemada en arrepentimiento. Me sentí a la vez hipervisible e invisible; mi caos interno amplificado por el caos carnavalesco de la ciudad.

Los dos días siguientes transcurrieron entre gastos excesivos, tensiones con mi novio y el peso creciente del arrepentimiento. Me movía entre las multitudes como un fantasma, buscando consuelo en las copas, en los rincones de las calles sombrías, y no llegaba ninguno. Pero bajo el brillo de la huida, algo sagrado se resquebrajaba.

En el vuelo de vuelta a casa, miré por la ventanilla la tierra llena de parches, entumecida. Al cruzar la puerta de casa la mañana del 29 de enero de 2024, me hundí en la silla del despacho, con fragmentos de mi vida derrumbados a mi alrededor. En la quietud, surgió una pregunta: "¿Continúo en el pecado y pido que abunde la gracia?".

Y en ese momento, sentí claramente, no en mi mente, sino en mis entrañas, que algo tenía que cambiar. Dios había sido misericordioso conmigo durante mucho tiempo. Demasiado tiempo. Mi espíritu tembló; sentí que mis rodillas se doblaban bajo el peso de la misericordia malgastada. Sabía que si no hacía un cambio, lo perdería todo.

Así que tomé una decisión. Ninguna gran proclamación, sólo una resolución escrita a máquina con tinta negra sobre papel blanco. Treinta días sin alcohol. Un día cada vez. Imprimí un calendario, escribí mi *"por qué"* en negrita y lo pegué a la pared donde no pudiera perderlo, un pacto más que un objetivo. Fue un punto de inflexión y una línea espiritual trazada en gracia.

Algo cambió en ese momento, no sólo en el hábito, sino en el espíritu. No fue sólo autodisciplina. Fue divino, y creo que Dios susurró ese calendario en mi corazón. Me encontró en mi imprudencia, en mi agotamiento, en el silencioso zumbido de mi oficina aquella mañana, y me dijo: "Vuelve a Mí".

La primera mañana sobrio se sentía cruda como una herida abierta. Los antojos palpitaban como viejos remordimientos, mi cuerpo en guerra con la memoria muscular de. Pero en esa tensión, oí otros susurros: el silencio del amanecer, el pulso firme de un corazón que se cura, el recuerdo de los acantilados rojos de Sedona que acunaban mis lágrimas. Esos susurros se entrelazaron en un nuevo ritmo, en el que los días sobrios se convirtieron en semanas y las semanas en meses. Hoy no he vuelto a beber alcohol.

Ahora lo veo todo. Todo el paisaje de la gracia bajo mi historia. En la órbita de la sobriedad, vi destellos de cada tierna misericordia recogida en mi espíritu -pequeños actos que una vez pasé por alto: un café entregado, una oración no solicitada, susurros en los vientos del cañón de Sedona, el abrazo de aquel extraño en la cárcel. Esos momentos eran reflejos de la luz, no la fuente. La fuente era siempre más radiante: el amor que se niega a ceder.

Nueva Orleans fue el desenlace. El 29 de enero fue el ajuste de cuentas. Y esto es el renacimiento. Ya no soy la misma mujer; ya no me escondo; ya no actúo. Estoy en casa.

Llamada A Casa: Cuando Soul Touch Cobró Vida

Era domingo por la mañana. Me desperté empapada en sudor, con el corazón latiéndome contra las costillas y algo presionando en lo más profundo de mi espíritu. Era urgente, pesado, no sólo un pensamiento, no un recuerdo, sino una orden. Un susurro con fuerza divina. "Ve a buscar tu diario".

Busqué en mis estanterías, rebusqué entre cuadernos y rincones desordenados, rebusqué entre restos de viejos capítulos, ninguno de los cuales contenía lo que buscaba. Pero sabía que estaba cerca; podía sentirlo. Y entonces, escondidas en un rincón, intactas, estaban las cajas. Entre cuadernos medio olvidados, apareció una espiral de seda azulada, cubierta de polvo y tierra.

Dudé; me miraba como si hubiera estado esperando. Como si no me hubiera abandonado. Como si supiera que este momento llegaría. Pasé los dedos por su superficie y sentí cómo la memoria se agolpaba en mis palmas, sabiendo que abrir esas páginas de significaba enfrentarme a esperanzas que había enterrado bajo la supervivencia. Pero cuando quité la tapa, mis pulmones volvieron a respirar. Página tras página revelaba a la mujer más joven que una vez fui. La chica que soñaba con audacia, creía ferozmente, escribía con claridad. Llevaba fuego y lo llamaba fe. No tenía ninguna duda de que Dios utilizaría su vida. Había bautizado su visión como Soul Touch.

Y esa visión no se había desvanecido; había esperado. No había desaparecido, simplemente había sido enterrada bajo la supervivencia. Leí, lloré y lo supe: aquel diario no era sólo un registro, sino una resurrección. Un regreso al encargo que había recibido cuando tenía veintidós años. Un ministerio nacido de un susurro divino, metido en páginas que guardaban mi devenir. Aquella mañana no fue nostalgia emocional; fue un momento de activación.

Cerré los ojos y sentí el peso de cada paso que me trajo hasta aquí. La abuela me habló de la vida. Sedona me abrió. El sur de Texas me dio quietud. Nueva Orleans desnudó la ilusión. El 29 de enero me bautizó en la verdad. Y este diario, esta invitación sagrada, me trajo a casa. Soul Touch no sólo estaba destinado a vivir en mí. Estaba destinado a vivir a través de mí.

Hoy, Soul Touch Wellness es testigo vivo de esa promesa. Ya no es sólo una vocación. Es un movimiento vivo que honra la conexión entre cuerpo, mente y espíritu. A través del coaching individual, las experiencias de restauración, los productos a medida y las reuniones semanales de la Hora de la Armonía, ofrecemos espacios donde las almas recuerdan su valor, los cuerpos recuperan la salud y los espíritus renuevan la esperanza.

Soul Touch no es sólo mi negocio. Es mi entrega. Dios es el Fundador. Yo soy el administrador. Es más grande que yo. Más santo que yo. Y, sin embargo, trabaja con gracia a través de mí. No se trata de perfección, sino de presencia. De ofrecer a los demás lo que tuve que luchar para recuperar en mí misma: verdad, alineación y libertad.

Si sientes algo en tu interior mientras lees esto, que sepas que es sagrado. No has perdido tu oportunidad. No estás demasiado rota, demasiado deshonrada o demasiado distante. Estás siendo llamado a casa, a los susurros de la gracia, a la sanación más allá del ritual, a la corona de tu devenir.

Hubo momentos en mi viaje que no parecían ni parecían religiosos ni ocurrían en la iglesia, pero eran santos y eran luz. Y aunque entonces no sabía cómo llamarlo Dios, ahora veo que Él estaba allí: en el desierto, en el silencio, en el amor de los extraños, en el caos, en el susurro que me llevó al diario y en mi rendición el 29 de enero. Él estaba en cada aliento de retorno.

Ninguno de esos momentos era la Fuente de la luz. Pero todos ellos la reflejaban. A veces nos perdemos la presencia de Dios porque buscamos los púlpitos. Pero Él está en los susurros, en los cambios, en el anhelo, en la curación que no sabíamos que necesitábamos. En el diario que olvidamos haber escrito. Incluso cuando no le llamamos por su nombre, Él nos sigue llamando por el nuestro.

Esto no es la conclusión. Es la corona. Soul Touch está aquí, y tú también.

Dra. Esther Akindayomi

Instagram: @soultouchqueen

Página web: www.soul-touch.net

Capítulo 4
Cuando Volvió El Aliento

por la Dra. Nina Golde

"Descendió de lo alto y se apoderó de mí; me sacó de aguas profundas. Me rescató de mi poderoso enemigo, de mis enemigos, que eran demasiado fuertes para mí".
- Salmo 18: 16-17

El Peso De Aquel Día

Hace exactamente un año que habíamos enterrado a mi hermano pequeño.

El Día de la Madre de 2023, falleció repentinamente con sólo dieciséis años. Sin señales. Sin enfermedades. Sólo estuvo aquí un día y se fue al siguiente. Y como si ese dolor no fuera suficiente, lo enterramos el Día del Padre. Dos días festivos destinados a celebrar la vida y el amor que ahora se erigen como lápidas en el calendario.

Este año, el dolor regresó en silencio, pero por completo. Sentí que me oprimía el pecho cuando se acercaba el Día de la Madre. Decidí pasarlo en Houston con mi familia. No quería que nuestras madres estuvieran solas. Intenté mantenerme fuerte por ellas, pero la pena seguía viviendo en mis huesos.

Le pregunté a Dios por qué. ¿Por qué se lo llevó tan pronto? ¿Por qué sin avisar? Pero incluso en el cuestionamiento, nunca dejé de creer que Dios es bueno. Simplemente no entendía Sus caminos.

La Batalla Antes Del Milagro

La noche antes de que sucediera, no podía dormir. Había una pesadez en mi espíritu, un peso que no podía quitarme de encima. No sabía si era un sueño o una visión, pero recuerdo despertarme y poner mi mano sobre mi hijo mientras dormía, cubriéndolo en silencio, como si algo invisible estuviera tratando de venir por él.

No sabía lo que significaba, pero sabía lo suficiente para permanecer en oración.

A la mañana siguiente, estaba agotada, pero permanecí en adoración. Así es como lucho. Así es como sobrevivo. Mi familia estaba de visita y planeamos ir a Progreso a pasar el día. Incluso en el auto, sentí que el Señor tiraba de mí: *Permanece en alabanza. No dejes de alabar.*

No sabía por qué, pero le hice caso. Mi espíritu permaneció despierto.

La Escena Que Lo Cambió Todo

Esa misma tarde, de vuelta en casa, el profesor de natación de Noah se dirigía a nuestra casa para dar una clase. Subí a cambiarme rápidamente el bañador para poder sentarme fuera y ver la clase. Sólo tenía cinco años, era juguetón, intrépido y siempre intentaba seguir el ritmo de los niños mayores.

Normalmente se quedaba en la piscina infantil, donde estaba seguro. Pero últimamente había estado tomando clases de natación y ganando confianza. Ese día, vio a su hermana mayor y a su primo chapoteando en la piscina y decidió que quería estar donde ellos estaban.

Quería demostrar que él también podía hacerlo.

Yo estaba arriba cuando oí a mi hermana gritar: "¿Dónde está Noah?".

Algo en mí se quebró. No me detuve. No hice preguntas. Simplemente corrí. Mi cuerpo se movía antes de que mi mente pudiera alcanzarlo. Mi corazón se aceleraba. Mi espíritu gritaba.

Corrí a través de la casa y en el patio, y fue entonces cuando la vi. A mi hermana. Sacando a Noah de la piscina. Su cuerpo estaba sin vida y flácido.

Grité.

Me arrodillé y se lo quité de los brazos. No respiraba. No se movía. Tenía los ojos fijos. Lo sostuve en mis brazos y grité el único nombre que podía: "¡Jesús!" Una y otra vez. Era lo único que sabía decir.

Cuando La Fe Y La Reanimación Cardiopulmonar Chocaron

En algún momento, entre el pánico y las súplicas, mis conocimientos médicos y mis instintos hicieron acto de presencia. Tumbé a Noah en el suelo y empecé a hacerle compresiones torácicas, con las manos temblorosas, la mente acelerada y el corazón a duras penas. Repetía su nombre una y otra vez, cada vez más alto, como si mi voz pudiera arrastrarlo de vuelta a mí.

"Noah... Noah, ¡vuelve conmigo!" sollozaba, presionando, contando en mi cabeza, intentando mantener el ritmo mientras todo a mi alrededor se derrumbaba.

Pero él no respondía.

Tenía los ojos muy abiertos. Sin vida. Fijos. No estaba allí.

El aire que nos rodeaba era denso. El sonido de mis manos sobre su pecho era todo lo que podía oír, sólo eso y mis propias oraciones jadeantes. Me sentía como si estuviera fuera de mi cuerpo, como si me observara a mí misma desde arriba, una madre intentando salvar a su hijo y fracasando.

¿Por qué ocurre esto?

Dios, ¿dónde estás?

Otra vez no, hoy no.

Mi hermana estaba al teléfono con el 911, mi madre gritaba detrás de mí, la gente corría, gritaba, lloraba, pero todo parecía apagado, distante, como si el mundo se hubiera detenido al borde de algo sagrado y aterrador.

Y entonces empecé a resbalar.

La mentira se deslizó como una niebla: Se ha ido.

Empecé a creerla. Mis manos se ralentizaron. La respiración se me atascó en la garganta. El mundo empezó a girar. Detuve la reanimación y me quedé helada e incrédula.

Y entonces, mi hija de diez años dio un paso adelante.

Había estado observando todo el tiempo. Con los ojos muy abiertos. Pero ahora, algo cambió en ella. Me miró con una fuerza que nunca olvidaré. Su voz no temblaba. No gritaba. Lo atravesó todo:

"No".

Sólo esa palabra, aguda, clara, dominante.

Se puso delante de mí, apartó suavemente mis manos y se arrodilló junto a su hermano. No preguntó qué hacer. Ni se inmutó. Simplemente empezó a presionar, profundo, firme, constante. Sus pequeñas manos, tan pequeñas, tan valientes, hacían lo que había que hacer.

La vi empujar con todo lo que tenía, luchando por él como una guerrera. Tenía fuego en los ojos y supe que Dios había puesto algo sagrado dentro de ella para ese momento.

Pero él no se movía.

En un momento dado, me preocupó que sus compresiones fueran demasiado bruscas. Sus pequeñas manos presionaban con tanta fuerza que pensé que podría romperle una costilla. Pero no se detuvo. Era feroz. Concentrada. Inquebrantable. Todo su cuerpo se movía con determinación, como si su alma supiera lo que su mente no podía comprender del todo: *tengo que traerlo de vuelta.*

Algo en su fe despertó la mía.

Me incliné y empecé a respirar en la boca de Noah. Una y otra vez. Sus labios estaban fríos. Su piel estaba pálida. Sentí que los bordes de la desesperación intentaban ahogarme, pero seguí.

Mi hija seguía presionando. Yo seguía respirando.

Pronunciamos su nombre como un salvavidas.

Suplicamos. Luchamos. Oramos.

Y entonces...

Una tos.

Débil. Pero estaba ahí.

Y luego otra.

Empezó a salirle agua de la boca. Su pecho empezó a temblar. Sus ojos se agitaron, apenas al principio, pero luego parpadeó.

Giró ligeramente la cabeza y me miró fijamente. Sus labios temblaron y susurró:

"Mamá".

Entonces rompió a llorar. Y yo también.

Atrapados En El Caos

Todo a nuestro alrededor se desdibujó. Mi madre salió corriendo, temblando, y me tapó con algo. Ni siquiera me había dado cuenta de que seguía en ropa interior. Me daba igual. Simplemente lo abracé y me negué a soltarlo.

Cuando llegó la ambulancia, tuvieron que subirnos a los dos a la camilla. Yo no podía valerme por mí misma.

En el hospital, levanté la vista y vi las palabras "casi ahogado" escritas en la pizarra. Ese momento me destrozó. Caí de rodillas y lloré, abrazando a mi hijo, respirándolo, susurrando: "Gracias, Jesús".

Todo el mundo me decía lo afortunada que era. Pero esto no era suerte. Era Dios. Él apareció. Se interpuso entre la muerte y mi bebé y dijo: *"Hoy no"*.

Ese día, el Salmo 18 cobró vida en mí. Yo había clamado y mi Dios vino por mí.

El Dolor, Reflejado En Sus Ojos

Mi hermana pequeña, que ayudó a criar a Noah, estaba a nuestro lado, temblando. No hablaba. Sólo lo abrazó, lo besó y lloró con un llanto tan profundo, tan desgarrado, que ni siquiera hizo ruido.

Me estaba reflejando. Podía verlo todo en sus ojos, el terror, el alivio, la pena, la gratitud.

Casi habíamos perdido a nuestro bebé. Pero Dios tuvo piedad.

El Diablo Es Un Mentiroso

La primera mentira que se coló fue la más ruidosa: *Está muerto.*

Mi corazón quería creerlo. Mi cuerpo había empezado a rendirse. Miré a mi hijo y pensé: *Dios, ¿por qué dejas que esto ocurra?*

Pero entonces algo más profundo me empujó.

Siempre he creído en la guerra espiritual. Siempre he sabido que lo que ocurre en lo físico a menudo empieza en el espíritu. Esta vez, lo vi con mis propios ojos.

La noche anterior, había sentido al enemigo al acecho. Ese día, intentó atacar de nuevo, en el aniversario de la muerte de mi hermano. Pero Dios lo interceptó.

Dios, Mi Escudo

Siempre estoy rezando. Siempre cubriendo a mis hijos, a mi marido y a mi familia. Imploro la sangre de Jesús sobre ellos. Reprendo al espíritu de muerte y confusión. Y confío en que Dios es quien dice ser: nuestro Defensor. Nuestro Escudo. Nuestro Rescatador.

Ese día, todo tuvo sentido. Esta era una asignación del enemigo y Dios la interceptó. Tal como dijo que lo haría.

Salmo 18:16-19 (NVI)
*Extendiendo su mano desde lo alto,
tomó la mía y me sacó del mar profundo.*

Me libró de mi enemigo poderoso,
  de aquellos que me odiaban y eran más fuertes que yo.
En el día de mi desgracia me salieron al encuentro,
  pero mi apoyo fue el Señor.
Me sacó a un amplio espacio;
  me libró porque se agradó de mí.

Cuando ahora leo estas palabras, ya no son sólo versos en una página. Son mi experiencia vivida. Son lo que sucedió junto al estanque. Él bajó de lo alto. Sacó a mi hijo de aguas profundas. El enemigo era demasiado fuerte para mí, pero no para Él.

El Señor me sostuvo cuando me derrumbé. Él nos sacó. Y lo hizo, no porque fuéramos perfectos, no porque lo tuviéramos todo controlado, sino porque Él *se deleita en nosotros.*

No sólo fui testigo de un milagro, sino que viví dentro de una promesa. El Salmo 18 no ocurrió sólo ese día. Continúa desarrollándose en nuestras vidas, una y otra vez, como un recordatorio de que Dios todavía rescata.

Una Nueva Forma De Vivir

Todo cambió en mí.

Ya no voy deprisa por la vida. Ya no pierdo el tiempo en cosas que no importan. No me aferro a las ofensas. Doy más gracia porque sé que todo el mundo está pasando por algo que no se ve.

Estoy más presente con mi familia, y mi propósito. No quiero perderme ni un solo momento.

Perder a mi hermano inició el cambio. Casi perder a mi hijo lo hizo permanente.

Mi vida ya no se basa en la prisa, sino en la misión.

Dos Historias. Un Dios Fiel.

Cada vez que miro a Noah, pienso en mi hermano. Sus historias están entrelazadas ahora.

Es una extraña dualidad, el dolor y la gloria cogidos de la mano.

Pero ya no pregunto por qué con amargura. Pregunto con fe. Sé que la vida de mi hermano tenía un propósito. Incluso en el poco tiempo que pasó aquí, cambió a nuestra familia. Su ausencia aún resuena, pero también ha despertado algo sagrado en nosotros.

Y ahora, con Noah, vivo más intencionadamente.

Honro a mi hermano recordándole. Honro el milagro de Noah criándolo con el conocimiento de que su vida tiene un propósito divino.

Dos historias diferentes.

Un Dios fiel.

Y confío plenamente en que ambas tienen un propósito.

Elohim Shomri-Dios Mi Protector

Dios me mostró quién es realmente. No sólo en concepto, sino en realidad. Él es mi Rescatador. Mi escudo. Mi Defensor.

Él trajo aliento cuando no lo había.

Apareció cuando grité Su nombre.

Se interpuso entre mi familia y la muerte.

Le llamo Elohim Shomri: Dios, mi protector. Y nunca dejaré de contar esta historia.

Una Bendición Para Ti, Amada Hija De Dios

De una mujer en el fuego a otra, esto es para ti.

Si llevas el dolor en una mano y la gratitud en la otra,

Si llevas el peso de preguntas que tal vez nunca sean respondidas en este lado del cielo,

Si alguna vez has mirado a alguien a quien amas y te has preguntado si volvería el aliento...

Te bendigo con la paz de Dios que sobrepasa todo entendimiento.

Bendigo tu espíritu para que se levante incluso cuando tu cuerpo se siente débil.

Bendigo tu voz para que pronuncie el nombre de Jesús cuando el miedo intente robar tus palabras.

Bendigo tu hogar para que esté cubierto con la sangre del Cordero, sellado con alabanzas, custodiado por ángeles y lleno de una presencia tan densa que ninguna oscuridad pueda permanecer.

Bendigo tus oídos para que estén atentos a los susurros del cielo.

Que escuches las advertencias antes de que se levanten las olas.

Que percibas el cambio antes de que empiece la tormenta.

Y que cuando el enemigo se atreva a llamar a la puerta, te encuentres adorando.

Bendigo tu maternidad.

Bendigo cada oración que has susurrado sobre las camas de tus hijos.

Cada lágrima que has llorado en tu almohada.

Cada "Dios, por favor" que has pronunciado con labios temblorosos.

Él las escuchó todas.

Él embotelló cada uno.

Bendigo a sus hijas-ojos, a esas partes infantiles de ustedes que todavía anhelan respuestas, que todavía ansían ser abrazadas, que todavía se preguntan por qué ciertas pérdidas llegaron tan pronto y tan duramente.

Que sepan que, incluso en lo que no tiene respuesta, son profundamente amadas.

Que encuentres fuerza en la entrega y belleza en el devenir.

Si alguna vez te has preguntado si Dios aparecería por ti, deja que esta historia te lo recuerde:

Él todavía da vida a las cosas muertas.

Todavía rescata.

Sigue interponiéndose entre nosotros y la muerte.

Todavía responde al grito del corazón de una madre.

Así que, amada, que te levantes.

No sólo con fuerza, sino con suavidad.

No sólo con fuego, sino con fe.

No sólo por supervivencia, sino por propósito.

Bendigo tu próximo aliento,

Tu próxima batalla,

Tu próximo avance.

Que el mismo Dios que salvó a mi hijo te recuerde que nada se desperdicia, ni el dolor, ni el silencio, ni siquiera los años que parecen perdidos.

Y si el diablo se atreve a venir de nuevo, que encuentre a una mujer vestida de adoración, rodeada de ángeles y susurrando el nombre más peligroso que conoce: Jesús.

Dra. Nina Golde

Instagram: @GrowthStudioPodcast

Sitio web: thepodcaststudiorgv.com

Descargo De Responsabilidad

Este capítulo contiene experiencias personales y sensibles, incluyendo temas de abuso, adicción, guerra espiritual, luchas de salud mental e ideación suicida. Aunque la historia refleja el verdadero viaje del autor y su testimonio de redención, sanación y fe, algunos contenidos pueden ser desencadenantes o perturbadores para los lectores.

Las experiencias compartidas no pretenden diagnosticar, tratar o sustituir el apoyo médico o psicológico profesional. Si tú o alguien que conoces está experimentando abuso, trauma o una crisis de salud mental, por favor busca ayuda de un profesional licenciado, un líder espiritual de confianza, o un centro de crisis.

Para obtener ayuda inmediata en Estados Unidos, ponte en contacto con

- **Línea Nacional de Prevención del Suicidio**: 988
- **Línea Nacional de Violencia Doméstica**: 1-800-799-SAFE (7233)
- **Línea de ayuda de la Administración de Servicios de Salud Mental y Abuso de Sustancias (SAMHSA)**: 1-800-662-HELP (4357)

Los nombres y datos identificativos han sido modificados para proteger la intimidad de las personas. Cualquier parecido con personas reales, vivas o fallecidas, es pura coincidencia.

Esta historia es un testimonio del poder transformador de la gracia de Dios y pretende ofrecer esperanza a quienes no se sienten vistos, escuchados o rotos. **Se recomienda discreción al lector.**

Capítulo 5
Del Tubo De Baile Al Propósito

por Tracey Castillo

"Entonces, ¿busco ganarme la aprobación humana o la de Dios? ¿Piensan que procuro agradar a los demás? Si yo buscara agradar a otros, no sería siervo de Cristo".
- Gálatas 1:10

Preguntas Sobre La Infancia Y La Primera Toma De Conciencia

He preguntado alguna vez: "¿Quién soy?".

"¿De dónde vengo?" "¿Por qué estoy viva?"

Yo sí. Recuerdo estar sentada en el cemento calentado por el sol frente a la casa de mi familia en el sur de Texas, el tipo de lugar donde jugar al aire libre era la norma, el aire olía a hierba recién cortada en verano y, a lo lejos, se oía el ruido de los autos por una carretera de grava desgastada. Mientras me miraba las manos -pequeñas, delgadas, temblorosas-, me pregunté en silencio: "¿De dónde vengo?".

Entonces no sabía que nuestras manos son herramientas. Son herramientas de propósito o de destrucción. Cada decisión que tomamos, incluso la más pequeña, tiene su peso. Abren puertas, no sólo en el mundo físico, sino también en el reino espiritual invisible. Esas pequeñas manos ya habían cargado más de lo que la mayoría de la gente sabía. En las manos de un niño hay más que inocencia, hay poder. Estas pequeñas manos pueden construir, curar, crear y adorar. En lo físico, dan forma a el mundo del mañana; en lo espiritual, llevan oraciones que mueven montañas. Recuerdo entrar en el salón y ver a mi padre viendo un dibujo animado pornográfico, como si nada. No supe cómo reaccionar. Cuando mi madre entró en casa y nos pilló, su enfado fue indescriptible; gritó y gritó a mi padre por permitirlo.

Crecí Entre Dificultades Y Vacilaciones De Fe

Crecí en un hogar que conocía las dificultades como a un compañero cercano. Sin embargo, a pesar de las dificultades, aún quedaban destellos de fe. Mi madre era una mujer muy franca. Su rostro mostraba el peso de años de preocupación, sin miedo. Trabajaba varios turnos en un hospital, siempre agotada, con la espalda dolorida de atender a pacientes que ni siquiera recordaban su nombre.

Mi padre, cuando estaba cerca, era un hombre cuyo encanto daba paso poco a poco al caos. La adicción le había encadenado, y vi cómo se apagaba la luz de sus ojos. Nuestro hogar pasó de la risa al entumecimiento emocional, a las puertas cerradas y al silencio pesado.

Nos educaron como católicos. No nos enseñaron sobre Dios; nos enseñaron sobre la Virgen María, así que, sinceramente, durante un tiempo ni siquiera supe que Dios existía. Sin una relación personal con Dios, quedé vulnerable a la versión del mundo de quién era Él, o peor, a las mentiras susurradas por el enemigo.

El dolor se entretejió en nuestro linaje: heridas emocionales, espirituales e incluso físicas que nunca se curaron, sólo se transmitieron. Cuando los padres no se curan, sus traumas se convierten en nuestra herencia. Las llamamos maldiciones generacionales. Y a mí no me han saltado.

Rebelión Y Huida De Dios

Con el tiempo, me rebelé. Me porté mal, hui de la ley y viví imprudentemente. Hubo tantas veces que pude haber muerto. Debí haber muerto. Pero no lo hice.

Tiempos de desayuno, de conducir, de alcohol, de vistas, de abuso de drogas, de todo. El pecado estaba arraigado profundamente en mí. Ahora sé por qué, porque incluso entonces, la mano de Dios estaba sobre mí.

Solía decirme: "No nací quebrantada". Nací respirando, llorando, viviendo, como todo el mundo. Pero en algún momento, entre la inocencia de la infancia y los moratones de la adolescencia, algo se rompió. No ocurrió de la noche a la mañana. Fue gradual, como un lento desvanecimiento. Un oscurecimiento de la chica que estaba destinada a ser.

A medida que crecía, buscaba la validación del mundo porque era lo único que había conocido. A los quince años, ya era una joven desesperada por encontrar una dirección. Pensé que el afecto llenaría mi vacío, así que me aferré a las relaciones, esperando que el amor curara lo que estaba roto.

Pero en lugar de sanar, abrí puertas espirituales que ni siquiera sabía que existían. Nadie me enseñó nunca que lo que parece físico a menudo conlleva consecuencias espirituales.

Amor Tóxico Y Maternidad En Caos

A los dieciséis o diecisiete años ya estaba metida de lleno en la vida nocturna. Me convertí en una conocida camarera, de fiesta todas las noches, persiguiendo subidones temporales, ignorando el daño permanente. Fue entonces cuando empecé una relación tóxica con un hombre que yo creía que era amor. Pero no era amor, era lujuria. Ruptura disfrazada de pasión.

Le llamaremos "Carlos". Carlos se encaprichó de mi belleza y mi carisma, pero nunca se preocupó de comprender mi alma. Atrapada por las prisas, las drogas, el alcohol, el dinero rápido, decisiones imprudentes, acabé embarazada. Y yo todavía era una niña. Pensé que tener un bebé cambiaría las cosas para que él creciera. Que nuestro amor se profundizaría. Pero no fue así. Me engañó. Mintió. Manipuló. Y como muchas chicas ingenuas, lo acepté una y otra vez.

Tuve un segundo hijo con él, pensando que tal vez otro bebé reavivaría nuestra relación. Pero nada cambió. El patrón sólo empeoró.

Nunca olvidaré el día en que me puse de parto de mi segundo hijo. Estaba emocionada por conocer a mi bebé, pero Carlos ni siquiera creía que estaba de parto. En lugar de apoyarme, le dijo a mi madre que nos encontráramos a mitad de camino. Me dejó en su casa y se fue al gimnasio, sin importarle si llegaba a tiempo al hospital o no.

Ese momento me destrozó, pero también me despertó.

A todas las mujeres que lean esto: No creas que un hombre va a cambiar sólo porque tengas hijos con él. Si quiere cambiar, lo hará, y no será por ti. Será por Dios.

Ahora entiendo por qué la mayoría de los cristianos esperan para casarse. No es sólo tradición, es un pacto que cambia la vida. Sólo Dios conoce a tu alma gemela perfecta. Él sabe lo que necesitamos, cómo lo necesitamos, y a quién necesitamos para vivir una vida pacífica en alianza con Él.

El Regreso A Casa Y Un Vecino Peligroso

Pasaron los años. Finalmente me fui y regresé a mi ciudad natal en el sur de Texas, con la esperanza de tener paz. Un nuevo comienzo. Un lugar seguro para sanar con mis hijos. Pero lo que encontré no fue paz, sino guerra.

Conocimos a una pareja que vivía enfrente. Al principio, parecían amables. Amistosos. Acogedores. Pero detrás de esa superficie había algo mucho más oscuro. El hombre tenía una profunda inestabilidad emocional, tendencias violentas y un espíritu controlador.

Me presentó a alguien nuevo, alguien que yo creía que era sólo un amigo. Pero estaba lejos de serlo. Era un hombre muy alto y desfigurado al que sólo una madre podía querer. Le llamaremos "Tobi".

Sin embargo, me acerqué más a él. No me centraba en su aspecto; me atraía la diversión, el peligro, la rebeldía. Saliendo de una relación tóxica, ese tipo de caos me resultaba familiar.

Señoras, por favor escúchenme cuando les digo: Sanen antes de buscar conexiones, incluso amistades. Si no aprendemos a sanar con Dios, seguiremos dependiendo de hombres rotos e imperfectos que nos dañan, lenta y silenciosamente. Y todo porque nunca aprendimos nuestro valor como hijas del Rey.

Control, Acoso Y La Máscara De La Riqueza

Este hombre arrastraba heridas profundas de rechazo e inseguridades ocultas extremas que enmascaraba bien. Ahora está claro: no era un enviado de Dios. Me observaba obsesivamente. Tomaba fotos. Tomaba notas. Pagó para emborracharme. Cuando dormía, o creía que dormía, sacaba fotos de mis documentos personales: mi DNI, mi tarjeta de la Seguridad Social. Comprobó mis antecedentes e informes de crédito. Afirmó que estaba solicitando un trabajo en uno de sus negocios como gerente. Pero nunca lo hice.

Tobi tenía tanto miedo de ser acusado que incluso falsificó mi firma en muchos documentos que se enviaron por correo a una dirección en la que yo nunca había vivido; más tarde, descubrí que era una de sus muchas direcciones. Todo era mentira. Utilizó su riqueza y sus contactos para controlarme, acosarme y manipularme. Incluso ahora, sigue acechándome en las redes sociales, me llama a través de una aplicación que cambia el número de la persona que llama e intenta ponerse en contacto conmigo el día de mi cumpleaños, como si nunca hubiera pasado nada.

Incluso manipuló a mi hija, engañándola para que le entregara mi teléfono mientras dormía. Buscó cualquier cosa que pudiera usar contra mí. Tomó capturas de pantalla de mensajes de texto privados que manipuló en su propia cabeza, acusándome de engaño. Tomó capturas de pantalla de fotos privadas que yo tenía para mí misma y siguió fabricando para su propia prueba para tratar de ganar esa ventaja en mi contra. Incluso rastreó mi paradero a través de mi teléfono móvil utilizando una cuenta de correo electrónico falsa que creó, todo mientras pensaba que yo no tenía ni idea.

Y aun así seguí con este hombre, por qué, porque elegí ver lo bueno en él. En realidad, ya no había nada bueno en él. La verdad es que ya era una bestia por fuera. Pero con el tiempo, la bestia en el interior también salió. Un hombre lleno de rechazos de todas las mujeres que lo habían rechazado. Creo que en ese momento por fin encontró a alguien que le quería de verdad, pero me apartó. Todo por problemas de confianza y miedo a perder su riqueza.

Puedes tener todo el dinero del mundo y aun así estar completamente solo. Así que ahí está: un hombre solitario, viviendo en un mundo solitario, rodeado de dinero y siempre con miedo a perderlo. Vive con miedo, enmascarado por el ego.

No importa lo que este hombre me haya hecho, nunca sabrá hasta el día de hoy lo mucho que oro e intercedo por él. Más adelante en mi viaje, el Señor me reveló: "Ese hombre nunca volverá a molestarte", en el nombre de Jesús, lo que significa que si este hombre alguna vez intenta hacerme daño, al final tendrá que vérselas con el Dios al que sirvo (Éxodo 23:22).

Aun así, oro por él. oro por su salvación. Que Dios rompa la esclavitud que el enemigo tiene sobre su vida, porque su vida está impulsada por el miedo y el control. Cuando Dios revela pecados, visiones o promesas, no es para jactarse; es para orar. Así como ya he perdonado a todos mis abusadores y acusadores, Dios también me ha perdonado mis transgresiones.

La Seducción Del Dinero Rápido Y El Mundo De Neón

Teniendo dos hijos y viviendo una vida rápida, realmente nunca tuve ayuda. Intenté buscar trabajos rápidos aquí y allá, pero nada. Gracias a las redes sociales, me topé con un anuncio que buscaba modelos promocionales para una importante empresa de bebidas alcohólicas del sur de Texas. Me puse en contacto con ellos para una entrevista y, por supuesto, me contrataron. ¿Quién no lo haría? Tengo una personalidad increíble. Soy muy divertida, cariñosa y extrovertida; lo tengo todo.

Pero claro, como en cualquier otro trabajo. No sabía lo que había detrás del encanto. El director hablaba bien delante de muchos, pero a puerta cerrada era otra cosa. Nos convencía para que fuéramos a su casa a "probarnos bañadores" y luego nos presionaba para que nos hiciéramos fotos privadas, algo claramente contrario a las normas.

Las mujeres ingenuas como yo en aquella época, desesperadas por el trabajo y carentes de límites, no lo cuestionábamos. Nadie se quejó ni lo cuestionó. Todo el mundo guardó silencio. Él era uno de los jefes de la empresa, así que tenía suficiente antigüedad como para ocultar la verdad a los demás, y era un maestro de la manipulación. ¿Quién iba a creernos? Al fin y al cabo, no éramos más que un par de chicas jóvenes que promocionaban una marca. Con demasiada frecuencia, las mujeres como nosotras somos descartadas y juzgadas mucho antes de que nadie se moleste en conocer nuestra historia.

Muchas noches, después de las promociones, el director invitaba a copas a las mujeres para emborracharlas y luego les hacía fotos sin su consentimiento. Desgraciadamente, yo fui una de ellas: me desperté en una habitación de hotel junto a él con los pantalones medio bajados sin saber qué había pasado después de que se ofreciera a darme un masaje y, al estar tan intoxicada, me quedé dormida de inmediato fuertemente noqueada. Nadie pudo probarlo.

Pero todas lo sabíamos, conducía el Hummer de la empresa con el techo solar abierto y nos convencía para que le hiciéramos señas mientras nos sacaba fotos en ropa interior con los vestidos que escogía y elegía para que lleváramos en cada aparición promocional. Al final, supe que nunca ganaríamos con él. Todas empezamos a darnos cuenta.

Pero la verdad es que yo no sólo buscaba un sueldo; buscaba validación. Sólo conocía una forma de conseguirla: utilizando mi físico y aprendiendo a manipular la atención que me proporcionaban. Así que, cuando apareció otra oportunidad, que prometía dinero rápido y una falsa sensación de poder, me convencí de que era el siguiente mejor paso. Así fue como me encontré bajo las luces de neón, cambiando dignidad por billetes de un dólar, diciéndome a mí misma que tenía el control.

La Vida En El Club: Poder, Dolor Y Depredadores

Recuerdo aquellas luces de neón como si fuera ayer. El zumbido. La forma en que los colores lo pintaban todo de seducción y desesperación. El poste se erguía como un ídolo frío y metálico en el centro de la sala. La música palpitaba tan fuerte que sacudía mi caja torácica, pero nunca pudo alcanzar el dolor silencioso de mi alma.

Aún puedo ver sus caras. Hombres pervertidos que me miraban como si fuera un juguete. Mujeres prejuiciosas que entraban haciéndose las superiores, sabiendo que los hombres con los que estaban nos querían a nosotras en vez de a ellas. Seamos realistas: La mayoría de los hombres no van a los clubes de striptease por diversión. Van por falsa atención. Huyen de sus problemas, buscan algo temporal para enmascarar el dolor. Carecen de responsabilidad y compasión.

Uno pensaría que verían a una mujer en el escenario y pensarían en sus hijas o esposas en casa, pero no lo hacen. Están drogados. Borrachos. Perdidos. Pero honestamente, estaba tan adormecida con todos mis sentimientos reprimidos que al final me convencí a mí misma de que tenía el control. Una madre soltera haciendo lo que tenía que hacer para sobrevivir.

Pero la supervivencia se convirtió en esclavitud, esclavitud espiritual, en tacones de aguja y latigazos. Entré en ese mundo pensando que había tomado una decisión. Pero en realidad, ese mundo ya me había elegido. No había comunidad. No había apoyo. Sólo traumas, vestidos con purpurina.

Cada noche me ponía un disfraz, no sólo maquillaje y tacones, sino una sonrisa falsa que me dolía físicamente. Mis tacones no me hacían poderosa, me entumecían. Me movía como si estuviera viva, pero por dentro estaba muerta. Actuaba para multitudes, pero nadie me veía realmente. Pero Dios sí.

Una noche, entré en el camerino de un club en el que trabajaba y vi algo que nunca olvidaré: una joven madre que se sacaba leche antes de subir al escenario. Hacía turnos de noche en el club y de día en otro lugar. Se mantenía sobria por su bebé. Recuerdo que dijo: "Acabo de traerlo al mundo. Tengo que trabajar para mantenerlo". Eso rompió algo en mí.

La gente nos juzga sin conocernos. No entienden que muchas mujeres bailan no porque quieran, sino porque sienten que no tienen otra opción. Yo estaba rodeada de chulos, traficantes de droga, no era su dueña, pero los conocía.

Como vivía en la vida rápida, estaba constantemente rodeada de proxenetas y traficantes de drogas, incluso a menudo se me acusa hasta el día de hoy de que era propiedad de un proxeneta, pero no, ningún proxeneta tuvo la satisfacción o la gloria de ser mi dueño. Gracias, Jesús, pero estaba rodeada de ellos. Conocía a la mayoría de las mujeres que eran de su propiedad.

Estas mujeres estaban llenas de miedo y caos por muchas razones. Si no conseguían su objetivo, que es el dinero que sus proxenetas les exigen cada noche, las electrocutarían, sí, las electrocutarían. ¿Por qué? Porque si les pegaban, se les verían los moratones. Así que a lo largo de la noche, mientras dormían, recibían descargas en mitad de la noche para enseñarles que no debían volver a casa con las manos vacías ni desobedecer a su proxeneta, es decir, a "su papá".

Cada vez que los proxenetas gritaban a una mujer delante de mí, por alguna razón la fuerza que había dentro de mí les devolvía el grito, sin darme cuenta de que podrían haberse deshecho fácilmente de mí de alguna manera, golpeándome, drogándome o algo peor. Pero debido a la gracia de Dios en mi vida y al propósito que ahora me ha revelado tan gentilmente, entiendo por qué me protegió a través de mi pasado y de las dificultades que enfrenté.

Vi a chicas bailar con miedo en sus ojos, aterrorizadas de no ganar suficiente dinero para llevar a sus "dueños". Incluso me robaron. Una noche, estaba en el escenario con una fiesta llena tirándome cientos de unos. Otra bailarina se acercó y empezó a recoger mi dinero del suelo. Salió corriendo con él.

Y no fue conmigo con quien jugó. Al día siguiente, me la volví a encontrar. Digamos que hicieron falta dos hombres adultos para apartarme de ella, con una mano golpeándole la cara como si fuera un saco de boxeo y la otra enredada en su pelo. Su cara sangraba incontrolablemente, y arrancaba grandes trozos de pelo, rompiendo y arrancando mis uñas mientras apretaba mis manos en un puño.

No ha sido mi única pelea. He tenido que luchar contra dos mujeres a la vez, más de una vez. La supervivencia del más fuerte, decían. Y me elegí a mí, cada vez. El club de striptease tenía una gama de mujeres. Tenías las "esposas", mujeres propiedad de proxenetas y traficantes que operaban con reglas estrictas y tácitas. No confiaban en nadie fuera de su círculo.

Luego estaban las indocumentadas, las que temían al sistema pero no temían degradarse por unas migajas. Luego estaban las adolescentes "apenas mayores de edad", chicas ingenuas que pensaban que tenían el control, que utilizaban la belleza como arma, pero que ignoraban por completo que había hombres adultos esperando para maltratarlas y descartarlas.

Y luego estaban las mujeres como yo. Yo tenía la reputación, la apariencia y el poder de entrar en una habitación, detectar a los débiles, ganarme su confianza y utilizar su atención. Me convertí en "la favorita de todos". Era a la que todos invitaban, respetaban y protegían: la chica de casa. Pero no siempre había sido esa chica.

Todo empezó cuando me hice amiga íntima de Sin. Poco a poco, me volví más abierta, más extrovertida y más dependiente de la atención. Más tarde, Dios me reveló que lo que realmente me impulsaba era una profunda raíz de rendimiento y ego. Me cegó, y finalmente, se apoderó de mí. Pero toda esa atención sólo me convirtió en un blanco más grande.

Entre bastidores era aún peor. Los depredadores no llevaban máscaras; llevaban encantos. Proxenetas con palabras suaves. Traficantes con ojos fríos. Clientes que me veían como una propiedad, no como una persona. Pero NUNCA pudieron reclamarme. La oscuridad me envolvía como una segunda piel. Y ni siquiera sabía que me estaba ahogando.

Creía que era libre. Pero estaba encadenada, cadenas que no podía ver. El enemigo no siempre ataca con fuerza. A veces, entra por las puertas que dejamos abiertas, puertas de dolor, trauma y compromiso. Yo había abierto muchas. Pensaba que el escenario era mi campo de batalla. Pero la verdadera guerra era espiritual, y yo estaba siendo devorada sin siquiera saberlo.

Llamada De Atención: Trata De Personas A Plena Vista

Entonces llegó la noche en que todo cambió. Me presenté temprano a trabajar, algo que no solía hacer. Ahora sé que no fue una coincidencia. Dios tenía un plan.

Entré en el camerino, coloqué mis cosas sobre una mesa con espejo y miré hacia arriba. Detrás de mí, en el reflejo, vi a una mujer en un rincón, acurrucada, temblando, llorando desconsoladamente. Un encargado entró corriendo detrás de mí, consolándola. Le compró un billete de autobús. Yo no lo sabía entonces, pero había sido víctima de la trata. Secuestrada y obligada a bailar. Ella había sido sacada de su casa, a kilómetros de distancia. Esa fue mi llamada de atención.

Así que, antes de juzgar a una mujer cuyo nombre no conoces y cuya historia nunca has oído, pregúntate: ¿y si tuvieras que convertirte en ella para salir con vida? ¿Y si ella no eligió esto? ¿Y si ni siquiera sabe cómo salir?

De hecho, en todo el mundo, se estima que **4,8 millones de mujeres y niñas y 1,2 millones de hombres y niños** están atrapados en situaciones de explotación sexual comercial, la mayoría coaccionados, engañados o manipulados en entornos en los que nunca tuvieron intención de entrar *(Organización Internacional del Trabajo, 2022)*. Algunos no consiguen escapar. Algunos ni siquiera saben que pueden hacerlo.

Aquella noche seguí trabajando. Pero ya no era la misma. Empecé a darme cuenta de cosas que había ignorado. Como la "madre de la casa" en el club. Excepto que la nuestra no era una madre. Era un hombre gay, casado con otro hombre, que trabajaba entre bastidores. Y había algo en él que no me gustaba. Lo sorprendí mirándome a través del espejo. Una y otra vez.

Me llamó, y esa fue mi oportunidad para finalmente confrontarlo. Esa confrontación, lo que vino después, revelaría cosas que no estaba lista para enfrentar. Pero tenía que hacerlo. Porque Dios estaba permitiendo que la oscuridad fuera expuesta lentamente. Cuanto más veía, más me adentraba en la madriguera del pecado. Ni siquiera sabía que estaba a punto de entrar en ella.

Una Invitación A La Oscuridad

Empezó a abrirse a mí, diciendo: "Te he estado observando". Sus palabras me pillaron desprevenida. Mi atención permaneció centrada en él, sorprendida y en silencio, tratando de entender lo que quería decir. Mientras permanecía en shock, todo lo que oía eran palabras de consuelo, palabras de validación que, más tarde, Dios me reveló que nunca fueron para mí.

Continuó: "Te he estado observando. Eres reservado, no te metes en lo que no te importa. Trabajas y te vas. Necesitamos un compañero como tú". En aquel momento, lo necesitaba desesperadamente. Dormía en mi auto, trabajaba y viajaba de aquí para allá. Bailaba fuera del sur de Texas porque los ingresos eran más altos. Cuanto más al norte, más profundos los bolsillos. Así que para mí fue como el comienzo de una bendición disfrazada, o eso creía.

A medida que nos acercábamos, acabé acercándome. Fue entonces cuando me fijé en una gran estatua-La Santa Muerte-un altar de la muerte. Inmediatamente, me sentí atraído hacia ella debido a los poderosos dones con los que Dios me ha bendecido. El enemigo me atrajo para manipular esos dones.

La "madre" de la casa me dijo: "Ven, ven a conocer a mamá", refiriéndose a la estatua de dos metros de altura rodeada de cigarros, caramelos, dinero e incluso ofrendas de sangre. No me di cuenta entonces, pero aquel momento abrió múltiples puertas espirituales por las que nunca debería haber pasado.

Las Puertas Espirituales Se Abren De Par En Par

Cuando empecé a creer en el poder de la estatua, más puertas espirituales se abrieron de par en par. La opresión demoníaca comenzó a surgir en mí. Sin saberlo, idolatraba y daba la bienvenida a la brujería. Encendía velas y hablaba con el enemigo día y noche. Con el tiempo, las cosas empeoraron. Empecé a sufrir espiritualmente, físicamente, emocionalmente, financieramente, lo que sea. Siempre estaba enferma, cansada, adelgazaba sin control. Mi salud se deterioró rápidamente.

Finalmente, me diagnosticaron hipertiroidismo, una tiroides hiperactiva, y congestión nasal y alergias graves. Fue entonces cuando las cosas se pusieron feas. Entré en la consulta del médico esperando un tratamiento, pero me dijeron que tenía que operarme inmediatamente para extirparme la mitad de la tiroides. Pero cuando me desperté, descubrí que me la habían extirpado toda. Apenas unas semanas después, tuve que someterme a otra operación, una reparación de hernia en el ombligo. Años de embarazos consecutivos, pérdida de peso y estrés me habían pasado factura. Pesaba menos de cien kilos, estaba embarazada y llevaba a un niño pequeño al mismo tiempo. Era demasiado.

Las dos operaciones fueron un éxito y me fui a casa a recuperarme. Pero lo que siguió fue un nuevo tipo de tormento. Empecé a perder peso rápidamente. No podía comer ni digerir alimentos. Mi cuerpo estaba débil, pero lo que era peor, mi mente estaba siendo atacada. La oscuridad comenzó a crecer en la casa. Empecé a ver figuras demoníacas en mi habitación, sombras que se movían, susurros que me daban escalofríos. Demonios de dos metros de altura con aspecto de apaches y vestidos con ropas de los colores del arco iris rodeaban mi cama por la noche.

No podía dormir. Estaba embrujada. Los delirios se apoderaban de mí. Ya no podía distinguir lo que era real. ¿Mi identidad? Desaparecida. ¿Mis creencias? Desaparecidas. Estaba vacía, confundida y en constante guerra espiritual. Mi familia empezó a creer que me estaba volviendo loca, y la verdad es que yo sentía que así era.

El enemigo no sólo ataca tu cuerpo, sino también tu identidad. Incluso empecé a fantasear con mujeres, algo con lo que nunca me había enfrentado antes. Al final, cedí al engaño. Mientras descargaba una aplicación de citas, el enemigo conspiró en mi mente. Permití que una mujer pasara la noche, pensando que tal vez así se calmaría la tormenta. Esa noche, por primera vez en mucho tiempo, dormí.

Pero cuando me desperté a la mañana siguiente, la vi mirándome fijamente. Me dijo: "Hay dos grandes demonios en tu habitación. Quieren llevarte al infierno. Me dijeron que me fuera para poder seguir atacándote. "Eso me sacudió hasta lo más profundo de mi ser".

Sin embargo, no había terminado. Mientras luchaba contra la guerra espiritual, mi familia, alejada de Dios, conspiraba a mis espaldas, y entonces llegó la traición. La familia en la que una vez confié se volvió contra mí, no para ayudarme, sino para hacerme daño. Me internaron, me etiquetaron como mentalmente incapaz. Y lo peor de todo, me arrebataron temporalmente a mis hijos. Estaba destrozada.

Drogada con medicamentos que nunca consentí. Pastillas que abrían más puertas espirituales. Puertas al tormento, a la esclavitud, a la desesperación. El sistema no sólo me destrozó, sino que intentó borrarme de la vida de mis hijos, a los que mi familia ayudaba.

Con el tiempo, Carlos se enteró por mi familia, que se mantuvo muy unida a él a mis espaldas, que también es enfermero, y manipuló a mi familia para que creyeran que él era el mejor recurso en ese momento para mí para acabar obligándome a estar bajo su cuidado.

Finalmente convenció a un miembro de la familia para que le permitiera tenerme en su apartamento, y acabó llevándome a una habitación y empezó a ponerme múltiples inyecciones y a darme pastillas. Pastillas que robaba del hospital y equipos, se asociaba con otro personal médico de múltiples centros médicos para llevarse suministros del hospital.

A medida que pasaba el tiempo, mis delirios empeoraban, al igual que mi estado físico. Una noche, le supliqué, le advertí que parara y le rogué que me dejara en paz. Intentaba dormir y yo le reclamaba que tuviéramos otro hijo. Su excusa era que si teníamos otro hijo, podríamos reavivar nuestra relación.

Incluso le pedí que llamara al 911 porque sabía y sentía que algo iba mal. Pero en lugar de eso, me mantuvo en la habitación. Se burlaba de mí, me grababa en video mientras alucinaba y luchaba, y enviaba esos videos a otras personas como entretenimiento. Finalmente desistió de intentar acostarse conmigo cuando le rogué que me dejara en paz porque tenía miedo y no entendía lo que estaba pasando.

Se enfadó mucho, cogió una botella de whisky y un bote de pastillas, y acabó bebiendo hasta quedarse dormido en el salón. Presa del pánico, encerré a Carlos fuera de la habitación y me quedé dentro con mis hijos dormidos en la cama, pero mi mente seguía vagando dentro y fuera de las alucinaciones, así que al final llamé a la familia, pidiéndoles que vinieran a recogernos.

Los efectos secundarios de las sustancias que me daba empeoraban por momentos. Los delirios llegaron a ser tan graves que temí por mi vida y por la seguridad de mis hijos. Al final, aterrorizada y desesperada, tomé una decisión: tomé a mis hijos y salí por la ventana del dormitorio de su apartamento de un piso. Salimos fuera, esperando en su aparcamiento. Gracias a Dios, ni mis hijos ni yo sufrimos ningún daño.

Huida Y Falso Rescate

En mi desesperación, acudí a un familiar en el que creía que podía confiar. Le dije que necesitaba ayuda. Pero en vez de llevarme a un hospital normal o simplemente llamar al 911 para que me atendieran, prefirió pintarme como una loca. No asumió ninguna responsabilidad por lo que Carlos estaba haciendo, sabiendo bien que ella era la que tenía el control, cómo me metía drogas a la fuerza, cómo manipulaba mi mente.

Nadie preguntó qué causó mi crisis. Nadie se preocupó de considerar el origen. En lugar de eso, añadieron más medicamentos, apilaron más etiquetas sobre mí, mientras Carlos y ese único miembro que debería haber rendido cuentas se salían con la suya.

Ese mismo miembro de la familia incluso intentó quitarme a mis hijos. Intentaron atraerlos al sistema de los SPI, sacando fotos y videos de mis hijos en lugar de ayudarles; en lugar de eso, se burlaron de ellos de la misma manera que lo hicieron conmigo, para poder conseguir la custodia para ellos.

Y sí, ese mismo hombre desfigurado que Tobi mencionó antes, el que nunca fue enviado por Dios, seguía acechando en el fondo, trabajando también contra mí. Conspirando. Mintiendo. Afirmando que "quería lo mejor" para mis hijos.

A día de hoy, todavía no tengo ni idea de por qué le permitieron acercarse a mí o a mis hijos. Ya no estábamos juntos y, para empezar, él no formaba parte de nuestra familia. Pero poco sabían ellos que Dios estaba actuando; nada puede detenerlo.

Institucionalizada Y Silenciada

Finalmente, me obligaron, en contra de mi voluntad, a ingresar en un hospital psiquiátrico. Apareció un trabajador del CPS, enviado por un miembro de la familia que había estado conspirando entre bastidores. Me dieron dos opciones: Ir al hospital de comportamiento o ir a la cárcel. Así de fácil, mi propia sangre, mi propia familia, se volvió contra mí sin vergüenza porque querían tanto un sueldo que estaban dispuestos a arrancar a los niños de su madre.

Pero de lo que no se daban cuenta era de que en toda mi oscuridad, e incluso cuando me vi obligada a callar, incluso cuando nadie me apoyó, Dios nunca me abandonó.

Me obligaron por orden judicial a permanecer tres días en el hospital del comportamiento y me quitaron los derechos temporales a mí y a mis hijos por ese mismo familiar que no dejaba de llamar al trabajador del CPS. Más tarde, descubrí la verdadera razón: ese familiar estaba decidido a quedarse con mis hijos porque Carlos le había prometido unos pagos si le ayudaba a quitármelos de la custodia.

Y Tobi, el que me había estado atormentando, seguía escondido en las sombras, trabajando también con ellos. A día de hoy, sigo sin entender por qué inventó falsas acusaciones contra mí y, sin embargo, se quedó en mi vida sólo para destruirla. No tiene sentido, ¿verdad? Un hombre que no era mi pareja, que ni siquiera formaba parte de mi familia, estaba tan decidido a destrozarme.

El primer día en el hospital del comportamiento, mi mente estaba entumecida. Mi cuerpo estaba hinchado y temblaba sin control. Varias enfermeras me inyectaron sedantes, pero nada funcionó. Tenía los ojos muy abiertos mientras yacía en la cama con el caos corriendo por mi mente. Podía ver figuras demoníacas corriendo por las paredes. Podía oler la muerte en el aire. Podía saborearla. Las voces me atormentaban, susurrándome órdenes de huir, de rendirme. Pero mi cuerpo no se movía.

Al final, me sentí como un vegetal, con la mente gritando por la vida, pero el cuerpo demasiado débil para responder. Las lágrimas rodaban por mi rostro mientras me preguntaba en silencio: "¿Qué he hecho tan mal para merecer esto? ¿Por qué quieren destruirme?". Las enfermeras iban y venían sin cuidado. Me miraban con ojos fríos, sonreían y se marchaban. Ese es el problema de la sanidad hoy en día. Se nota fácilmente la diferencia entre los que trabajan por un sueldo y los que se preocupan de verdad.

Un Encuentro Sobrenatural En La Sala Común

Con el paso del tiempo, encontré fuerzas para levantarme de la cama. Me dirigí a la sala común, me senté solo en una mesa y abrí la Biblia que tenía delante. Fue entonces cuando una anciana se sentó frente a mí.

Tenía Alzheimer y estaba llena de delirios, fija en la televisión. Pero algo en ella atrajo mi atención. Mientras todo el miedo, el ruido y el tormento demoníaco se arremolinaban en mí, ella empezó a murmurar para sí misma una y otra vez: "Él sólo mira el corazón. Sólo mira el corazón. Sólo mira el corazón". Se me llenaron los ojos de lágrimas. No entendía por qué aquellas palabras me habían calado tan hondo.

Entonces, al apartar su atención del televisor, me miró fijamente y me preguntó: "¿Quién eres?". Mirando hacia atrás, a menudo le he preguntado a Dios si era un ángel disfrazado, enviado para recordarme que la ayuda estaba en camino. Porque en ese momento, sus palabras fueron como un rescate silencioso.

Pero nadie más vio lo que yo vi. Al otro lado de la habitación, una enfermera me observaba, riéndose y burlándose, completamente ajena al momento sobrenatural que acababa de vivir.

Ataque Demoníaco Y Momento De Arrepentimiento

El tormento demoníaco no tardó en volver. Volví a mi habitación y me tumbé en la cama cuando una voz me susurró: "Eres una madre horrible. Volverás". De repente, apareció un demonio, una figura larga y alta que se metió en mi boca y volvió a salir, jugando con mi mente. Ese demonio habló: "Ve a buscar un rotulador. Córtate la muñeca. Acaba con esto".

En mi quebranto, obedecí. Mi cuerpo estaba entumecido; no podía sentir el dolor. Empecé a desangrarme y no había ninguna enfermera a la vista. Aquel demonio sabía exactamente cómo conspirar, cómo aislarme y cómo destruirme en secreto.

Pero en medio de todo, algo se rompió. Volví en mí. "¿Qué estoy haciendo?" Entonces ocurrió algo inexplicable. Mi corazón empezó a hablar. No mi mente, porque estaba llena de ruido, sino mi corazón. Lo oí claramente, como un susurro interior: "Lo siento. Por favor, perdóname. Lo siento. Por favor, perdóname. No quiero vivir así".

En ese momento, no entendí quién hablaba, si yo u otra persona. Pero ahora lo sé: ese fue el momento del arrepentimiento. Ese fue el momento en que llegué al final de mí misma. Dios me llevó a ese punto de ruptura para que pudiera tomar una decisión: Rendir mi vida a Él o permanecer para siempre en la esclavitud, en la miseria, en el infierno.

Y déjame decirte, de alguien que ha vivido en el infierno, por favor, por favor, no esperes a estar acorralado para entender lo que realmente significa la gracia. En ese momento, me sentí completamente inútil. Sentí que no merecía el perdón. Pero de alguna manera, mi corazón aún sabía que había algo más. Era como si mi corazón le hablara directamente a Dios.

Me arrepentí con todo lo que me quedaba.

Dios Limpió Mi Nombre

Y no mucho después, llegó un médico y le dijo a mi enfermera: "Buenas noticias. Te vas a poner bien".

Durante todo este tiempo, ese familiar, Carlos y Tobi habían estado mintiendo al Servicio de Protección de Menores, afirmando que yo era drogadicta y que tenía problemas mentales. Pero las pruebas no mentían. Las tornas cambiaron. Y el médico limpió mi nombre.

Al salir del hospital, mi corazón buscaba más a Dios. A medida que avanzaba en la vida, Dios se abrió camino para mí de muchas maneras. No dejaba de pensar en el siguiente gran paso de mi viaje, sin saber en qué me metería.

A la mayoría de la gente le encanta culpar a Dios de todos los males de su vida, pero la realidad es que suele ser una bendición disfrazada, o simplemente el resultado de nuestras propias decisiones y elecciones en la vida. A veces, esas elecciones vienen determinadas por una mala enseñanza durante nuestra infancia, o por haber sido guiados por el camino equivocado.

Dicen que "somos lo que somos", y a menudo es cierto. Creo que no podemos elegir la familia en la que nacemos, pero más adelante podemos decidir si queremos cambiar o no.

En mi caso, mi vida cambió de muchas maneras debido a mi hambre del Señor. Estaba tan angustiada y deprimida que viajaba a múltiples iglesias, pero eventualmente regresé a mis raíces y visité la iglesia de mi niñez.

El Manipulador Religioso

A través de esa iglesia, conocí a una mujer que realmente creí en ese momento que había sido enviada por Dios para ayudarme a guiarme en mi caminar con Él. Incluso dijo que Dios la había enviado. Al principio, acepté su consejo, pero con el tiempo, empecé a notar señales de alarma.

La llamaremos "Sra. M.". Era extremadamente religiosa y a menudo me decía: *"Si Dios no me mostró lo que recibiste, entonces nunca sucedió"*. Desde entonces he aprendido que aunque Dios puede confirmar cosas a través de otros, Él revela Su voluntad a quien Él escoge, cuando Él escoge. Él nos creó a cada uno de nosotros de manera única para poder usarnos de maneras únicas.

Lo que una vez vi como autoridad espiritual acabó revelándose como control. Me di cuenta de que me había apresurado demasiado a entregar mi confianza, compartiendo partes de mi corazón y mi testimonio con alguien que no era capaz de administrarlos bien. Aquella experiencia me enseñó una de las lecciones más valiosas de mi camino con Dios: no todo el que habla de Él lo hace de corazón.

Podría haberme quedado amargada, pero Dios me mostró el poder del perdón, incluso para aquellos que nos hieren. Hoy, estoy agradecida por ese encuentro porque agudizó mi discernimiento, fortaleció mis límites y me recordó que debo llevar todo, bueno o malo, a Dios para su confirmación.

Lecciones De Un Liderazgo Equivocado

Debido a mi conexión con la Sra. M., me presentaron a una segunda iglesia. Al principio, parecía tan encendida por Dios. Pero con el tiempo, empecé a ver patrones de control y miedo que no se alineaban con el corazón del Evangelio.

Mirando hacia atrás, puedo ver cómo mis propias heridas no curadas y el "ego de rendimiento" con el que una vez había vivido en los clubes me siguieron directamente a los bancos. El mismo deseo de aprobación, la misma necesidad de ser visto y valorado, me hicieron vulnerable a entornos en los que el liderazgo no era saludable. Entonces no me daba cuenta, pero seguía buscando la afirmación de la gente en lugar de mi identidad en Cristo.

Había líderes que luchaban con sus propias inseguridades y rechazos no sanados, y a menudo buscaba su consejo en para que me confirmaran lo que sentía que Dios me estaba mostrando, pero en lugar de aliento, mis dones eran silenciados. Ahora comprendo que Dios me permitió atravesar esa época como campo de entrenamiento para aprender cómo es la manipulación espiritual, para desarrollar el discernimiento y para comprender que, incluso en la iglesia, la gente puede guiar desde las heridas en lugar de sanar.

Un pastor me dijo una vez: *"Cuando llegues al cielo, podrás decirle al Señor que serviste a un hombre justo"*. En ese momento, me quedé callada, pero en mi corazón sabía que no quería que mi vida consistiera en servir a la imagen de un hombre justo. Quería ser una mujer justa que Dios pudiera usar para Su gloria.

La verdad es que las iglesias están llenas de gente, y la gente es imperfecta. Cuando los líderes o los miembros no se han curado de sus heridas, a menudo acaban dirigiendo desde esas mismas heridas. Eso no hace que la iglesia sea insegura, pero sí hace necesario el discernimiento. Dios creó la iglesia como un lugar seguro, un hospital para los heridos, pero incluso en un hospital, las personas se encuentran en diferentes etapas de curación. Algunos todavía están sangrando, algunos todavía están ciegos, y algunos todavía están encontrando su camino. Por eso es tan importante seguir a Dios, no a los hombres. Y hoy puedo decir que estoy muy agradecida por haber encontrado una iglesia que está alineada con el corazón de Dios; un lugar donde puedo crecer, servir y adorar libremente en la verdad.

Esa experiencia me enseñó que Dios no sólo quiere nuestro servicio; quiere nuestra rendición. Y cuando sanamos, dejamos de repetir ciclos, ya sea en un escenario bajo luces de neón o en un banco el domingo por la mañana.

Una Lección Sobre Límites Espirituales

Había un co-pastor en la iglesia que admitía abiertamente que no estaba dispuesto a pagar el precio de seguir plenamente a Dios. En aquel momento, yo no comprendía el peso de esas palabras, pero pronto me daría cuenta de que su vida reflejaba esa verdad.

Lo que comenzó como una conversación pronto cruzó los límites y reveló un espíritu malsano y manipulador. En mi propio quebrantamiento, confié en su posición en lugar de contrastar sus palabras con el Espíritu de Dios. Esa confianza equivocada abrió una puerta a la vergüenza y la confusión, pero Dios fue fiel para cerrarla y liberarme.

Ahora veo lo que era: un espíritu seductor que prospera donde los límites son débiles y falta el discernimiento. Esa experiencia reforzó mi compromiso de proteger mi corazón, poner a prueba a todos los espíritus y mantener mi confianza anclada únicamente en Dios.

El Avivamiento Y La Llamada Directa De Dios

Fue durante esa temporada que asistí a un servicio de avivamiento. Estaba sirviendo, sonriendo y haciendo todas las cosas "correctas" por fuera, pero por dentro, estaba vacía y cansada de la actuación. Un evangelista había venido a visitar la iglesia, e inmediatamente sentí el Espíritu del Señor instándome a ir al altar.

En lugar de moverme cuando Dios habló, cometí el error de pedir permiso al pastor. Me contestó bruscamente: *"Ya estás salvada"*. El peso aplastante de la culpa y la vergüenza me golpeó al darme cuenta de que había obedecido al hombre por encima de Dios. Pude ver con qué frecuencia las iglesias tienen personas sirviendo que no están completamente rendidas, operando con humo. La enseñanza religiosa puede decirte que sirvas pase lo que pase, pero una verdadera relación con Dios te muestra que no puedes servirle plenamente si estás espiritual y físicamente enferma.

Aquella noche, me tumbé en la cama y derramé mi corazón ante el Señor:
"Sé que puedes oírme, Señor. Si no me ayudas, voy a renunciar a Ti. Estoy atascada. Nadie me cree cuando digo que puedo oírte, y quiero buscarte. Si Tú no me ayudas, me rendiré".

De repente, oí el ruido de un cristal que se rompía, como si lo hubieran tirado al suelo. Más tarde, el Señor me reveló que algo se había roto en el reino espiritual. Mis oídos espirituales se habían despertado.

Me golpeó como una ola. Me di cuenta de que había estado buscando el permiso de la gente para seguir a Dios cuando todo lo que necesitaba era su aprobación. Había estado repitiendo el mismo patrón, tratando de ganar valor a los ojos del hombre en lugar de caminar en la identidad que Dios ya me había dado.

Al día siguiente, dejé el ministerio, eligiendo la obediencia a Dios en lugar de la aprobación de los hombres. Cuando el evangelista invitó a la gente a entregar sus vidas la noche siguiente, caminé con valentía hacia el altar. En ese momento, el Señor me recordó que sólo Él ve las verdaderas intenciones de cada corazón. Más tarde, prometió que cubriría mi mente con la sangre de Jesús, sanaría mi corazón y me rodearía de personas que reflejarían Su amor.

Fue el momento en que el ciclo finalmente se rompió. Decidí dejar de actuar, dejar de buscar afirmación en los lugares equivocados y empezar a seguir la voz de Dios por encima de cualquier otra.

Perdón, Libertad Y Seguir Adelante

A día de hoy, no me arrepiento de nada. He perdonado, me he arrepentido y he renunciado a todo mal, tanto a lo que he hecho como a lo que me han hecho, voluntaria o involuntariamente. Mi corazón rebosa de gratitud al Señor. Cada prueba, cada lágrima y cada desafío se han convertido en una herramienta que Él puede utilizar ahora en Su momento perfecto para guiarme en lo que debo hacer, y en lo que no debo hacer, mientras ayudo a los demás.

Creo que el viejo dicho: "La gente te fallará", puede reescribirse como: "Con el Señor guiando y realineando mis pasos, no fallaré". Mi confianza ya no descansa en las opiniones de la gente, sino en la voz de Dios. Animo a los demás a que no se apoyen únicamente en mis palabras, sino que recen siempre para que Él las confirme. Ya no hablo desde un lugar de derrota, sino desde el poder de la realineación y la esperanza inquebrantable que viene a través de la revelación y la guía de Dios.

El mundo puede creer que Dios no existe o que exige perfección, pero mi vida dice lo contrario. Yo soy la prueba viviente de que Él no necesita perfección; Él simplemente quiere que nos presentemos ante Él con honestidad, verdad y un corazón dispuesto.

Sí, he estado en lugares donde muchos juzgarían a una mujer por exhibirse. Pero hoy, soy un testimonio vivo de que Dios puede redimir a cualquiera, restaurar cualquier cosa y reescribir cualquier historia. Mi vida ya no está marcada por donde he estado, sino por Aquel que me sacó y me puso en tierra firme.

Una Bendición Para Ti

Comparto mi historia para que puedas ver no sólo dónde he estado, sino al Dios que me encontró allí, me levantó y puso mis pies en un nuevo camino. Cada momento, el bueno, el malo y el roto, se convirtió en la razón por la que elegí cambiar. Y cuando finalmente le dije "sí", Él me mostró una verdad que ahora digo sobre ti:

No importa cuán lejos creas que has llegado, no importa cuán profundo sea el pozo, no importa qué etiquetas o mentiras se hayan dicho sobre tu vida, Dios aún puede usarte. Él puede redimir cada capítulo y convertirlo en un testimonio que apunte a Su gloria.

Dios no exige perfección. Él no está esperando que te limpies antes de venir. Él quiere tu corazón. Quiere tu "sí". Y cuando obedezcas Su voz, verás Sus promesas desarrollarse en tu vida de maneras que nunca podrías imaginar.

Me aferro fuertemente a esta promesa, y la declaro sobre ti hoy: *"Si Dios está por nosotros, ¿quién contra nosotros?"*. **(Romanos 8:31)**

Que esta verdad se instale profundamente en tu espíritu: no estás demasiado lejos. No estás descalificado. No te han olvidado. El mismo Dios que lucha por ti también restaurará, redimirá y realineará tus pasos.

Te bendigo para que te levantes con valor, para que camines con valentía hacia la vida para la que Él te creó, y para que creas con todo tu corazón que si Él pudo hacerlo por mí, también puede hacerlo por ti.

Tracey Castillo

Instagram: @evangelistinheels @polestopurpose

Capítulo 6
Dos Zanahorias Y Una Manzana

por Magdalena Aguinaga

"Y sabemos que en todas las cosas Dios obra para el bien de los que lo aman, de los que han sido llamados conforme a su propósito."
- Romanos 8:28

El Golpe Que Llevó La Gracia

En el delicado silencio de una tarde cualquiera, la llamada a mi puerta trajo consigo el sonido de algo sagrado.

Acababa de acostar a mi bebé después de mecerlo durante otro inquieto rato. Me dolían los brazos de tomarlo, de llevarlo, de convertirme en él. La casa estaba en silencio. No había televisión. No había música. Sólo el crujido ocasional de las paredes y el zumbido del frigorífico, una canción de soledad que conocía demasiado bien.

El timbre me sobresaltó. Cuando abrí la puerta, allí estaba, la señora Lugo, mi vecina de al lado. Su rostro, delineado por los años y la amabilidad, mostraba el tipo de suavidad que las mujeres heredan tras décadas de resistencia silenciosa. Me tendió una pequeña bolsa de plástico, en cuyo interior había dos zanahorias y una manzana roja, ligeramente magullada pero de un color vibrante.

"Puedes hacer papilla para tu bebé", dijo suavemente, casi susurrando. "Hierve éstas... endulza la manzana con canela... quizá añade un poco de pollo a las zanahorias, si tienes".

No había pollo. Pero estaba ella. Estaba esto. Este regalo. Este momento. Podía sentir que ella entendía.

No lo dijimos en voz alta: No tenía mucho en mi nevera. En aquella época, los fideos instantáneos eran mis mejores amigos en todas sus variedades. Había aprendido a "mejorarlos" con verduras congeladas, zumo de lima y un chorrito de tabasco. También eran los días en que me preguntaba cuánto tiempo podría seguir fingiendo que todo iba bien.

Me temblaban las manos al tomar la bolsa. "Gracias", dije.

No se quedó mucho tiempo. No lo necesitaba. Su gesto tuvo la gracia suficiente para el resto del día. No hablamos de vergüenza. Estábamos, sin saberlo, en terreno sagrado: el lugar tranquilo donde las mujeres se encuentran en la intersección de la desesperación y la provisión divina.

Cuando di de comer a mi hijo aquella tarde, viendo cómo sus manitas tomaban la cuchara y sus ojos se iluminaban, sentí como si estuviera dando de comer a un rey. El vapor de la papilla se elevaba ante sus mejillas regordetas mientras él abría la boca de par en par con emoción. No conocía el milagro que había en su cuenco. Sólo sabía que le querían.

Antes De La Tormenta: Los Años Del Espíritu Libre

A los veinte años me dijeron que nunca tendría hijos. Las palabras eran clínicas, pronunciadas en un escritorio estéril con un tono que pretendía suavizar el golpe. Pero nada podía suavizar una sentencia tan definitiva. Por supuesto, lloré y ajusté el sueño.

Me dediqué a construir una vida lo bastante plena como para olvidar el dolor silencioso. Una vida que brillaba.

Al crecer, no era la más guapa ni la más popular, pero siempre fui "la buena onda", la que tenía las mejores historias, el corazón abierto, la risa sincera. Tenía amigos en de todos los continentes y mesas en las que se hablaba más de un idioma y se bebía más de una botella de vino. Viví en Europa mientras terminaba mi máster, y nuestro apartamento, "el de las mexicanas" con Rox & Gloria, se convirtió en el punto de encuentro de expatriados y soñadores.

Más tarde, mi pasaporte se llenó de sellos de Tokio a Cusco, de París a Nueva York, interactuando con gente de todo tipo, y entre ellos, yo era alguien que hacía que la gente se sintiera segura. Querida. Celebrada.

De vuelta a casa, seguía el mismo patrón. Mi casa siempre estaba abierta para los almuerzos de los domingos, las charlas a medianoche, los viajes espontáneos por carretera. Salí con hombres que viajaban horas sólo para verme una noche, que enviaban poemas, llevaban flores y tenían grandes gestos. Una vez le rompí el corazón a un italiano maravilloso que me adoraba e incluso me había propuesto matrimonio. Entonces no sabía cómo recibir ese tipo de amor. No porque no lo quisiera, sino porque no creía merecerlo.

A pesar de todo, había una constante: mi mejor amigo. El hombre más guapo, elegante, divertido y ferozmente leal que Dios podría haberme dado. Era mi roca. Mi hermano elegido. Su familia se convirtió en la mía y la mía en la suya. Fue quien cargó mis maletas y mis corazones rotos. Quien me hizo reír en balcones con vistas a playas y ciudades lejanas y cercanas. Eliazar se convirtió en algo más que sangre, en mi compañero silencioso. Aprendimos juntos, crecimos juntos y evolucionamos hacia la mejor versión de nosotros mismos mientras bailábamos y reíamos, y tantos kilómetros entre sueños. Más tarde se convirtió en el padrino de mi hijo. Claro que lo fue. ¿Quién si no podría haber sido?

Esa versión de mí, la trotamundos, la "buena onda", la que bailaba con tacones hasta el amanecer y lloraba con amigos en cafés a la luz de las velas, parece otra vida. Y, sin embargo, sigue viviendo en las historias que le cuento a mi hijo. Se ríe cuando le digo: "Por aquel entonces, tu madre era un poco *loca*, pero llena de vida". Le cuesta imaginarme como otra cosa que no sea "mamá". Pero veo cómo se le iluminan los ojos y sé que está orgulloso de la mujer que era antes, y aún más orgulloso de la mujer en que me convertí después.

A pesar de toda la diversión, toda la independencia, todos los recuerdos con sabor a champán, yo seguía huyendo.

Huía del dolor. Del diagnóstico. De la voz tranquila que susurraba: *"Esto no es todo lo que hay"*.

Entonces llegó la noche que lo cambió todo.

El Día Perfecto Y La Oración Que Lo Cambió Todo

Era, según todas las apariencias, el día perfecto. El tipo de día que te hace detenerte y pensar: *"Lo he conseguido"*.

Era una época de mi vida en la que dividía mis días viviendo entre el Valle y Nueva York, la ciudad que siempre me hacía sentir eléctrico y vivo. En aquellos viajes, había descubierto los "clubes de salsa" bajo el puente de Brooklyn y había pasado algunos fines de semana en Broadway, de compras en los outlets de Long Island o en casa de mi jefe en los Hamptons.

Ahora estaba en mi flamante casa en un país extranjero, que había comprado por impulso sin residencia legal, pero llena de esperanza. Recuerdo que la agente inmobiliaria enarcó una ceja cuando le entregué los documentos. Sonreí y le dije: *"A veces, saltas antes de aterrizar"*. Y lo decía en serio. Creía que la casa era un nuevo nivel en mi vida.

Aquel día hacía un tiempo perfecto, otoñal en el valle: ni demasiado calor ni demasiada humedad. El tipo de sol que se filtra a través de las palmeras y hace que todo brille. Almorcé en mi restaurante favorito con uno de mis mentores, alguien que siempre se volcaba en mí con sabiduría, risas y alguna que otra copa de buen vino. El trabajo iba bien. Conducía mi Jeep, con las ventanillas bajadas, la música sonando y el pelo bailando al compás de la brisa. Me sentía como la protagonista de mi propia película.

Recuerdo que miré al cielo a través del techo solar y sonreí. *"Dios, gracias. Has sido tan bueno conmigo"*.

Pero aquella noche, después de cenar, algo cambió.

Saqué la basura, descalza, con una de esas camisetas de gran tamaño que significan hogar. El aire nocturno era fresco y tranquilo. El cielo sobre mí era de terciopelo y purpurina, las estrellas parpadeaban como diminutos mensajeros. Y entonces, en medio de aquella paz, me golpeó.

Un dolor agudo. No en el cuerpo, sino en algún lugar más profundo. Un hueco que no había notado antes.

¿Qué sentido tiene todo esto si no tengo con quién compartirlo?

La casa me parecía demasiado grande. El silencio, demasiado alto. El perfume de logro que había perdurado durante todo el día empezó a desvanecerse, sustituido por algo más crudo. La soledad.

Miré a las estrellas y susurré la clase de oración que no sale de los labios, sino del alma.

"Señor... estoy lista para compartir mi vida".

Eso fue todo lo que dije. Siete palabras. Suave, simple, rendida. Pero el cielo me escuchó. Déjenme decirles que nuestras oraciones siempre son escuchadas; son escuchadas *a la manera de Dios.*

El Amor Que Llegó Rápido Y La Vida Que Lo Cambió Todo

El amor llegó casi como una respuesta. Me trató como a una reina. Dijo todas las cosas correctas. Me abrió las puertas. Envió mensajes dulces. Me escuchaba como si yo fuera el centro del universo y no sólo otra hermosa distracción.

Se sentía como algo real, o al menos algo en lo que yo quería creer.

Avanzamos rápido. Demasiado rápido. Empezamos a construir una vida juntos, sin un plan, pero llenos de pasión. Quería que funcionara. Quería que la oración que susurraba bajo las estrellas se convirtiera en un cuento de hadas. Me aferré a esa esperanza incluso cuando empezaron a aparecer las grietas.

Entonces llegó la prueba de embarazo. Dos líneas. Negrita. Innegables. Me quedé mirando esa pequeña tira como si fuera una puerta. Se me quedó la respiración entrecortada y se me saltaron las lágrimas, pesadas y calientes, antes de que pudiera hablar.

Lloré durante horas. Lloré de alegría, de miedo, por los fantasmas de todos los diagnósticos que me habían hecho. Lloré porque había sucedido lo imposible.

Pero también lloré porque nadie lo sabía.

Ni mis padres. Ni mis amigos más íntimos. Ni siquiera mis mejores amigos, que siempre lo habían sabido todo antes que yo. Todo había sucedido tan rápido que no había tenido tiempo de informar a nadie. Y ahora estaba aquí, embarazada y profundamente sola con la verdad.

Cuando por fin compartí la noticia, fue como si hubiera estallado una bomba en todas direcciones. La reacción más dulce, debo decir, fue la de Norma, mi compañera de piso, mejor amiga y cómplice. Permaneció callada al teléfono, pero al día siguiente, cuando llegó a casa, llevaba las bolsas de fruta y verdura más grandes que he visto nunca. Sus acciones, como siempre, hablaban de su enorme corazón, el tipo de corazón que ahora lleva la insignia de madrina y hermana para siempre en nuestras vidas.

Mis padres, silenciosos al principio, lo procesaron con su propia angustia. Su hija, que había sido anfitriona de cenas en París y había llevado americanas a salas de juntas, esperaba ahora un hijo que nadie esperaba, con un hombre al que no conocían. No había compromiso. No había anillo. Ningún plan.

Aun así, me aferraba a la esperanza. Tal vez el amor alcanzaría a la bendición.

Pero en lugar de eso, las cosas se complicaron.

Empecé a notar las lagunas, las promesas que se le escapaban de las manos, las llamadas telefónicas que me inquietaban, las sombras tras su sonrisa. Entonces llegó la verdad: problemas económicos. Deudas. Un trabajo perdido. Mentiras que no quería ver.

Pero pensé que estaba enamorada. Y cuando estás enamorada, especialmente cuando estás embarazada de alguien, negocias contigo misma. Me dije que mejoraría, que sólo era una mala racha. Que lo superaríamos. Que el amor podría llevarnos si yo llevaba todo lo demás.

Así que agoté mis ahorros para ayudar a pagar sus deudas. Cubrí los gastos del nacimiento. Intenté protegerle del mundo y, al mismo tiempo, proteger a nuestro hijo de la inestabilidad que había entrado en nuestro hogar.

Al final, mi trabajo no pudo mantener mi ausencia y me vi obligado a dimitir. Él encontró un trabajo temporal, lo justo para pagar lo básico. Devolví mi Jeep a México, un doloroso adiós a mi independencia, y condujimos un auto que él había comprado en una subasta. No tenía aire acondicionado y traqueteaba cada vez que girábamos a la izquierda. Pero se movía.

Y nosotros también. A duras penas.

Hubo momentos felices. Citas para la ecografía. Patadas del bebé. Risas que flotaban entre las grietas los días que fingíamos que no pasaba nada. Pero eran excepciones, no la regla. Y muchas noches lloré hasta quedarme dormida, abrazándome el vientre y rezando para que me dieran fuerzas. Recuerdo claramente aquellas veces que ofrecía mis lágrimas a Dios; solía decir: "Por favor, utiliza estas lágrimas para que la vida de mi hijo esté llena de risas y amor, por favor, drena toda mi energía y utilízala para que sea inteligente y feroz". Así que lloraba sin vergüenza.

Y me quedé. Porque el amor es paciente, ¿verdad? Porque las familias aguantan. Porque quería creer que la oración que había orado bajo las estrellas me llevaría hasta aquí por alguna razón.

Porque ya había dado tanto que no sabía cómo parar.

Elegir Ser Madre Soltera Y Hacerme Más Fuerte De Lo Que Nunca Imaginé

Cuando finalmente decidí marcharme, la etiqueta de madre soltera se aferró a mí como una letra escarlata. La decisión no vino acompañada de un trueno ni de un final dramático; yo era simplemente una mujer que se negaba a ahogarse.

La decisión llegó con la quietud. Con el tranquilo agotamiento de quien lo ha dado todo. Con la claridad que apareció después de acunar a mi bebé para que se durmiera mientras su padre dormía en otra habitación, desconectado, indiferente. Llegó cuando me di cuenta de que me había convertido en ancla y vela de un barco que no iba a ninguna parte.

Y así, un verano, justo antes de que mi bebé cumpliera cuatro años, tomé la decisión: Lo haría sola. No fue heroico. Era supervivencia.

Recuerdo que la primera persona con la que hablé fue mi abuela paterna, Mami Mary. Mi único abuelo vivo. Tenía miedo del escándalo y, para ser sincera, del juicio familiar. Pero su respuesta fue amable y me infundió el valor que tanto necesitaba: *mejor sola, tú puedes.* Sin preguntas, sin dramas, sólo tranquilidad. Y así lo hice.

Mientras mi hijo pasaba el verano divirtiéndose con mis padres en Saltillo, hice los arreglos y se fue. Y en ese momento, todo cambió. Mi etiqueta cambió. Mis amistades cambiaron. Mi mundo cambió.

Algunas personas, especialmente las que antes hablaban de gracia y fe, me retiraron su amor en silencio, como si mi decisión hubiera contaminado la pureza de sus creencias. Para ellos, *"las buenas mujeres cristianas no se rinden"*.

Pero yo no me había rendido. Me había levantado. Y mientras algunas puertas se cerraban, otras se abrían. De par en par.

Mi familia elegida intervino como un ejército de ángeles. Mi mejor amigo, que ya era el padrino de mi hijo, se convirtió en una presencia cotidiana, incluso en la distancia cuando yo estaba al borde de las lágrimas. Las nuevas amistades se desplegaron como las tropas secretas que toda madre primeriza necesita. Nos conocimos en las clases de desarrollo temprano para bebés, y las "gymboritas" se convirtieron en mi familia. Aprendimos a ser madres juntas, la mayoría de nosotras lejos de nuestras raíces, por lo que dependíamos unas de otras desde el amanecer hasta la escuela y la graduación, incluso hasta el día de hoy.

Mi nuevo círculo no juzgaba. No predicaban. Simplemente aparecían.

Fue en aquellos días cuando empecé a redefinir lo que realmente significaba la familia. La sangre es sagrada, pero el amor *es divino*. El amor que se sienta a tu lado en silencio. El amor que deja los pañales sin hacer preguntas. Amor que dice: *"No me debes una explicación. Estoy aquí"*.

Y a través de todo eso, estaba mi hijo.

Mikel.

Apenas había dejado de ser un niño pequeño, pero algo en él cambió en el momento en que me levanté y reclamé nuestra paz. Su espíritu se expandió. Su mirada cambió. Sus bracitos se abrazaron más fuerte, como si supiera que yo necesitaba anclaje.

De la noche a la mañana se convirtió en "el hombrecito" de la casa.

Empezó a comprobar las cerraduras por la noche, a asegurarse de que la luz de la cocina estaba apagada, a recordarme: "Mamá, no te olvides las llaves". Y más tarde, cuando apenas era lo bastante alto para alcanzar la encimera, me pedía aprender a cocinar conmigo. ¿Quién iba a pensar que aquello era el principio de algo tan grande? Sus manitas, sus palabras y sus acciones me recordaban: "Tú puedes, mamá".

Él lo sabía.

Incluso ahora, no siempre recuerda los detalles de aquellos primeros años, pero su instinto protector nunca se fue. Camina por la acera de la calle. Dice: "Mándame un mensaje cuando llegues" con un tono que evoca algo más profundo, algo heredado del peso que llevábamos juntos.

Creció más rápido que otros niños. Tuvo que hacerlo.

Y aunque esa verdad me duele a veces, también sé esto: el niño que crie se está convirtiendo en el hombre por el que una vez oré.

Dios En Los Detalles: **Los Milagros En Lo Mundano**

A menudo imaginamos los milagros como acontecimientos atronadores, dramáticos e innegables, anunciados por ángeles. Pero en mi vida, Dios vino suavemente.

Apareció en los detalles suaves. En el momento oportuno. La amabilidad inesperada.

Crecí en un buen hogar. Mi padre, un proveedor en todos los sentidos, me dio una infancia envuelta en seguridad y suaves privilegios. Yo era la *niña bien* entre mis amigos, la chica que cambiaba de auto cada dos años, la que no sabía lo que significaba quedarse sin nada. Mis padres construyeron ese mundo para mí con sacrificio y amor. Así que cuando la vida dio un vuelco y me vieron luchando como madre primeriza sin pareja, su angustia fue silenciosa pero feroz.

Vivían en Saltillo, a tres horas de distancia, y viajaban a menudo. Mi madre traía comestibles de México, cosas que me recordaban el hogar y la dignidad, y nos invitaba a comer fuera, diciendo "nosotros invitamos", incluso cuando yo sabía que se estaban estirando para hacerlo.

Pero lo que me rompía cada vez era lo que encontraba después: un billete doblado metido entre Salmos y Proverbios en mi Biblia. Una bendición silenciosa de mi madre. Nunca lo mencionó. Nunca lo necesitó. Se convirtió en su tradición sagrada, dejar un poco de esperanza en la Palabra cuando las palabras fallaban. Era su forma de proveer sin provocar vergüenza, de honrarme como madre y protegerme como hija.

También estaba la canción de alabanza que sonaba cuando quería rendirme, justo cuando oraba en el auto, con las lágrimas derramadas, las manos agarrando el volante como si ese agarre pudiera mantener mi vida. La letra hablaba de rendición, de una fuerza que no es la nuestra, de un Dios que restaura. Y en ese momento, no sólo escuché la canción, sino que sentí cómo llenaba las grietas de mi interior.

Había escrituras pegadas a mi nevera, palabras escritas en notas adhesivas con letra agotada durante noches en las que no podía dormir.

"El Señor está cerca de los quebrantados de corazón".

"Estad quietos y sabed que yo soy Dios".

"Nunca te dejaré ni te abandonaré".

Las recitaba en voz alta mientras lavaba los platos, doblaba la ropa o me miraba al espejo, preguntándome si volvería a sentirme yo misma. Con el tiempo, dejaron de sonar como promesas para otra persona y empezaron a convertirse en verdades en las que podía apoyarme.

Había amigos que me llevaban la compra sin llamarme, otros que me enviaban mensajes a altas horas de la noche sólo para decirme: *"Pienso en ti. Sigue adelante"*.

Incluso la canela de las manzanas hervidas se convirtió en algo sagrado. El olor me recordaba al hogar, a la tradición, a algo dulce todavía posible. Veía a mi hijo comer y susurraba una oración de gratitud por él, una declaración de que crecería para ser amable, para ser protegido, para ser diferente.

Poco a poco, la niña que una vez había estado enterrada bajo facturas, angustia y silencio empezó a levantarse de nuevo. No de repente. No triunfalmente. Sino con constancia. Me fui curando por capas.

En sesiones de terapia en las que por fin dije las palabras que temía. En hojas de cálculo de presupuestos que me hacían sentir que volvía a tener el control. En risas con mi hijo en el parque, de esas que surgen de la nada y te hacen olvidar el peso del mundo.

En abrazarlo toda la noche cuando tenía pesadillas o cuando estaba enfermo, y en darme cuenta de que ya no tenía miedo.

Y sería negligente por mi parte no mencionar el regalo que Dios me hizo a través de mi trabajo. Durante más de quince años, mi trabajo ha sido una de las pocas constantes de mi vida: una fuente no sólo de ingresos, sino de dignidad, crecimiento y gracia. Mi jefe y mis compañeros de trabajo se convirtieron en parte de mi silenciosa red de seguridad. Me ofrecieron apoyo cuando no tenía palabras para pedirlo, y estabilidad cuando todo lo demás se desmoronaba. En todas las épocas, mi trabajo me ancló. Mirando hacia atrás, ahora entiendo que no era sólo un trabajo. Era una provisión divina.

Dios no estaba en el terremoto. No estaba en el fuego. Estaba en el susurro. Y ese susurro fue suficiente.

El Legado Y La Mujer En La Que Me He Convertido

Doce años después, estoy sentada en mi escritorio con una taza de café y un corazón que ha aprendido a contener el dolor y la gracia al mismo tiempo.

A veces me miro en el espejo y apenas la reconozco, la mujer en la que me he convertido. Es más suave de espíritu, guiada por la lógica pero aún con la risa honesta, y sus ojos contienen tanto fuerza como ternura.

Ahora, al escribir estas páginas, me pregunto: si la chica del día perfecto bajo las estrellas pudiera verme ahora, ¿qué pensaría? ¿Estaría orgullosa? ¿Tendría miedo?

Creo que se sorprendería. No porque haya sobrevivido, sino porque he aprendido a prosperar.

Esa mujer que antes bailaba en aeropuertos y fiestas en azoteas ahora organiza círculos de sanación y llamadas de estrategia empresarial. Ayuda a otras mujeres a reclamar su voz en lugares de trabajo multiculturales, utilizando cada historia que ha vivido como herramienta de transformación. Ya no esconde las grietas. Deja que la luz brille a través de ellas.

Y en el centro de todo... está Mikel. Mi hijo. Mi milagro. Mi legado.

Él no es sólo la razón por la que seguí adelante; es la prueba viviente de que el amor puede reconstruir cualquier cosa.

Hay algo sagrado en la forma en que me mira, no sólo con afecto, sino con reverencia. Conoce nuestra historia. Ha oído las anécdotas nocturnas, las historias de viajes, los desengaños. Sabe quién era antes y en quién decidí convertirme. Y en sus ojos veo orgullo.

Sabe hacer la cama, cocinar su propia comida y acompañar a una mujer hasta su auto. Mantiene la puerta abierta no porque se lo hayan dicho, sino porque vio a su madre hacerlo todo con honor. Es el tipo de joven que ora antes de los exámenes, que llora durante los discursos sinceros, que abraza sin prisas.

Mikel no creció con una figura paterna tradicional, pero nunca le faltó un fuerte amor masculino. Mi padre y mi hermano se convirtieron en sus ejemplos de cómo son los hombres de verdad. Amables, pero audaces. Protectores, pero amables. Fieles en sus palabras y acciones. Mi hermano siempre ha sido mi ancla. Es a quien llamo cuando tengo miedo, cuando estoy confusa, cuando necesito que me digan la verdad con amor pero sin vacilar. Es el favorito de mi madre (y con razón), un padre devoto y una de las mentes más brillantes que conozco. Su fuerza y claridad me han llevado a través de más tormentas de las que puedo contar, y para Mikel, no es sólo Tío. Es un modelo. Un espejo de lo que es posible. Un hombre que demuestra que la masculinidad puede ser sagrada.

Gracias a ambos, Mikel sabe que la fuerza no tiene nada que demostrar.

También le he enseñado lo que me gustaría que alguien me hubiera enseñado a mí: Que Dios no espera que seamos perfectos, sino que estemos dispuestos. El mundo intentará definirnos, pero nosotros decidimos en quién nos convertimos. Que pedir ayuda no es una debilidad. Es sagrado.

Y, sobre todo, le he enseñado que el amor -el amor de verdad- no es una actuación. No te abandona cuando las cosas se ponen difíciles. No te avergüenza cuando te caes. Te levanta, te seca las lágrimas y se queda contigo.

Ese es el legado que quiero dejar: que convertí la supervivencia en servicio. Que me he levantado y he tirado de los demás conmigo.

A La Lectora: Una Carta De Amor A La Mujer Del Valle

A la mujer que sostiene este libro con manos temblorosas, insegura de si reír o llorar, te veo.

A ti, que sonríes en público y lloras en secreto.

A ti, que sientes que fracasas, pero sigues despertándote de todos modos.

Tú, que una vez tuviste una visión de tu vida que no se parece en nada a lo que estás viviendo ahora.

No estás sola.

He escrito esto para ti.

No porque lo tenga todo resuelto, sino porque he estado donde tú estás. Me he sentado en el suelo del baño preguntándole a Dios: *"¿Por qué me elegiste para esto?"*. He mirado al techo en mitad de la noche, preguntándome cuánto tiempo más podría seguir.

Y aun así, estoy aquí. Y aun así, tú estás aquí. Eso significa que Dios no ha terminado.

Por favor, no creas la mentira de que tus errores te descalifican, que tu pasado te define o que estás atrasado.

La verdad es: Eres elegido. Estás siendo reconstruida. Eres hija de un Rey que te ve, incluso cuando otros miran hacia otro lado.

Deja que Él te encuentre en lo ordinario.

En el fregadero lleno de platos.

En las migas del asiento del auto.

En el cuento para dormir que lees aunque estés agotada.

En la llamada a la puerta del vecino.

En la canela de las manzanas.

No tienes que esperar a sentirte santo para que Dios te abrace. Él te abrazará tal y como eres.

Y un día, no muy lejano, contarás tu propia historia. Llevarás tu propia antorcha. Y otra mujer caminará por la luz que dejas atrás.

Así que toma, querida mía, toma esto:

Eres amada.

Eres digna.

Eres suficiente.

Y a veces, sólo hace falta una hermana gloriosa para darte el valor de contar tu historia, y con ella, el recordatorio de que Dios también viene en forma de dos zanahorias y una manzana.

"Y mi Dios suplirá todo lo que os falta conforme a sus riquezas en gloria en Cristo Jesús". (Filipenses 4:19).

Magdalena Aguinaga

Instagram: @thecqcoach

Sección Segunda

El Altar

"Presentad sus cuerpos en sacrificio vivo, santo y agradable a Dios, que es su culto espiritual".
- Romanos 12:1

En el altar es donde todo cambia. Es el momento en que dejamos de aferrarnos y empezamos a soltarnos, cuando nuestras manos se abren y nuestros corazones susurran: *"Señor, haz lo que quieras"*.

La entrega no siempre es fácil. A menudo llega después de haber agotado todas las demás opciones, después de que el orgullo nos haya fallado, después de que el control se nos haya escapado de las manos. Y, sin embargo, en esta postura vulnerable, Dios hace su mayor obra.

Las mujeres de esta sección conocen el peso de la rendición. Han puesto sus sueños, sus miedos, sus errores y su dolor sobre el altar del amor de Dios. Y lo que descubrieron es esto: la rendición no es tu fin, es el comienzo de Él en ti.

Que al subir al altar con ellos, encuentres el valor para soltar lo que has estado sujetando con demasiada fuerza. Porque el altar no es el lugar donde pierdes tu vida; es el lugar donde finalmente la descubres.

Capítulo 7
El Camino De Erica Hacia La Entrega Y La Misericordia

por Erica Hernández Castillo

"Pero él me dijo: 'Bástate mi gracia, porque mi poder se perfecciona en la debilidad'. Por tanto, con mayor razón me gloriaré de mis debilidades, para que repose sobre mí el poder de Cristo."
- 2 Corintios 12:9

Oración Inicial

Querido Padre Celestial, quiero darte las gracias por darme el valor y la oportunidad de compartir mi testimonio personal con las personas que lean este libro. Te pido que me des las palabras y los detalles adecuados, para que pueda tocar sus corazones. Te pido que el Espíritu Santo les conforte mientras ingieren mis palabras con la esperanza de que les ayude a conducirse hacia Ti. Infúndeles que no están solos, porque Tú siempre estás con ellos. Padre, prometo darte siempre toda la alabanza y la gloria. Te lo ruego en Tu nombre. Amén.

Cuando La Inocencia Se Encuentra Con La Realidad

Las mentes de los pequeños se desbocan con la imaginación, y a menudo sueñan con casarse y tener una familia. La inocencia posee una luz más brillante que una soleada mañana de primavera, por lo que no nos detenemos a pensar en la posibilidad del divorcio o de ser madres solteras.

Por desgracia, nos pasa a las mejores. Pero si desde pequeños nos enseñaran que no todas las cosas duran para siempre, podríamos prepararnos mentalmente para cuando las temporadas se agoten. ¿Cómo es que algunos encuentran la salida de aguas turbias y otros se quedan atascados en el barro? ¿Tendrá algo que ver la fe? Gloria a Dios porque yo soy uno de los que están aprendiendo a navegar con viento en contra. Comprendo continuamente que el amor de Dios es misericordioso y eterno, incluso cuando me quedo corto. Mantenerme firme en mi fe me ha ayudado a superar la adversidad, y la entrega ha sido la semilla de oro que ha estado esperando pacientemente dentro de mí a que floreciera la luz adecuada, ayudándome así a florecer en lo que soy hoy.

Inevitablemente, llegar hasta allí ha conllevado desafíos; sin embargo, nada que Dios no pensara que yo pudiera manejar.

El Verano En Que Todo Cambió

Tristemente, hace muchos años, en un caluroso mes de verano, mi familia se desmoronó. Aunque fue desastroso, fue el comienzo de una fe creciente. Enterarme de que mi ex marido había solicitado el divorcio fue devastador. Contrariamente a la tristeza, fue el auge de mi relación personal con Dios. Tengan por seguro que no voy a hablar mal del padre de mis hijos; de hecho, gracias a su atrevimiento, pude cambiar muchas cosas de mí que no agradaban a Dios, lo que me convirtió en una persona mejor.

Años después del divorcio, empecé a reflexionar sobre mi propia conducta durante el matrimonio y empecé a asumir la responsabilidad por los defectos autoinfligidos. Empecé a centrarme en las cosas que había hecho mal en el matrimonio. Cuando giré hacia mi propio porte y me concentré en las cosas en las que yo había contribuido, empecé a sanar y dejé de sentir resentimiento hacia él. Poco después, mi vida empezó a cambiar. Si lo hubiera hecho antes, mi relación con mis hijos podría haber sido más sana, más fuerte, con recuerdos más agradables, pero no fue así. Sin darme cuenta, yo necesitaba desesperadamente un cambio. Por esa razón, Dios necesitaba trabajar primero en mí antes de que pudiera servir a los demás.

Cuando Comencé A Reconocer Su Mano

Dios comenzó a revelar Su amor por mí en diferentes fragmentos de mi vida, pero me tomó un tiempo comprender que era Él. Se necesita conocerlo para entender. Yo decía cosas como "qué coincidencia" porque no me daba cuenta de que era Él; por eso, no me daba cuenta de la importancia de darle crédito a Aquel que hace que todo suceda. En Proverbios 3:6, se proclama: "Reconócelo en todos tus caminos y él enderezará tus sendas". Esto declara que dar a Dios alabanza por Su obra, conducirá a un camino recto, y a un arado de bendiciones.

Sin duda, creo que hay una semilla plantada en lo más profundo de nuestro ser que espera ser aceptada y alimentada para, cuando crezca plenamente, cumplir su propósito. En mi opinión, la vida no debe ser fácil. No se nos garantiza una vida perfecta. Las pérdidas, la confusión y los contratiempos son necesarios para fortalecer nuestra fe y confiar en Dios. Mi vida dio un vuelco en julio de 2009. Bueno, ahora puedo decir que se volvió del revés. Aquel verano furtivo, me adentré en un nuevo capítulo de la maternidad en solitario. Tenía cuatro hijos, tres de ellos adolescentes, y una casa que mantener. Mi trabajo no estaba preparado para mantener económicamente a una familia de cinco miembros; la pensión alimenticia no era suficiente. Pero incluso con esa incertidumbre, Dios puso en mi corazón la idea de matricularme en la universidad a tiempo completo. Es realmente sorprendente cómo me convencí de que podía lograrlo sin tener la menor idea. Trabajaba a tiempo parcial y sólo ganaba 7.000 dólares al año, ¡y ni siquiera tenía un ordenador! No tenía ni idea de cómo iba a pagar las facturas, pero algo dentro de mí me susurraba que todo iba a salir bien: el Espíritu Santo. En aquel momento, nada de lo que me hubieran dicho me habría convencido de lo contrario. En mi caso, no tenía a nadie que me animara, ni un grupo de apoyo para mujeres como los que tenemos ahora. Dios arraigó en mí la idea de la universidad porque todo formaba parte de un gran plan. Para el mundo era imposible, pero para Él era alcanzable.

La Biblia dice en Mateo 19:26: *"Para el hombre esto es imposible, pero para Dios todo es posible".* ¡Escucharle a Él me cambió la vida! Me licencié en Inglés y en Lectura con especialización en educación secundaria. Más adelante, ahora tengo una licencia de bienes raíces y poseo una marca registrada para un negocio de golf que empecé también. A través de muchas oraciones de esperanza y fortaleza, pude superar muchos obstáculos. La fe es una fuerza innegable que puede mover montañas y superar todo el ruido negativo que dice que no puedes, simplemente creyendo en Él.

Sin Gasolina. Sin Comida. Sin Luz. No Hay Problema.

Sin gasolina, sin comida, sin luz. Ningún problema. La vida universitaria se sentía como una astilla permanente clavada justo debajo de mis pies. Enviar un correo electrónico a mis profesores diciéndoles que no podría ir a clase porque no tenía gasolina en el camión era como jugar a la ruleta rusa. Mi gasolina era sagrada; por lo tanto, necesitaba hasta la última gota.

Afortunadamente, mis profesores lo entendían, pero a pesar de ello, la vida seguía siendo un campo de batalla. Tenía que llenarme de combustible para poder seguir marchando, y la comida asequible aliviaba un poco la situación. Los burritos dos por uno me cambiaron la vida. Poco saludables, pero suficientes. A veces, después de los partidos de fútbol, conseguía llevar a mis hijos a McDonald's a por un Happy Meal; aun así, no tenía suficiente dinero para comprarme algo del menú. Cuando los niños me preguntaban por qué no comía, les respondía convincentemente que había comido antes.

Verlos reír y pasarlo bien era suficiente para mí. No siempre tuvimos esa suerte. Hubo momentos en casa en los que tuve que ponerme creativa con las comidas o rebuscar para averiguarlo. En un momento de desesperación, busqué comida en la cocina, decidida a no pedirle a mi ex marido otra pizza Little Caesars de 5 dólares. Recuerdo que grité: "¡Dios mío, qué voy a hacer!". Entonces, al abrir la puerta del armario de la cocina, allí estaba una barra de pan nueva y sellada. Lo recuerdo tan vívidamente que no podía creer lo que veían mis ojos. En juré que no tenía pan. En aquel momento, supe que era un milagro y seguí adelante. Pero a medida que fui fortaleciendo mi fe, me di cuenta de quién provenía ese milagro, era la misericordia de Dios desplegada ante mis ojos.

Ahora lo entiendo, en ese momento Dios quería que confiara en Él y en nadie más. Un par de veces se nos cortó la luz y me quedé sola en casa o en casa de una amiga. Una vez envié a mis hijos con sus abuelos, que vivían calle abajo. No quería pedírselo, pero no tenía elección. Cada vez que oraba, cada vez que desesperaba, Dios proveía.

Dios En La Oscuridad

Con sólo una vela encendida, me tumbaba en silencio en la oscuridad. De verdad, fue uno de los mejores momentos que pasé con Dios. A menudo, cuando luchamos y Dios provee, estamos tan atrapados en la desgracia que no reconocemos el bien que Él ha hecho. Yo estaba ciega en esos momentos. Quería que estuviera tranquilo y creyera en Él. **Filipenses 4:6** nos enseña a pedir, dice: *"Por nada estéis afanosos, sino sean conocidas sus peticiones delante de Dios en toda oración y ruego, con acción de gracias."* La calma no es un superpoder; sólo requiere voluntad individual y fe en que Dios proveerá. Puede transformar la incertidumbre en un caleidoscopio cristalino.

Provisión, Personas Y Propósito

En retrospectiva, todas las personas con las que conecté durante ese tiempo estaban destinadas a estar en mi camino. Por ejemplo, el Sr. y la Sra. Lizcano, cuya casa alquilaba, fueron parte de esa bendición. Me guiaron mostrándome cómo solicitar una vivienda y fueron muy pacientes en el proceso.

No sólo pude mantener a mis hijos en las mismas escuelas y casa en las que estábamos actualmente, sino que también me animaron a seguir estudiando. Todavía me sorprende que me matriculase en la universidad incluso antes de solicitar el programa de alojamiento. Se trata de confiar en el proceso. Los Lizcano, Dios los tenga en su gloria, desempeñaron un papel fundamental en mi vida. También tuve la suerte de contar con vecinos increíbles que me ayudaron con una cosa u otra, y lo hicieron con gracia y buena voluntad. Era el lugar perfecto para nosotros. Dios conocía los deseos de mi corazón y los cumplió. *"Porque yo sé los planes que tengo para ti -declara el Señor-, planes de prosperarte y no de dañarte, planes de darte esperanza en el futuro".* (Jeremías 29:11)

Los obstáculos serán constantes en nuestras vidas, pero están ahí para moldearnos en lo que estamos destinados a ser; todos los que Él pone a nuestro alrededor juegan un papel importante de una manera u otra. A pesar de que el hogar de los Lizcano fue una bendición, me enfrenté a muchos retos. Por ejemplo, el divorcio afectó enormemente a mis hijos, a cada uno de manera diferente. Si hubiera tenido las herramientas adecuadas durante esta pérdida, podría haberles ayudado a llevar su cruz.

A menudo, cuando estamos pasando por un divorcio, nos centramos sin querer en nuestros propios sentimientos y en las luchas a las que nos enfrentamos en ese momento, y tendemos a olvidar a los guerreros que lo están viviendo justo a nuestro lado, nuestros hijos. Cuando hay niños implicados en un matrimonio y ese matrimonio se encamina hacia el divorcio, ya no es entre A y B. El divorcio ahora implica a A, B, C y D. Afecta a los niños emocional y económicamente, y altera su rutina. Además, necesitan tiempo para llorar y recuperarse. No minimices su dolor. Debemos romper las cadenas que nos atenazan en las relaciones de nuestros seres queridos. Inevitablemente, su inocencia queda apresada en algún lugar en medio de la tormenta. Los adultos quedan atrapados en el alambre de espino intentando soltarse al mismo tiempo, curarse de las heridas sangrantes; se enredan intentando sobrevivir física, emocional y mentalmente. ¿Cómo es esto intencionado?

¿Resiliencia O Supervivencia?

La mayoría dice que los niños son resistentes, pero en momentos como éste, no creo que tengan elección. A los niños se les da muy bien ocultar sus sentimientos, y lo que parece "resiliencia" puede no ser más que una fachada vacía. Algunos se convierten en superdotados, y otros pueden caer en adicciones, sea lo que sea. Suprimen peligrosamente sus sentimientos manteniéndose ocupados. Aprendí que mientras les elogiamos por su duro trabajo y sus logros, su dolor persiste como una plaga. Ojalá hubiera sabido entonces lo que sé ahora. Hay muchas situaciones en mi vida de las que me arrepiento, pero la que más me ha costado superar ha sido la falta de conciencia del tormento de mis hijos y de todo lo que tuvieron que afrontar durante y después del divorcio. ¡Fue una imprudencia! Con un enorme remordimiento, ahora comprendo lo que mi hija Ashley quiso decirnos cuando derramó su atribulado corazón mientras yacía llorando en su armario sobre el frío suelo: "¡¿Y qué pasa con lo que queremos?!". Lo recuerdo como si fuera ayer.

Sammy pasó de ser el que más leía a ser retraído y tomó su propio camino de curación. Andrew era pequeño y estaba confuso sobre lo que estaba pasando; se desanimó muchísimo. Mi hija mayor, Allison, era casi una madre para ellos y llevaba mucho peso sobre sus hombros. Odio que mis hijos tuvieran que lidiar con sus emociones ellos solos. Si pudiera volver atrás en el tiempo, lo dejaría todo para preguntarles cómo están o qué puedo hacer para ayudarles a recuperarse. Si esta es tu situación actual, oro para que nuestra desgracia cambie la narrativa en la vida de tus hijos. Si puedo evitarle a una madre futuras penas con sus hijos compartiéndolo, entonces sé que mis penas fueron el destino para evitar las de otra persona. Los niños merecen que se reconozcan sus sentimientos; los míos también lo merecían. Anhelo el perdón. Era el momento en que más me necesitaban, y fallé. Dios me bendijo con cuatro hijos, y era mi deber asegurarme de que estuvieran bien, y me quedé corta. Sin embargo, en mi opinión, nunca es demasiado tarde para mejorar las cosas. No abandones por culpa de un rechazo. Recuerda que cada persona afronta y se cura de forma diferente. Mantén la mente abierta. Todo el mundo tiene derecho a ser escuchado. No esperes, busca a tus hijos. Dios me concedió misericordia, y hará lo mismo contigo-progresivamente.

Cuando La Iglesia No Fue Suficiente

Creo que las secuelas de un divorcio a veces dejan a la gente caminando como zombis, viviendo sin estar vivos. En ese momento, pensé que estaba haciendo mi parte para ayudar a que mis hijos se sintieran mejor llevándolos a misa los domingos y al CCD. Ahora sé que ir a misa no tenía nada que ver con lo que mis hijos necesitaban de mí. Tenía una obligación que cumplir, pero no era consciente emocionalmente. Mientras mis hijos hacían todo lo posible por vivir el momento, incluso ir a misa me costaba todo lo que tenía. Nunca supieron que a veces apenas podía esperar a llegar a casa de la iglesia, encerrarme en mi habitación y berrear hasta no poder más. Los llevaba a la iglesia porque me aterrorizaba pensar que si no lo hacía, se desmoronarían, pero ellos no tenían ni idea de a lo que me enfrentaba. Intentaba salvarlos mientras nadie intentaba salvarme a mí, así parecía ser entonces. Los sacrificios silenciosos a veces pasan desapercibidos. Me resultó difícil asistir a la misma iglesia que mis ex suegros, pero lo hice por mis hijos. Hice todo lo posible por no interrumpir todo su ser, sobre todo en ese aspecto.

El lenguaje corporal y las miradas de la gente en la iglesia eran de "¿por qué sigues aquí?". Pero por otro lado, Dios había puesto un deseo constante en mi corazón de asistir a esa iglesia específica - era un hilo divino y una conexión espiritual de la que no tenía absolutamente ninguna pista en ese momento. Así como Dios me estaba moldeando en ese momento, sé que Él estaba haciendo lo mismo por mis hijos. Los recuerdos de mis duras experiencias eclesiásticas de entonces se van difuminando poco a poco; eso confirma que Dios cura a los heridos. Hacer lo mejor para los niños requiere prestar atención a todos los aspectos de sus vidas. Me he dado cuenta de lo importante que es dedicar tiempo al bienestar mental de los niños, igual que hacemos con su salud física. Es parte de su integridad. El **Salmo 127:3** dice*: "Los hijos son un regalo del Señor; son una recompensa suya"*. Sí, la vida se vuelve abrumadora, pero centrarte en lo que puedes hacer para que los niños estén bien puede ayudarte en el proceso. Mis ataques de depresión y ansiedad me animaron a seguir asistiendo a la iglesia. Estaba desesperada por obtener ayuda de los pensamientos aterradores que envenenaban mi mente. Busqué ayuda médica en un doctor, y me puso medicación, pero me daban pensamientos peores, así que decidí dejarla e intentar hacerlo por mi cuenta. Pero así soy yo; cada persona es diferente y tiene necesidades médicas distintas. *Por favor, pide consejo a tu médico*. Oraba, pero no tan intencionadamente como ahora, y aun así funcionaba. Mi estrategia de afrontamiento consistía en mantenerme ocupada con los niños, el trabajo y la universidad. Al igual que en la iglesia, seguí permitiendo que mis hijas participaran en animación, banda, teatro, etc. Mis hijos, Andrew y Sam, continuaron con el fútbol y el baloncesto.

De alguna manera, me las arreglé económicamente. Esto me recuerda a cuando era pequeña y deseaba desesperadamente algo pero sabía que no podíamos permitírnoslo. Mamá siempre decía: "Si Diosito quiere". ¡Todavía lo usa! Esa pequeña frase me dio tanta esperanza porque sabía que Diosito era algo grande. Mi corazón se las arregló para aferrarse a él, especialmente cuando los tiempos eran difíciles. Lo sé porque mientras continuaba luchando y estaba mentalmente agotada, permanecí orando por fuerza y paciencia, y todo de acuerdo a Su voluntad. Gracias a Él, pude mantener a los cuatro en actividades extraescolares y deportivas. A través de la oración y la iglesia, encontré la inspiración y la carga que necesitaba para seguir adelante y continuar haciendo lo que ya estábamos acostumbrados a hacer como familia.

El Retiro Que Lo Cambió Todo

Un día, mi iglesia anunció un retiro sólo para mujeres. El deseo de ir estaba profundamente plantado en mi corazón, pero había un gran problema - ¡dinero! Cuando me di cuenta de que había que pagar para asistir, de repente ese deseo dejó de existir, eso creía yo. La mente humana nos juega malas pasadas, sobre todo cuando nuestra situación actual es delicada. El mal prospera en la oscuridad; por eso, intenta colarse para confundirnos, sobre todo cuando nos esforzamos por la rectitud. Por eso, tendemos a pensar que las cosas son imposibles, pero el plan de Dios prevalece sobre todos los nuestros. Sus mandatos contradicen la mente humana. Por eso, pone en nuestro camino a personas que nos ayudan a que las cosas sucedan, como mis amigas y hermanas en Cristo, Sandy y Gina.

Un día en Misa, ambas se ofrecieron a ayudarme a pagar el depósito del retiro para que yo pudiera asistir. No puedo recordar a quién le dije que *sí*, pero siento que Dios me lo impidió a propósito porque quería que me concentrara en su amabilidad y en nada más. Aunque me daba vergüenza tomar el dinero, cuando una me tocó el hombro, me agarró suavemente la mano y puso el dinero en ella; no pude evitar confirmar con un "gracias". ¡Me tenían enganchado como pescadores!

Una vez más, Dios proveyó e hizo realidad lo que más necesitaba. Por eso, era esencial que mantuviera fuerte mi fe, sobre todo cuando las cosas iban mal. Los caminos llenos de baches a veces son inevitables y pueden hacer que la vida sea confusa, haciendo que la gente pierda la fe, pero aprender a confiar en Dios puede cambiar los porqués por los porqués.

Por desgracia, hay marejadas que se cuelan cuando Dios está obrando en nosotras; intentan ahogarnos, con la esperanza de paralizar Su voluntad. El día de la despedida, no tenía ni canguro ni dinero. Tuve que pagar el resto del retiro. Me sentía derrotada e increíblemente triste.
Aproximadamente una hora antes de zarpar, le pedí a mi hija mayor, Allison, que por favor le pidiera a su papá por última vez si podía cuidarlos durante el fin de semana, para que yo pudiera asistir, y por la gracia de Dios, finalmente accedió. Sin embargo, aún quedaba un obstáculo por superar: ¡el banco! Sabía que no había efectivo en la cuenta a mi disposición, y me resistía a comprobarlo. Mirando atrás, ahora comprendo que fue el Espíritu Santo quien me animó a llamar y comprobar mi saldo. No hay otra explicación, ya que, sin lugar a dudas, estaba arruinado. Cuando por fin tuve el valor de llamar y supe que tenía la cantidad exacta que necesitaba, la emoción nadó por mis venas, separándolas de todo lo que había dentro de mí como el Mar Rojo hizo con los israelitas.

En ese momento, me apoderé de todo lo que caía en mis manos y corrí hacia Santa Ana. Tenía menos de treinta minutos para llegar. Cuando llegué, entré corriendo, firmé un cheque y me fui a vivir una de las experiencias espirituales más memorables de mi vida. Romanos 8:28 explica: "Y sabemos que en todas las cosas Dios obra para el bien de los que le aman, de los que han sido llamados conforme a su propósito". Por desgracia, al igual que los israelitas, me hicieron falta muchas más caídas para comprender que el amor de Dios no se da por sentado. Recuerdo que dudé cuando le di el cheque a la señora de la iglesia porque todavía no me lo creía. ¿Por qué yo?

El Poder Del Perdón

Dios ha sido tan misericordioso y amoroso, incluso en momentos en los que me he sentido indigna. Esto demuestra cuán perdonador es Él, y la razón por la que estoy trabajando horas extras tratando de dominar cómo perdonar a aquellos que me han lastimado. Es una lucha y un gran desafío la mayor parte del tiempo porque mis costumbres terrenales se interponen, pero por eso estoy decidida a aprender. Aunque estaba muy enojada con el padre de mis hijos por no decir que sí, la primera vez, aprendí que perdonarlo era parte de mi sanación, y esencial para mi salvación eterna. No soy perfecta, pero tampoco lo es el mundo en que vivimos; por eso, debo recordarme a mí misma la gracia de Dios para conmigo. Lo que más agradezco es ser consciente inconscientemente de mis fracasos, porque me recuerda que debo ser paciente con los demás. La responsabilidad me ha ayudado a sanar aprendiendo que TODOS cometemos errores y, a su vez, ha traído algo de paz a mi familia. En mi opinión, ha demostrado a mis hijos que asumo la responsabilidad de mis errores. Aunque estoy trabajando en las palabras adecuadas, mis acciones son ahora una forma tácita y arrepentida de expresar mis sinceras disculpas. En mi opinión, esto les demuestra lo mucho que les quiero, con la esperanza de curar el corazón roto. Además, cuando curamos viejas heridas, podemos servir mejor a quienes nos rodean.

Dejar atrás el pasado me ayudó a crear una forma de vida más pacífica con mis hijos y su padre; podemos coexistir. Es agradable poder reunirme para las celebraciones y ver que mis hijos están cómodos y disfrutan del momento. Crea ese cambio emocional que la mayoría de los padres anhelan después de un divorcio. Siempre experimentaremos decepciones, sobre todo por parte de nuestros seres queridos. Pero con el tiempo, nos lleva a un lugar mucho mejor en el que vemos un reflejo más cálido de nosotros mismos en los ojos de nuestros hijos, no importa cuánto tiempo nos lleve. Dios quiere que amemos y seamos amados. La confirmación es evidente en las personas que Él une. La gente se desanima a veces, pero les prometo que todo se hace en el momento y la hora perfectos. Cuando aprendí a concentrarme en mis propios errores, trabajar en mí misma y luego perdonarme, fue cuando Dios supo que era el momento. Él esperó a que terminara la universidad porque sabía que una gran distracción estaba a punto de entrar en mi vida.

Traición Antes De La Dicha

Dos meses después de graduarme, conocí a un chico que más tarde desempeñó un papel importante en mi vida. No fue fácil; tuve que experimentar la traición antes de la dicha. En julio de 2013, una amiga me invitó inesperadamente a cenar con un grupo de señoras. Me sentí fuera de lugar porque ellas eran profesionales y yo estaba empezando. Aun así, salí de mi zona de confort y fui.

Durante la comida, empecé a sentirme inquieta y vi que se acercaban nubes negras. Comenzó una extraña conversación entre ellos; el lenguaje corporal era fuerte; las señales presagiaban traición. Verás, en ese momento, estaba empezando a conocer a alguien que parecía ser un "buen tipo". No era nada serio, pero mi amiga sabía que había cierto interés por los detalles que compartía con ella. Inmediatamente, uno empezó preguntando a otro si estaba "hablando" con alguien, y el otro respondió que sí.

El instigador insistió en anunciar su nombre, pero el cómplice dudó en hacerlo. En ese momento, miré a mi amiga y le hice una seña de confusión. Ella me hizo un gesto para que esperara y observara; justo cuando lo hizo, supe que me estaban tendiendo una trampa. Cuando la señora empezó con los detalles innecesarios, supe exactamente de quién estaba hablando. Por coincidencia, era el mismo tipo con el que estaba conversando. En ese momento, me sentí como si estuviera compartiendo una comida con Judas Iscariote. No es que estuviera enamorada o unida a él. **No se trataba de eso.** ¡Mi corazón estaba destrozado! La traición es el peor enemigo de una chica. Nos paraliza. Podría haber dicho algo para unirme a la conversación, pero mi defensa siempre ha sido sentarme, observar y aprender. No me sentí herida porque apenas las conocía; sin embargo, como quería a mi amiga como a una hermana, me sentí herida. Aun así, continué mi amistad con ella.

Por eso el perdón es necesario y debería ser una forma de vida. Ella también se ha comprometido a servir a Dios y ha sido una gran amiga de oración con la que me he reunido en la iglesia de vez en cuando. Los detalles de lo que ocurrió en la cena no son tan importantes como lo que pasó más tarde esa noche, y compartir esto contigo no es para cotillear, sino para explicar mi testimonio personal sobre cómo Dios a veces presenta el amor en los momentos más impredecibles, incluso cuando es un poco doloroso. Suceden cosas asombrosas cuando te rindes a Dios, especialmente cuando estás más confundido. Esto debería inculcarse a una edad temprana. En los momentos de desesperación, la rendición se produce de forma natural porque no tenemos otra opción, pero después experimentamos las bendiciones de Dios.

Esa misma noche, mi amiga me convenció para ir a un club de campo llamado *Hillbilly's* (Hill's para abreviar) a escuchar música en directo. Sólo le puse como condición que condujera hasta mi casa por mis botas, con la esperanza de que eso la desanimara, ya que vivíamos en una ciudad diferente, pero accedió, y allí estábamos.

De camino a Hills, no dejaba de pensar en lo que acababa de vivir. Al instante, me di cuenta de lo ingenua que era. Me quedé boquiabierta al ver lo bien que este tipo jugaba sus cartas. ¡Qué don! De todas formas, el engaño no iba a arruinarme la noche. Sintiéndome derrotada y un poco abrumada, me detuve justo frente a la puerta del honky-tonk y oré. Dije: "Dios, si quieres que esté soltera el resto de mi vida, estoy perfectamente de acuerdo. Te lo prometo. Haré lo que quieras, pero por favor, toma el volante. Nunca olvidaré esta oración y este momento. Entramos y nos quedamos hablando en el centro. Cinco minutos después, veo a una pareja que conocía en la entrada pagando para entrar. Vinieron directamente a saludarme, se marcharon y, cinco minutos después, la esposa volvió y me presentó al hombre con el que me casaría dos años más tarde. Los detalles que sucedieron después de aquello se escribirán más adelante en unas memorias.

Por ahora, el amor y la misericordia de Dios son el centro de atención. Tenemos que aprender a confiar en Él en cada situación, aunque sea dolorosa. No es fácil hacerlo. Por eso tienes que pedirle a Dios que te muestre el camino, y Él lo hará. Ora para tener paciencia en todo y con todo. Eso es lo que me ha llevado a donde estoy hoy. ¿Es mi vida perfecta? No. ¿Es mi matrimonio perfecto? No. Sólo el Cielo sabe adónde nos llevará la vida y dónde acabaremos. ¿Son los hijos adultos un paseo por el parque? Por supuesto que no. Pero a través de la oración y la entrega, Él hace que todo salga bien de acuerdo a Su plan. No sabemos lo que nos depara el futuro ni el resto del plan de Dios; lo único seguro es Su amor. ¿Sabías que las cosas más duras de la vida y las cosas más difíciles que soportamos nos están convirtiendo en los guerreros que Dios necesita que seamos? Yo solía cuestionarlo todo el tiempo cuando pasaban cosas terribles.

Ahora digo: "Confío en ti, Señor". El camino hacia Él ha sido largo. Ha habido carreteras curvas con muchas señales de stop, largos semáforos que nunca se ponían en verde, callejones oscuros sin luz a la vista, y varias tormentas eléctricas. Pero no importa cuán difícil sea la situación, siempre he vuelto a Él.

Una Relación Sin Igual

He aprendido que una relación con Dios es muy personal, y que es entre Él y yo y nadie más, como un matrimonio, una relación paternal, o alguien muy querido para ti. Esas relaciones que amamos y mantenemos tan cerca de nuestros corazones que no compartimos los detalles más íntimos son el ejemplo perfecto de lo que debe ser tu relación en la fe entre tú y Él. Porque he resucitado en la luz acerca de que las personas son creadas con un propósito y sé que el Espíritu Santo vive dentro de ellas, pienso dos veces antes de juzgar a otros o hacerlos menos de lo que Dios los creó para ser.

Despreciar a los demás es como despreciar a Jesús. Este concepto me ha hecho pensar dos veces antes de ser odioso y crítico. Sí, porque soy humano, tendré momentos en los que mis sentimientos se apoderen de mí. No soy perfecto; sólo Dios lo es. Pero a través de la oración y el arrepentimiento, Dios me ha mostrado su gracia y misericordia. Ya no me preocupo como antes, ni me siento a orar para que Dios dé una lección a quienes me hicieron daño. Sólo me preocupo por arreglarme y asumir la responsabilidad de lo que hice mal. La vida siempre tiene consecuencias para el mal comportamiento, así que dejo que Dios se ocupe de las cosas a su debido tiempo.

Mi concentración se ha desplazado a evaluar mis acciones y lo que puedo hacer para servir mejor a los demás. No dejo que otros apaguen la luz que Él encendió. Lo hago por Él. Recibo los golpes por Él. Recibo el ridículo por Él. Acepto el rechazo por Él. Porque sé que Él protege a los que le aman, ninguna de esas cosas me asusta. Me hace sentir mal, o a veces me rompe el corazón, por supuesto. Tengo emociones humanas, y piso tierra donde existe el mal; por eso, siempre me recuerdo a mí misma que debo volver corriendo al Santo Padre.

El Plan De Dios > Mi Plan

He llegado a la conclusión de que cuanto más aguanto, mayor es el plan que Él tiene para mí, lo que me entusiasma con anticipación por lo que está por venir. Me tomó cuarenta y ocho años llegar a donde estoy, y todavía estoy aprendiendo y creciendo, así que no te desanimes con nada y con todo. Ora y dale tu tiempo a Él, para que puedas llegar a conocerlo. Dale una oportunidad, de la misma manera que quieres que otros lo hagan contigo. La diferencia entre nuestros planes y los Suyos es que los Suyos conducen al Propósito. Abre tu corazón a las maravillosas posibilidades que Él ya ha conectado a tu nombre.

Recuerda que "Él te conocía antes de que nacieras". Evalúa eso y ve a dónde te lleva. Hay más bendiciones que Dios me ha concedido a lo largo de los años. En los momentos de tranquilidad y a lo largo del día, doy gracias y alabo. Así como he aprendido a reconocerlo en todas las cosas buenas y malas, he aprendido a confesar mis debilidades, lo que me ha quitado un peso de encima. Estoy asumiendo la responsabilidad y caminando en una luz más brillante.

Como reescribir el pasado no es una opción, estoy aprendiendo a volver humildemente al corazón de mis hijos cambiando la forma en que hago las cosas ahora. He aprendido que el cambio es un proceso delicado, pero poderoso.

En mi corazón, sé que mis nietos son mi segunda oportunidad para hacer las cosas bien, mi esperanza de un mañana mejor, y significan el mundo para mí. La gente suele decir que el amor por los nietos no se parece a ningún otro. Pues bien, puedo dar fe de ello. Veo arco iris y mariposas cuando estoy con ellos. Me hacen sentir viva y seguirán haciéndolo cuando yo ya no esté aquí.

Recordar a todas las personas que me han ayudado a lo largo de mis temporadas me ha inspirado para hacer lo mismo por los demás. Estoy tomando el conocimiento y las habilidades con las que Dios me ha bendecido y adoptando la filantropía en mi filosofía sobre hacer Su trabajo para Su gente en la Tierra. Además, la oportunidad de una segunda oportunidad en el amor me ha recordado las maneras de no ser y las cosas que son correctas.

Misericordia A Través De Rendición

Perdonarme a mí misma y a los demás me ha ayudado a sanar y, al hacerlo, he experimentado Su misericordia. Aprender que la rendición no es sólo una idea abstracta, sino una acción que conduce a todos los bienes divinos, como el amor, la paciencia, el perdón, la autoconciencia y la capacidad de servir a Su pueblo. **Filipenses 4:13** confirma: *"Todo lo puedo en Aquel que me fortalece"*. Esto testifica que Él fue quien lo hizo posible para mí, haciendo así posible compartirlo contigo, para que tú puedas hacer lo mismo por alguien más. Haz tu parte y entrega todas tus cargas a Dios y experimenta Su gracia derramada sobre ti.

Oración Final

Te tiendo la mano. Te invito a mi pasado. Te concedo una temporada de mi vida. Quédate quieto... Inhala, siente. Suelta mi mano. Conduce con tu propia luz. No más película color de rosa. Nosotros compartimos, pero Él dirige. Nuestros corazones lo necesitan para ver. Escucha... Sigue, Repite.

Con sincero amor y esperanza, tu hermana en Cristo,
Erica H. Castillo

Erica Hernandez Castillo

Instagram: @kiki_yourauthor

Capítulo 8
Del Hacer Al Ser: Mi Viaje A La Entrega

por Giselle Dominique Mascarenhas - Villareal

"Me buscarás y me encontrarás cuando me busques de todo corazón".
-Jeremías 29:13

Introducción de Eliza

Crecí en la iglesia, no sólo asistiendo a los servicios, sino absorbiendo una cultura que, aunque arraigada en la Palabra, a menudo se centraba más en la precaución que en la compasión. Dominábamos la jerga cristiana: frases como "guarda tu corazón" (Proverbios 4:23), "prueba todo espíritu" (1 Juan 4:1) y "sal de en medio de ellos" (2 Corintios 6:17). Toda la Escritura. Pero a veces, las escrituras entregadas sin el contexto adecuado se convierten en miedo en lugar de libertad, en heridas en lugar de sanación.

Me enseñaron a desconfiar de las personas que hablaban de forma diferente sobre la fe. Si alguien decía "el Universo", me decían que significaba que no conocía realmente a Dios. Pero la verdad es que mucha gente sigue buscando. Intentan describir una presencia divina que aún no han encontrado personalmente. Romanos 1:20 dice que "desde la creación del mundo, las cualidades invisibles de Dios... se han visto claramente, siendo entendidas por lo que ha sido hecho". Así que, tal vez, cuando alguien dice "el Universo", está respondiendo a esa callada atracción de la creación, todavía tanteando hacia la verdad, todavía esperando que alguien le muestre que la fuerza que siente tiene un nombre, un rostro y un latido: Jesús.

También me enseñaron que la meditación era peligrosa. Que abriría la puerta al engaño. Sin embargo, las Escrituras nos llaman a la meditación. El Salmo 1:2 dice que el bienaventurado es aquel cuyo *"deleite está en la ley del Señor, y que medita en su ley día y noche"*. Josué 1:8 dice: *"Ten siempre en tus labios este libro de la Ley; medita en él de día y de noche"*. El Salmo 46:10 nos llama a "Estad quietos y conoced que yo soy Dios". Quietud. Reflexión. Intimidad con Dios. No son ideas de la nueva era, son antiguos mandamientos bíblicos. Simplemente los hemos olvidado.

Y luego estaba la distorsión en torno al amor. Especialmente el amor propio. En algún lugar, absorbí la creencia de que amarse a uno mismo era egoísta. Tal vez incluso pecaminoso. Pero cuando Jesús dijo: *"Ama a tu prójimo como a ti mismo"* (Marcos 12:31), lo dejó claro: no puedes dar a los demás lo que nunca has recibido para ti. Si no podemos aprender a vernos a nosotros mismos a través de los ojos de Dios, ¿cómo podemos reflejar Su amor a los demás?

Ah, y el dinero. *"No podéis servir a Dios y a las riquezas"* (Mateo 6:24) se utilizó para ahuyentar el éxito, como si toda bendición financiera fuera un riesgo espiritual. Pero mammon no es sólo dinero - es confianza mal depositada. El problema no es la abundancia. Es la lealtad.

Entonces llegó Giselle.

Una mujer llena de color, pasión, luz - que practicaba muchas de las cosas que una vez había juzgado: meditación, amor propio, manifestación, el "Universo". Si aún hubiera tenido la cabeza enterrada en la arena religiosa, me la habría perdido por completo.

Giselle no era sólo una nueva amiga. Era un encargo divino. Un alma demasiado radiante para ignorarla. Y en lugar de atraerla a mi mundo, Dios utilizó nuestra amistad para encontrarla en el suyo. No a través de reglas, sino a través de relaciones. No a través del miedo, sino a través del amor. No le di un sermón; le di espacio para que experimentara a Dios.

Esta es la historia de ese encuentro. De cómo un Dios que rompe todos los esquemas utilizó un recipiente profundamente imperfecto como yo para llegar a una de sus hijas más feroces y vibrantes.

Gracias a Dios, Él ya había empezado a quitarme esas vendas religiosas de los ojos. Dios me estaba mostrando que no presentamos a la gente a Él encogiendo su luz - lo hacemos reflejando la Suya.

Y a través de una amistad, no de un sermón... Giselle conoció a Jesús. No al que la religión le advirtió, sino a Aquel que había estado persiguiendo su corazón todo el tiempo.

Esta es su historia.

La historia de Giselle: La resistencia

Desde que tengo memoria, he tenido un conocimiento. Una tranquila certeza en mi espíritu de que lo que soñaba, lo que sentía, acabaría cobrando vida. No crecí con una paz perfecta, pero tenía algo mejor: una calma divina que me envolvía como un susurro. Entonces no tenía palabras para describirlo, pero ahora lo sé: era Dios.

Vivía en la quietud, en los lugares secretos de mi corazón, en la forma en que me sentía segura incluso cuando el mundo a mi alrededor parecía inestable. Era una presencia firme y sagrada que me sostenía como ninguna otra cosa podía hacerlo. No tenía ninguna duda de que estaba conectada a algo más grande que yo misma.

Pero cuando me casé con el padre de mi hija, me perdí en una relación tóxica. Ese conocimiento interior, la claridad que había tenido desde la infancia, fue consumido por el miedo, la vergüenza y la duda. Puede que por fuera me viera arreglada, incluso glamurosa, pero por dentro iba a la deriva. Había perdido mi ancla. Había perdido la conexión con Dios en mi interior.

Aun así, nunca dejé de orar. He orado a Dios desde que tengo uso de razón. Siempre he sido espiritual, intuitiva, enraizada en algo más grande. Pero si he de ser sincero, no confiaba en la gente religiosa. La representación de todo ello me incomodaba profundamente. Las grandes oraciones parecían audiciones. Las escrituras se lanzan como armas. La energía estaba apagada. No parecía sagrado. Parecía estratégico.

Cada vez que alguien citaba las escrituras o oraba en voz alta como si estuvieran en un escenario, yo ponía los ojos en blanco y pensaba: Probablemente estás teniendo una aventura. Estafando a alguien. Haciendo algo turbio a puertas cerradas. No me fiaba. En la iglesia a la que iba a veces de niño, veía a familias de las que conocía secretos que actuaban como santos. Me parecía falso, como si la iglesia fuera un lugar más para ser visto, para impresionar, para posar.

Aprendí pronto que la religión podía usarse como una máscara. Un arma. Una forma de controlar a los demás o de elevarse uno mismo. Yo no rechazaba a Dios; rechazaba esa versión de Él.

Mi abuela, en cambio, oraba constantemente. Su casa estaba llena de cruces, rosarios, novenas y bendiciones susurradas durante las comidas y los momentos. Una tarde, cuando yo tenía unos nueve años, la recuerdo arrodillada en el salón, agarrada a su rosario como si fuera su único salvavidas. Las lágrimas corrían por su rostro mientras oraba en voz alta con tal convicción que podía sentirlo en mis huesos. Parecía real. Me sentí segura. Vista. Amada.

Pero ni siquiera una hora después, la oí en la cocina gritándole a mi abuelo, escupiendo un veneno y un odio que me estremecieron. Me quedé detrás de la pared del pasillo, con el corazón palpitante, intentando conciliar a la mujer que momentos antes suplicaba a Dios con la que ahora destrozaba a alguien. Aquella contradicción no sólo me confundió, sino que me hirió. Sembró semillas de desconfianza en mi espíritu. Me enseñó que la oración podía ser actuación, no presencia.

Lo mismo ocurría en mi casa. Mi padre diezmaba el 10% de todo lo que ganaba y meditaba todos los días. Pero mentía. Mujeriego. Manipulaba. Y eso me dejó con un mensaje fuerte y persistente: La gente que usaba más el lenguaje de Dios a menudo vivía menos como Dios.

Había una gran desconexión, y cargué con ese peso durante años.

A los 12 años, le dije a mi madre que no haría la confirmación. No quería ir a la iglesia nunca más. Entonces no podía explicarlo del todo, pero sabía que Dios era real, pero no estaba allí. Al menos no en ese espacio. No en la forma en que se me presentaba. Sentía a Dios en mis propias oraciones, en la gratitud, en momentos tranquilos de esperanza. Pero no en la religión. No en esas personas. Ese no era mi lugar, y esa no era mi gente.

Aun así, incluso en esa desconexión, nunca dejé de hablar con Dios. Le daba gracias cada vez que ocurría algo bueno. Susurraba oraciones en la oscuridad. Me aferré a ese débil hilo de conexión, incluso cuando parecía que me había alejado demasiado como para encontrar el camino de vuelta.

El Guía Que Dios Envió

Y años más tarde, Dios me envió un guía. Rubén.

El hombre con el que me casaría hace 14 años. El amor de mi vida. No era religioso. Pero caminaba con una certeza tan inquebrantable que no podía evitar conmoverme. Nunca cuestionó lo que enfrentaba; simplemente se rindió. Vivía en la confianza. En la bondad. En la gracia.

Crecí gracias a ello. Poco a poco, de forma constante, empecé a creer de nuevo, no sólo en Dios, sino en una versión de la fe que se sentía auténtica. Que se sentía real. Que no requería una actuación o un escenario. Quería aprender a orar, a conectar con Dios de la forma que Él desea de nosotros, no por obligación o culpa, sino por amor.

El Puente De Vuelta A Dios

Y cuando estuve preparada, Dios me regaló a Eliza. Una mujer que tendió un puente entre mi desconfianza y mi regreso. A través de ella, las Escrituras ya no se sentían como una espada, sino como un salvavidas. Su presencia era verdad. Sus palabras ablandaron los muros que había levantado y, poco a poco, volví a casa.

Era un conocimiento. Un conocimiento profundo. Que Dios la había puesto en mi vida para llevarme de nuevo a Él, no sólo para que creyera en Él, sino para que volviera a confiar en Él. A descansar de nuevo en Él. A amarle de nuevo.

La curiosidad me invadió. Silenciosamente. Sutilmente. Por la puerta trasera de mi vida.

Eliza era diferente.

No intentaba convertirme ni corregirme. No abría con escrituras ni cerraba con consejos. Simplemente estaba. Presente. Fundamentada. Real. Apareció con el corazón abierto y sus defectos a flor de piel. Podía ser un desastre el lunes y aun así llegar al martes declarando las promesas de Dios con una certeza inquebrantable.

Y yo la observé. De cerca.

Porque había algo en su forma de llevar la fe. No la llevaba como un disfraz; la vivía como oxígeno. No para recibir aplausos. No para llamar la atención. Sólo por Dios.

Hasta Eliza...

Nadie había compartido a Dios como ella. No con convicción. No con amor. No con cero juicio.

Ese fue el momento en que me sentí espiritualmente seguro con ella. Porque ella no estaba tratando de arreglarme, simplemente me estaba invitando a volver a mí misma.

Me incliné hacia ella. Y cuando lo hice, mi mundo se expandió.

Eliza me enseñó lo que significaba caminar con Dios, no para aparentar, sino para sobrevivir. Para rendirme. Utilizaba las Escrituras como una linterna en la oscuridad, no como un megáfono en un escenario. La vi atravesar tormentas, no citando versículos para ser santa, sino para mantener la cordura. Su fe no estaba pulida; era práctica. Y eso me conmovió.

Esa era mi persona.

Sabía en mi espíritu que Dios la había puesto en mi vida para ayudar a gente como yo, gente que había sido quemada por la religión pero que seguía anhelando a Dios, a acercarse sin vergüenza.

Y cuando por fin me di permiso para aprender a escuchar la voz de Dios a propósito, no sólo a posteriori, todo cambió.

Mi vida se expandió. Mi corazón se sintió ligero. Mi conocimiento, el que creía haber perdido, volvió a ser nítido.

Porque ahora lo entendía: nunca se había perdido.

Dios siempre había estado en mí. ¿Ese susurro que seguía de niña? ¿Ese presentimiento que me guiaba? Era Él. Sólo que aún no tenía el lenguaje para ello.

Pero ahora lo tengo.

Y una vez que me abrí a la plenitud de esa relación, no sólo sané, sino que salté a la intimidad con Él. Y nunca miraré atrás.

La Entrega

Siempre he sido un hacedor. Arregladora. Un constructor. He vivido gran parte de mi vida con estructura, estrategia y soluciones. Yo era el que aparecía con el plan. La visión. El siguiente paso. Ayudé a otros a transformarse. Les guie hacia la claridad. Dejé espacio para los avances.

Pero detrás de la fuerza había un dolor silencioso. Porque aunque había ayudado a otros a encontrar la paz, aún no la había probado por mí misma.

Entonces, en algún lugar del silencio, Dios susurró algo que lo cambió todo:

"No sólo quiero tus resultados, quiero tu obediencia".

Esa verdad me detuvo. Porque siempre había medido mi valía por lo que podía hacer, construir o lograr. Pero Dios no me estaba pidiendo que hiciera más. Me pedía que me rindiera.

La rendición no vino a mí en un gran momento; vino como un suave desenredarse. Fue como permitir. Permitir el dolor. La pérdida. El cambio. Lo desconocido.

Dejar ir las líneas de tiempo. El control. La necesidad de saber cómo, cuándo o por qué.

Y en la quietud... Dios salió a mi encuentro.

No con una lista. No con un castigo. Sino con amor. Gentil. Paciente. Con certeza.

Empezó a aparecer de las maneras más pequeñas, pero que parecían los mayores milagros. Oraciones respondidas el mismo día. Aliento expresado a través de extraños. Personas puestas en mi camino con palabras que no me había atrevido a pronunciar en voz alta.

Conocía mis pensamientos. Me conocía. Y más que nada, quería que supiera que estaba orgulloso de mí.

Esa comprensión abrió algo en mí. Todas las mentiras que había creído sobre Dios, que Él era distante, condicional o decepcionante, empezaron a caer.

En su lugar vino la verdad:

Dios está cerca. Dios es amable. Dios no es rendimiento, es presencia.

Mi vida de oración pasó de la obligación a la intimidad. Dejé de orar para marcar una casilla y empecé a orar para encontrarme con Aquel que siempre había estado conmigo.

Empecé a orar no para sentirme santa, sino para sentirme en casa. Empecé a estudiar, no para adquirir más sabiduría, sino para parecerme más a Él.

Dejé espacio para Su voz. Y Él lo llenó.

El Salmo 46:10 dice: "Estad quietos y conoced que yo soy Dios".

Y en esa quietud, lo conocí. No a través de un sacerdote. No a través de un ritual. A través de una relación.

También me di cuenta de otra cosa:

Cuando la gente dice "el Universo", a menudo están buscando a Dios. Están usando el lenguaje que tienen para el anhelo de su alma. Y creo que Dios les escucha, mucho antes de que sepan decir Su nombre.

Porque Él sabe lo que queremos decir, incluso cuando todavía no tenemos las palabras. Y Él no está esperando que actuemos, está esperando que nos rindamos.

El Avance

Hubo un momento en la ducha: crudo, primitivo y sagrado. Sin música. Sin velas. Sin suaves escrituras sonando de fondo. Sólo agua caliente, vapor y una madre de rodillas.

Mi hijo acababa de sufrir una traición tan desgarradora que sentí como si me hubieran abierto el alma. Le habían arrebatado el trabajo de toda su vida, años de sacrificio, devoción y disciplina. Así, sin más. De un solo golpe.

Y algo en mí se rompió.

Yo no estaba llorando. Estaba ordenando.
No le suplicaba a Dios; me enfrentaba a Él. No en rebelión. Sino en relación. El tipo de relación en la que sabes que puedes mostrarte sin filtros.

Me paré bajo el chorro de agua como si fuera tierra sagrada, con los puños cerrados y el corazón palpitante. Le hablé a Dios en voz alta, furiosa, segura, desesperada, audaz.

"Tú sabes quién es mi hijo. Tú lo ves. No te atrevas a actuar como si no lo supieras. Él no está aquí citando las Escrituras, sino que las vive. Aparece con integridad. Protege, lidera, se sacrifica. Nunca te ha pedido nada. Pero te lo estoy pidiendo. Ahora mismo. No, estoy declarando. Aparece por él. AHORA".

No hubo actuación en ese momento. No hubo lenguaje cortés. Era fuego sagrado.

Y lo más loco es que Dios no se acobardó. No me hizo callar ni retrocedió. Respondió. Inmediatamente.

En cuestión de días, mi hijo, que acababa de perder una empresa multimillonaria, fue invitado a la misma obra para la que su alma fue hecha. Algo aún más grande. Aún más alineado.

Dios había estado preparando el camino todo el tiempo. Lo que parecía devastación era en realidad un posicionamiento divino.

Ese momento me cambió para siempre.

Porque no fue sólo un avance para mi hijo.
Fue un avance para mí. Me di cuenta: Dios no es frágil. Puede soportar nuestra rabia. Nuestra honestidad. Nuestra audacia.

Él no quiere nuestra educada perfección; Él quiere todo nuestro ser.

Y en ese momento, lo supe: Dios me vio. Dios lo vio. Dios confió en mí con esa oración. Y yo confié en que Él respondería.

El Devenir

Antes, mi vida parecía prístina por fuera, organizada, de alto rendimiento, eficiente. Yo era la que tenía las respuestas. La que hacía que las cosas sucedieran. Pero internamente, estaba agotada. Me esforzaba constantemente, pensaba demasiado, me anticipaba. Vivía en un bucle mental de protección, rendimiento y perfección.

Era adicta a la productividad, a probarme a mí misma y a ser elogiada.

Necesitaba el resultado para sentirme digna. El reconocimiento para sentirme real. Y, sin embargo, no tenía paz.

Ahora vivo de otra manera. Sigo construyendo. Sigo liderando. Sigo creando. Pero ya no es mi proyecto. Es el suyo.

Hoy, mis mañanas comienzan a las 4 o 5 AM. Me levanto temprano, no para avanzar, sino para alinearme. oro durante una hora. Muevo mi cuerpo. Estudio la verdad a través de la Biblia, la Cábala, la sabiduría de los líderes que caminan con Dios en autenticidad, no en rendimiento.

Mi vida fluye ahora a un ritmo sagrado. Porque ya no soy la fuente, soy el recipiente.

Y cuando las cosas se tambalean, me pregunto: **"¿Soy la Luz?" "¿Estoy construyendo o destruyendo?"**.

Esas dos preguntas me centran al instante. Me sacan de la reacción y me devuelven a la reflexión. De vuelta a Dios.

He liberado la necesidad de explicarme. De ser validada. De ser comprendida. Ya no busco el reconocimiento. No necesito crédito. Ya no comprometo mis valores, mi fe o mi propósito.

La paz vive ahora en mi cuerpo. Respiro más profundamente. Me siento más ligera. Mi discernimiento es agudo. Incluso cuando la presión se acumula en mi pecho, sé cómo liberarla. La oración es mi medicina. Mi centro. Mi calma.

Antes quería certeza. Ahora quiero alineación.

Los que me rodean sienten la diferencia. La gente siempre me ha dicho: "Me encanta tu energía". ¿Pero ahora? Ahora oigo: "Me encanta cómo tu energía me da paz".

Mi marido, mis hijos, mi equipo, todos ven el cambio. Estoy más presente. Más tierna. Escucho sin apresurarme a arreglar. Lidero con honestidad, incluso en los días difíciles. Ya no pretendo tener todas las respuestas. Doy ejemplo de lo que significa caer y levantarse con gracia.

Y cuando apoyo a otras mujeres, lo hago compartiendo mi verdad, cruda, abierta, sin filtros. Pero también protejo mi energía. Protejo mi tiempo. Porque esta vida que me han dado es sagrada. Y no doy ni un solo respiro de ella por sentado.

Esto es lo que significa llegar a ser:

Es despertarse cada día y elegir aparecer sin excusas. Es asumir cada momento, cada alegría, cada angustia, ya sea una **lección** o un **mensaje**. Y punto.

Lo que se siente al ser amado por Dios, sin nada que demostrar

Es como exhalar después de toda una vida aguantando la respiración. Como abrir los puños después de años de intentar mantenerlo todo unido.

Es como quitarme por fin la armadura y darme cuenta de que, para empezar, nunca estuve en guerra. Como el silencio que no te avergüenza. La quietud que no te asusta.

Se siente como ser conocida. No la versión curada de mí. No la versión de alto rendimiento. Sino mi verdadero yo, el que aún se está curando, aún se está convirtiendo, aún lo está descubriendo.

Ser amada por Dios sin nada que demostrar es sentirte segura en medio de tus preguntas. Es ser vista en tu peor momento y aun así ser elegida. Es darte cuenta de que no tienes que ganarte lo que ya es tuyo. Que la gracia nunca fue una transacción. Que el valor nunca se negocia.

Es entrar en una habitación y no encogerse. No actuar. Sin poses.

Se siente como estar envuelta en una especie de paz que no tiene sentido. Una paz que no proviene de la ausencia de caos, sino de la presencia de Dios.

Es libertad. Libertad de la adicción a la validación. Libertad de la necesidad de ser el fuerte todo el tiempo. Libertad de la mentira de que hay que ganarse el amor.

Cuando eres amada por Dios sin nada que probar, dejas de luchar por tu identidad. Dejas de construir torres para probar tu grandeza, y empiezas a construir altares para recordar la Suya.

Empiezas a vivir del desbordamiento, no del vacío. Empiezas a hacer mejores preguntas. Ya no preguntas: "¿Soy suficiente?". En lugar de eso, susurras: "Dios, ¿cómo puedo servirte hoy?".

Porque un amor así -un amor real, incondicional, ordenado por Dios- lo cambia todo. Te hace audaz. Te hace estar tranquila. Te hace íntegra.

Y si pudiera volver atrás y susurrarle algo a esa chica dentro de mí, la que se escondía en el pasillo, la que se alejaba de la iglesia, la que intentaba encontrar su camino, le diría esto:

Confía en que cada desafío es Dios preparándote para el desbordamiento que Él desea para ti. Alégrate por esos momentos. Entrégalo todo a Dios: lo bueno, lo malo y

la confusión. Aparece cada día y se AMOR. Y deja que Dios se encargue del resto.

Reflexiones de Eliza

Si hay algo que he aprendido, es esto:

Las personas no son transformadas por tus opiniones. Son movidas por tu ejemplo.

No se fijan en cuántas escrituras sabes, ni en la frecuencia con que vas a la iglesia, ni en tus debates teológicos. Observan cómo vives. Cómo amas. Cómo escuchas.

Y la verdad es que nadie camina con Dios a la perfección. El mío seguro que no lo es. Pero cuando tu corazón está verdaderamente centrado en Él, incluso en las preguntas, incluso en el desorden, eso es lo que atrae a la gente.

Eso es lo que Giselle vio en mí.

No un cristiano perfecto. Pero uno presente. Uno real. Que sigue aprendiendo. Aun creciendo. Todavía tropezando hacia la gracia.

Dios no quiere tu actuación. Quiere tu presencia. Quiere tu entrega. Te quiere como eres, no como pretendes ser.

No necesitamos más "gente de iglesia". Necesitamos gente entregada. Gente que deje de actuar para Dios, recoja su cruz y empiece a caminar con Él.

Gente dispuesta a quitarse las máscaras religiosas. Gente que permita que otros sean testigos de cómo es una verdadera relación con Jesús: Desordenada. Hermosa. Cruda. Sanadora.

Porque la verdadera transformación no viene a través del juicio. Viene a través del amor.

Debemos aprender a ver a las personas como Dios las ve, a través de la lente de la misericordia, no de la superioridad moral. A través de la lente de la historia, no de la vergüenza. Cada persona que conoces lleva un pasado que no puedes ver. Son una culminación de heridas, cultura, trauma, supervivencia, anhelo y propósito divino.

Y a veces, lo más sagrado que puedes hacer es simplemente dar a alguien la dignidad de ser visto.

Visto sin un sermón. Amado sin etiqueta. Encontrado justo donde está.

Y déjame decirte algo cierto:

Si hubiera mirado a Giselle a través de una lente religiosa y sentenciosa, si me hubiera aferrado al miedo en lugar de al amor, me habría perdido uno de los mayores regalos de mi vida.

Dios no trajo a Giselle a mi vida por un momento. Me dio una hermana. Una amiga del alma. Una mujer que lo refleja a Él en sabiduría, risa, luz, amor y cruda verdad.

Su viaje no se parece al mío, y no se supone que deba ser así. Cada uno tiene su propio lenguaje de Dios. Y sólo porque alguien use palabras diferentes o camine por un sendero diferente, no significa que Dios no sea el que lo está guiando.

Giselle está en su propio viaje de Dios. Está descubriendo las muchas formas hermosas y facetadas en que Dios se revela. Su lenguaje divino es práctico. Aprende a través del movimiento, de la sabiduría, de marcos espirituales como la Cábala. Y nunca la juzgaré por ello, porque he visto que mejora su relación con el Señor. No disminuirla.

Ahora bien, sé que para algunos la palabra Cábala puede resultar desconocida o incluso inquietante, especialmente en los espacios cristianos, donde a menudo se malinterpreta. Pero seamos claros: Giselle no persigue a otros dioses. Para ella, la Cábala se ha convertido en una herramienta de desarrollo personal, no en un sustituto de las Escrituras.

La Cábala, en su raíz, es una antigua tradición mística judía que busca comprender la naturaleza de Dios, el alma y el propósito divino. Y Giselle siempre lleva lo que aprende a la Biblia.

Dios puede utilizar cualquier cosa para acercar a sus hijos a Él. Y he visto cómo lo ha hecho en la vida de Giselle. El fruto habla por sí mismo: paz, claridad, rendición y un hambre cada vez más profunda de Su verdad.

Dios habla a través de muchas formas. Y a veces, lo desconocido es simplemente un lenguaje diferente que Él está usando para llegar al corazón de alguien.

No es mi trabajo vigilar el camino de Giselle con Dios. Es mi honor caminar a su lado. Orar con ella. Guiarla con el ejemplo. Para derramar en ella cuando tiene hambre

Hago preguntas. Permanezco abierta. No me cierro a aprender.

Porque Dios no nos llama a traer gente a Él y luego abandonarlos, Él nos llama a discipularlos. A caminar con ellos. A amarlos como Él nos ama.

Tuve el honor de llevar a Giselle a Jesús y bautizarla en el océano del sur de Texas. Reunirme con ella cada semana (durante años) para estudiar la Biblia y orar. Caminar a su lado, no como una autoridad espiritual, sino como una hermana que cree en su llamado.

Hago todo lo posible por predicar con el ejemplo. Para cultivar la verdad de Dios en ella a través de mi propio caminar desordenado, honesto e imperfecto. Pero también he aprendido esto:

No es mi trabajo controlar la relación de Giselle con Dios. No es el trabajo de nadie. Eso es terreno sagrado, y sólo Él puede estar allí.

Así que, si te llevas algo de este capítulo, que sea esto:

Dejemos de liderar con ego y empecemos a liderar con empatía. Dejemos de perseguir la imagen de "santo" y empecemos a elegir la honestidad. Dejemos de esperar que la gente se vea y aprenda como nosotros antes de amarlos como Él.

Pídele a Dios que rompa tu corazón por lo que rompe el Suyo. Pídele que te muestre a las personas como Él las ve. Y estate dispuesta a caminar por caminos desconocidos si eso significa encontrarte con alguien exactamente donde está. Eso es lo que hizo Pablo en *1 Corintios 9:20*: se encontró con la gente en su mundo, en su cultura, en su idioma. No para comprometer la verdad, sino para conectar a través de ella. No cambió el mensaje. Simplemente honró a la persona y el nivel de conciencia en el que se encontraba. Y ese es el corazón de Dios.

No tenemos que tener el mismo aspecto, hablar igual, aprender lo mismo o adorar lo mismo para llevarnos unos a otros a Él. Creo profundamente que ese es el tipo de amor que realmente cambia el mundo.

- Eliza M. Garza

Giselle Dominique Mascarenhas-Villareal

Instagram: @giselleempowers

Capítulo 9
Roto, Pero Restaurado

por Cynthia L. Hernández, M.Ed.

*" Cuando cruces las aguas,
yo estaré contigo;
cuando cruces los ríos,
no te cubrirán sus aguas;
cuando camines por el fuego,
no te quemarás
ni te abrasarán las llamas".*
- Isaías 43:2

De La Quietud A La Asfixia

El mundo entero se había apagado durante el COVID. Las escuelas estaban cerradas. Las salas de estar se convirtieron en oficinas. La vida fuera se detuvo, pero dentro de mi casa la presión no hizo más que intensificarse. Lo que para el mundo era quietud, para mí era asfixia. El trabajo era un lugar al que podía ir para evadirme; ahora el trabajo estaba en casa. Un lugar del que ansiaba escapar.

Mi mundo se redujo a mis hijos, un primo y dos amigos íntimos, que poco a poco fueron quedando fuera de mi alcance. Pero el aislamiento no era una coincidencia. Era intencionado. Era control en su forma más cruel, disfrazado de cuidado. No se me permitía tener amigos. Se había asegurado de cortar trozos de mi familia poco a poco. Años de manipulación emocional me habían enseñado a dudar de todo: de mis instintos, de mi valía, incluso de mis oraciones.

Durante esos meses, el silencio fue tajante. No sólo estaba aislada de la gente, sino también de mi propia voz. Me movía cada día como un fantasma, haciendo todo lo que se suponía que debía hacer: comidas, reuniones, colada, deberes, todo ello mientras reprimía el creciente dolor en mi pecho. Me reía cuando me lo esperaban. Lloraba cuando nadie me veía. Respiraba, pero no estaba viva. Hacía décadas que no era feliz.

Cada mañana me despertaba con una pregunta: "Dios, ¿es hoy el día en que algo cambia?". De lo que no me daba cuenta entonces era de que a veces pensamos que estamos esperando a Dios, pero en realidad, Él está esperando a que confiemos en Él lo suficiente como para dar el primer paso.

Los días iban y venían. Y nada cambió. Sólo se intensificó; las cosas sólo empeoraron.

Algunas noches, me quedaba en la cama mucho después de que todo el mundo se hubiera dormido, con los ojos fijos en el techo, tratando de no sentir el aguijón de otra oración que se sentía sin respuesta. No sólo me sentía cansada, sino también vacía. Mi cuerpo se movía, pero mi espíritu se sentía atrapado, encerrado entre barrotes invisibles. Había estado viviendo en una prisión que le permití crear para mí, y estaba empezando a verlo.

El Punto De Ruptura

Hubo momentos en los que quise huir, hacer las maletas e irme. Pero, ¿ir adónde? ¿Con qué? ¿Y cómo podía llevar a mis hijos a un futuro desconocido cuando no estaba segura de tener la fuerza para guiarlos? Los niños ya habían sido trasladados de un lugar a otro para intentar empezar de nuevo en otro sitio cuando las cosas se pusieron realmente mal.

Aun así, me aferré a Dios, a duras penas, pero lo hice incluso cuando mis oraciones parecían pequeñas. Incluso cuando la Palabra se veía borrosa entre lágrimas, incluso cuando me preguntaba si Él me veía, me aferraba a Él como un niño se aferra al dobladillo de la túnica de sus padres, esperando que no lo soltara. Nunca dejé de orar, pero sentía como si hubiera pasado desapercibida.

La Rendición Que Me Salvó

Entonces llegó el día en que la ruptura ya no podía posponerse más.

No podía esperar a que todos durmieran. No podía aguantar más. Quería salir de un mundo marcado por la violencia doméstica y el caos del alcoholismo. La persona a la que una vez confié mi juventud, mi futuro y mi corazón era ahora la fuente de mi dolor más profundo.

Me puse de rodillas en medio del salón, el suelo áspero contra mi piel. Me daba igual. Mi cuerpo temblaba, no de miedo, sino por el peso de dejarlo todo por fin.

"Dios..." Grité, apenas audible. "Lo siento". Esas fueron las únicas palabras que parecieron salir.

Las palabras salieron crudas, de un lugar tan profundo que no había tocado en años. Todo el dolor estaba saliendo. Lo había reprimido durante décadas. Sabía que había sentido al Espíritu Santo durante años; me había estado diciendo que saliera. Quería mantener unida a mi familia, pero se había convertido en un infierno para los niños y para mí. Sabía que tenía que confiar en Dios y finalmente dejarlo ir.

"Siento no haberte escuchado, incluso cuando he sentido que Tú me hablabas. Incluso cuando he suplicado y Tú ya estabas respondiendo. Seguí intentando arreglarlo yo solo. Pensaba que si me callaba, si me esforzaba más, si hacía todo bien, mejoraría. Pero no fue así".

Las lágrimas brotaron sin permiso, sin vergüenza.

"Ya no puedo cargar con esto. No quiero. Me rindo. Toma el timón, Señor. Confío en Ti. Incluso cuando no entiendo. Soy Tuyo. Prometo no dudar más de Tu voluntad. Sácame de esta ola de lo desconocido. Estoy preparado. Pero no puedo hacerlo sin Ti".

Caminando a través del fuego

En ese momento, algo cambió. No fuera, sino dentro. Mis circunstancias no habían cambiado. La habitación seguía en penumbra. El miedo no había desaparecido por arte de magia. Pero había paz, una calma sagrada y desconocida que me cubría como una manta cálida. Por una vez, sentí que estaría bien.

Dios no habló con truenos. No se presentó con fuego. Pero se acercó. Más cerca de lo que había estado nunca.

Exhalé, realmente exhalé, por primera vez en años.

"Venid a mí todos los que estáis cansados y agobiados, y yo os aliviaré". (Mateo 11:28)

Siempre había habido amenazas, advertencias escalofriantes pronunciadas en voz lo bastante baja como para atormentarme, pero lo bastante alta como para mantenerme a raya. La clase de palabras que me hacían temer por las personas a las que más quería. Promesas entrecortadas de lo que pasaría si alguna vez me atrevía a marcharme. Me dijo que nadie más me querría. Me advirtió que si huía, me encontraría. Que nunca estaría a salvo. Que la muerte sería la única salida. Amenazó con matar a mi madre y a mis sobrinos durante sus episodios de borrachera. Me había quedado porque me parecía más fácil que huir y esconderme. Y en un momento dado, le creí. Los niños y yo vivíamos con miedo. Pasaba por mi casa para ver si estaba. Llamaba cientos de veces, literalmente.

Pero algo cambió cuando entregué mi dolor a Dios. Las amenazas de muerte ya no me asustaban como antes. No porque quisiera morir, sino porque vivir así era peor. La muerte ya no era el peor desenlace. Quedarme en esa casa, dejar que mis hijos creyeran que así era la familia, era mucho más aterrador. Senté a mis tres hijos pequeños y les dije, "Si me mata, todo habrá terminado. Los esperaré a todos en el cielo, él irá a la cárcel y se acabará la pesadilla. Ya no vivo con miedo y prefiero que me mate".

Entonces me di cuenta de que no sólo sobrevivía por mí. Estaba sobreviviendo por ellos. No estaba sola; los niños estaban tan prisioneros como yo. Sus amigos ya no podían venir a casa porque sus padres sabían algunas cosas y no creían que nuestra casa fuera segura para que sus hijos la visitaran. Los niños también estaban aislados.

En ese momento, hice un voto silencioso y feroz: **viviremos,** aunque eso signifique arriesgarlo todo. Aunque tuviera que atravesar el fuego sola, no estaría sola. Dios me lo había demostrado. Había estado allí cuando lloré en el suelo, cuando mis hijas me levantaron, cuando mi hijo se interpuso entre mí y un hombre que debería haberlas protegido a todas. Él estaba allí en el silencio, y ahora me guiaba hacia la luz. Me había dado cuenta de que, aunque sentía que caminaba por el fuego por mis hijos, en realidad ellos caminaban por el fuego por mí.

Las amenazas no cesaron inmediatamente. Resonaban en los mensajes de voz, en los mensajes de texto, en los rumores susurrados a través de conocidos comunes. Envió fotos suyas con una máscara y una pistola para intimidarme, pero yo ya lo había decidido: la muerte era mejor que volver con él. El miedo ya no tenía poder sobre mí. Lo había sustituido por algo **más** fuerte: la fe.

Me apoyé en las escrituras como si fueran oxígeno, inhalando promesas y exhalando las mentiras que me habían tenido secuestrada. "*Aunque camine por el valle de sombra de muerte, no temeré mal alguno, porque Tú estás conmigo"* (Salmo 23:4). Repetía ese versículo una y otra vez. A veces en voz alta, a veces en mi corazón, pero siempre con convicción.

Tenía Escrituras escritas por toda mi casa. Cada vez que veía una, la decía en voz alta. Ponía toda mi confianza en el Señor para que me ayudara a superarlo.

Irse no fue sólo una decisión. Fue un acto de santa rebelión, una negativa a dejar que el mal ganara. Empecé a acercarme en silencio. Me aferré a mis dos mejores amigos y a mi primo. Había confiado en ellos durante años. No del todo, pero lo suficiente. Mis amigos nos habían salvado a mí y a los niños muchas veces de su ira. Encontré un consejero, me puse en contacto con mujeres de la iglesia que habían atravesado sus propias tormentas. Una de mis mejores amigas era pastora. Me había enseñado la Palabra durante muchos años, pero ahora necesitaba que me ayudara a ponerla en práctica. Construí un plan de seguridad que protegí con feroz determinación. Mi familia, aunque dolida y distante, poco a poco empezó a comprender. Y cuando vieron que había terminado de verdad, que estaba realmente preparada, volvieron a abrirme los brazos. Habían dejado de hablarme durante dos años. La montaña rusa emocional era demasiado para ellos, pero al ver que lo había dejado durante un par de meses, poco a poco empezaron a volver a mi vida. Ahora los necesitaba más que nunca.

Todavía había momentos en los que me cuestionaba a mí misma. Noches en las que lloraba contra la almohada y me preguntaba si estaba haciendo lo correcto. Había crecido en un "hogar roto" y no quería lo mismo para mis hijos. Pero, ¿había sido lo que se suponía que debía ser para ellos? Estaba confusa. Pero entonces oía la risa de mis hijos, ligera, libre, real, y recordaba por qué me había ido. Recordaría por qué rendirse a Dios no era rendirse; era finalmente ponerse de pie. Tenían un lugar que ahora sentían como un hogar. Algo que nunca antes habían sentido.

No estaba huyendo. Me estaba levantando.

Se estaban levantando juntos.

Recordé que durante años, los niños me habían rogado que lo dejara. Los niños eran más felices. La casa estaba tranquila. Ya nadie tenía miedo.

Dejé de ocultar la verdad que me había avergonzado durante años. Me permití decirla. Mi historia era fea, pero era mía. Y en esa historia, Dios no estaba callado. Había estado presente en todo. Se había afligido conmigo, había estado a mi lado y ahora me estaba reconstruyendo. Lo sentí desde dentro.

Del quebrantamiento, la belleza.

De las cenizas, la resurrección.

Del miedo, un fuego sagrado que ya no se apagaría.

La resurrección no llegó de golpe. Llegó lentamente, como el primer calor de la primavera que descongela los bordes de un invierno largo y brutal. Llegó en forma de días normales, de cuencos de cereales en la mesa de la cocina, de silencio que no estaba cargado de tensión, de niños que empezaban a dormir toda la noche sin sobresaltarse de miedo. Ahora podíamos sentarnos y reír y hablar sin tener que temer que la persona que antes controlaba nuestro hogar empezara a sospechar cosas. Dormimos juntos en la misma habitación durante meses. Escuchábamos música a todo volumen, bailábamos, reíamos y nos íbamos curando poco a poco.

Una mañana me desperté y noté que respiraba mejor.

Ya no tenía que buscar su vehículo en la entrada a todas horas de la noche porque había salido a beber y a estar con otras mujeres. Se acabó el preguntarme si mis hijos habían escondido el teléfono lo bastante rápido, intentando documentar sus acciones o pedir ayuda, aunque yo no lo aceptara. Se acabaron los saltos al oír girar las llaves en la puerta. ¿De qué humor estaría esta vez que llegaba a casa? ¿Qué versión de él entraría por la puerta esta noche? ¿Quién se llevaría la mayor parte esta vez?

Ya no me inspeccionaba cuando llegaba a casa del trabajo, como si fuera un celador. Me inspeccionaba cuando llegaba a casa del trabajo, y los niños sabían lo que hacía. Nunca pasaba sus inspecciones y me quedaba atrapado en el infierno hasta que llegaba la hora de trabajar al día siguiente. Me acusaba constantemente de las cosas que hacía. Su mejor forma de manipulación.

Aprender A Respirar De Nuevo

Al principio, la libertad me resultaba desconocida, incómoda, como aprender a andar de nuevo tras mucho tiempo arrastrándome por cristales rotos. No estaba segura de lo que me gustaba hacer. Había pasado demasiado tiempo sobreviviendo y las alegrías sencillas que proporciona una afición no encajaban en mi vida. Volvía a encontrar mi vida, aunque perdida. Pero era mía. **Y sabía exactamente quién me la había dado.**

"Así que si el Hijo os hace libres, seréis verdaderamente libres". **Juan 8:36**

No pretendí que de repente todo fuera perfecto. El trauma no se evaporó de la noche a la mañana. Mis hijos seguían cargando con el peso de lo que habían soportado. Cada uno se enfrenta a sus propias secuelas. Cada uno curándose a su manera y a su ritmo. Mi hijo estaba aprendiendo a ser de nuevo un joven en lugar de un soldado. Se había distanciado y ahora estaba en su propio proceso de curación. Mis hijas estaban volviendo a aprender la seguridad, que el amor no significaba pasar de puntillas por la rabia, y mi hijo menor estaba protegido de la mayor parte por sus hermanos mayores. Era el más pequeño, y los demás intentaban llevárselo a la habitación durante las peleas, para que no oyera ni viera. Para evitar que se enfrentara al miedo que ellos tuvieron durante años.

Hubo muchas conversaciones con muchas lágrimas, y muchas preguntas. ¿Por qué? ¿Por qué no se fue cuando se lo pedimos? ¿Por qué le dejaste? Tuve conversaciones muy duras con los niños. Les pedí perdón una y otra vez. Les prometí que nunca volverían a vivir así. Se lo había prometido antes, así que aún no estaban seguros de que aquello se acababa para siempre.

El Hogar Que Construimos Juntos

Lo que antes había sido una casa llena de miedo se fue convirtiendo poco a poco en un hogar lleno de curación. Los niños ya no estaban enfadados. La vida volvía poco a poco.

Trabajé duro. Empecé a reconstruirme, emocional, espiritual y económicamente. Encontré fuerza en mi independencia, pero mi verdadero poder venía de Dios. Él me había sacado de la tumba. Y ahora caminaba en la resurrección.

Aún conservaba los diarios, páginas llenas de oraciones, dolor y súplicas. Una noche volví a leerlos y lloré. No de pena, sino de gratitud. Porque Dios había respondido a cada palabra. Tal vez no de la manera que yo esperaba, pero exactamente de la manera que necesitaba.

Aquella noche miré a mi alrededor, a los rostros dormidos de mis hijos, y me di cuenta de que nunca habían estado tan seguros. No sólo físicamente, sino también emocionalmente. Espiritualmente. Juntos, habían sobrevivido a algo que podría haberlos destruido. Pero en lugar de ser aplastados, **habían renacido**. No era algo que yo hubiera podido hacer solo. Miré atrás y agradecí que mi madre, mis hermanos y mi hijo mayor utilizaran el amor duro y dejaran de hablarme. El ultimátum que me dieron me salvó la vida.

Mis hijas se habían vuelto valientes en su fe. Oraban conmigo, leían las Escrituras conmigo y se apoyaban en Dios como veían que lo hacía su madre. Hubo momentos en los que estábamos destrozados, pero la música cristiana nunca dejó de sonar en casa. Nos traía paz y sanación. Mi hijo mayor, el protector, el escudo, empezaba a descansar. Ya no vivía en la misma casa, pero sabía que sus hermanos ya no se enfrentaban a un monstruo. Gracias a las valientes decisiones que tomamos sus hermanos mayores y yo, el pequeño se libró de años de más terror. Había pasado mucho tiempo fuera de casa con su hermano mayor. Allí se sentía más seguro.

La resurrección no fue sólo mía. Fue de ellos.

Y un día supe que contaría esta historia. No porque fuera fácil revivirla, sino porque alguien más necesitaba saber que sobrevivir es posible. Alguien más necesitaba saber que no es fácil, pero que sin duda merece la pena. Que *la resurrección* es real. Que *"Dios todavía levanta a los quebrados del suelo y da vida a los huesos secos"* **Ezequiel 37:5.**

Les diría que una vez supliqué por la muerte. Que una vez dudé del silencio de Dios. Que había llorado tanto en el suelo del salón que creí que nunca volvería a levantarme. Pero lo hice. Porque Él nunca me abandonó.

Ni una sola vez.

Incluso cuando me sentí abandonada. Incluso cuando las amenazas eran fuertes y el silencio de los seres queridos era más fuerte. Incluso cuando la vergüenza me envolvía como cadenas, Dios estaba allí.

Y ahora, ya no susurraría.

Ahora hablaría en voz alta.

Él me había estado hablando en voz alta, pero yo decidí ignorarlo. No era la respuesta que buscaba. Ahora veo que era lo que Dios sabía que era mejor para mí.

Para la madre que sigue arrodillada. Para las hijas que seguían escondidas. Para el hijo que estaba en la puerta, tratando de ser más fuerte de lo que cualquier niño debería ser. Para el más joven, teniendo que ver a todos ellos enfrentarse a una batalla de la que estaba siendo protegido. Que sus cicatrices se conviertan en historias de fortaleza, y su supervivencia en un legado de amor y resistencia inquebrantables. Que cada paso resuene con el poder de su supervivencia. La seguridad no es demasiado pedir. El amor nunca debe ir acompañado de miedo. Te mereces más, y ese "más" es posible. *"No hay temor en el amor, sino que el amor perfecto echa fuera el temor. Porque el temor tiene que ver con el castigo, y quien teme no se ha perfeccionado en el amor"* (Juan 4:18). A través de Cristo, siempre hay más: más fuerza, más curación, más esperanza. Lo que parece el final no es más que el principio de la redención.

Habíamos soportado la tormenta, cada dolor, cada silencio, cada sombra. Pero Dios, en su misericordia, no había terminado con nuestra historia. El amor sin miedo era posible. A través de Cristo, encontramos el valor para respirar de nuevo, y Dios nos dio un lugar para hacerlo. Dios no sólo me rescató de la tormenta; me llevó a un puerto seguro. No me trajo de vuelta sola; también rescató a mis hijos. Todos necesitábamos un lugar donde respirar. Para mí, ese lugar era una calle llamada Acacia.

Volví a la casa de mi infancia. Había crecido en la avenida Acacia. El único lugar en el que había estado segura. Me vinieron a la mente los mejores recuerdos de mi infancia mientras caminaba por la casa. Sentí la presencia de mi abuela. Al igual que el árbol de Acacia que sobrevive a las duras condiciones, crece fuerte y nunca olvida cómo florecer, me di cuenta de que yo estaba haciendo lo mismo. Mis hijos hacían lo mismo. No fue una coincidencia que yo naciera y creciera en una calle con tal simbolismo. Dios me recordaba a diario que siempre había estado conmigo. Nunca estuve sola.

Los niños están prosperando. Todo lo que intenté enseñarles sobre creer en sí mismos ha echado raíces. Están tan unidos, tan llenos de amor. Se han convertido en las personas más guapas y hermosas, por dentro y por fuera. Saben que se tienen el uno al otro. Saben que tienen una madre feliz y sana. Ahora disfruto de los momentos que paso con ellos. Los niños ya son mayores, pero saben que lo hice lo mejor que pude.

Legado De Amor

Están orgullosos de mí.

Están orgullosos de que haya recuperado mi estabilidad financiera.

Están orgullosos de la resistencia que demostré, mientras me mantenía disciplinada cuando el peso de todo parecía imposible.

La paz que tienen ahora es real. Es tangible. Están orgullosos de las batallas, sacrificios y luchas que les han convertido en los jóvenes adultos que son hoy. También están orgullosos de sí mismos y de los demás.

Los niños tenían todas las excusas para tomar un camino diferente en la vida. Por la gracia de Dios, eligieron encontrar la paz y el amor. Todos se curaron a su manera, pero ninguno lo hizo sin su fe y sin tener que apoyarse en Dios para obtener fuerza y comprensión.

Me han perdonado. Se han transformado gracias a mi entrega.

Prosperar Después De La Tormenta

Después de años de sobrevivir al caos, nunca pensé que conocería la sensación de ser apreciada. Pero Dios, en su momento perfecto, trajo a alguien a mi vida, un hombre que no se inmutó ante mi quebrantamiento. Un hombre que amaba con delicadeza, con manos firmes y una fuerza tranquila. Un hombre que sabía que él no había causado las heridas, pero que estaba dispuesto a ayudar a sanarlas.

Mis hijos no necesitaban más palabras ni más promesas; ya habían oído demasiadas. Lo que necesitaban era coherencia. Calma. Seguridad. Y él se las dio. No por la fuerza, no intentando reemplazar lo perdido, sino simplemente estando allí. Quedándose. Eligiendo el amor sobre el ego, la paciencia sobre el orgullo, la presencia sobre el poder.

Ayudó a reconstruir sus vidas, una oración, una risa en la mesa, un momento de paz cada vez.

La mujer que una vez susurró*: "Toma el volante, Señor"*, ahora conduce por calles tranquilas con música de alabanza sonando, mis hijos riendo en el asiento trasero. A veces los miro y se me saltan las lágrimas, no de dolor, sino de una profunda y abrumadora gratitud.

Recuerdo a la mujer que lloraba en el suelo, a la niña que oraba a un Dios al que apenas podía oír, y sonrío.

Esa mujer sobrevivió.

Y porque sobreviví, ahora **prospero**.

Mi casa ya no está atormentada por el miedo. Está lleno de risas, curación y, a veces, un poco de caos, pero del bueno, del que se produce en familia. Mis hijos saben lo que significa que te quieran sin ataduras. Que te hablen sin gritar. Que te abracen sin miedo.

Mi historia no terminó en la ruptura. Renació en la rendición. Y sigue viviendo en libertad.

A La Mujer Que Sigue Esperando

Así que, si eres esa mujer que está leyendo esto, debes saber que no estás sola. Está bien sentirse avergonzada, está bien sentir vergüenza. Pero lo que no está bien es permanecer en una situación que no es segura y que está haciendo más mal que bien. Y cuando finalmente entres en la vida que Dios tiene para ti, entenderás por qué había que afrontar todas las batallas.

No sólo para sobrevivir.

Sino para volver a casa contigo misma.

Ten fe. Déjate llevar.

Te sentirás tan bien que desearás haberlo hecho antes.

"Todo lo puedo en Cristo que me fortalece". (Filipenses 4:13)

Cynthia L. Hernández, M.Ed.
Instagram: @cyn.thialhernandez

Capítulo 10
Cuando En La Tumba Renaces

por Eliza M. Garza

"Aderezas mesa delante de mí en presencia de mis angustiadores; unges mi cabeza con aceite; mi copa está rebosando."
-Salmo 23:5

El Sueño Y La Desilusión

Todos los emprendedores comienzan con estrellas en los ojos, alimentados por la pasión, el propósito y la promesa de la posibilidad. Cree, con cada fibra de su ser, que su viaje será un ascenso constante. Al igual que cuando te enamoras, ves tu nueva empresa con cristales de color de rosa, soñando sólo con lo que *podría* ser, seguro de que superarás todos los obstáculos que se interpongan en tu camino.

Lo das todo, tu tiempo, tu corazón y tu fe, haciendo lo mejor que puedes con lo que tienes, donde estás y con lo que sabes.

Pero para lo que nadie te prepara es para lo *feo*. La soledad. La angustia. Los momentos en los que te lo cuestionas todo. Los días en los que tu sueño parece más una carga que una bendición.

Cuando El Ego Se Viste De Propósito

Era algo novata en los negocios. No procedía de una familia en la que se hablara de dinero, especialmente en mi cultura hispana, donde esas conversaciones suelen evitarse. Así que avancé en la ignorancia, confiando en mi socia porque era mi amiga. Y en mi mente, *los amigos no te fallan*, ¿verdad? ¿Qué podía salir mal?

Lo que empezó como un sueño inocente, puro y lleno de posibilidades, se fue enredando silenciosamente con viejas heridas, inseguridades no curadas y dolor enterrado. Y para cuando me di cuenta (o quizá antes incluso de que pudiera), el ego había tomado la delantera.

Me dije que perseguía un sueño de corazón. Pero en el fondo, no era sólo propósito; era orgullo. Era la parte de mí que necesitaba ser vista, validada, aplaudida. Entonces no lo sabía, pero mi ego se había revestido de ambición. Quería tener éxito no sólo por la misión, sino para sentir que importaba. Para demostrar que la gente se equivocaba. Para sentir por fin que era suficiente.

Quizá ahora estés ahí. Quizá no sea tu propósito lo que te empuja, sino tu ego disfrazado de impulso.

El ego no siempre grita; a veces susurra: *"Si consigues esto, serás suficiente".* Pero esta es la verdad: ya lo eres.

La Caída Y El Fuego

Entonces llegó el Día D. El día en que todo se desmoronó. El día en que lo perdí todo. Mi socia se volvió contra mí. Nuestra relación se rompió y, con ella, el sueño que habíamos construido.

Nunca he pasado por un divorcio, pero eso debe ser lo que se siente, cuando algo que amas muere mientras aún estás vivo. Una muerte silenciosa y devastadora. La muerte de un sueño. Me golpeó como una ola que no vi venir. En un momento estaba nadando hacia la orilla y al siguiente me estaba ahogando.

Lo había volcado todo en esto, mi corazón, mi sangre, mi sudor, mis lágrimas. Agoté mis ahorros, utilicé cada gramo de mi colchón financiero sólo para seguir respirando mientras construía algo en lo que creía.

Mi familia estaba en ello conmigo, trabajando hasta la extenuación porque les pedí que creyeran. Mis empleados contaban conmigo. Tenían bocas que alimentar. Tenían sus propios sueños.

¿Y yo? Funcionaba a toda máquina, a base de comida rápida a medianoche y demasiadas bebidas energéticas, de adrenalina y oraciones sofocadas. No descansaba. No hacía pausas. No me preocupaba por la mujer que había detrás del sueño.

Engordé cincuenta libras, pero no era sólo el peso. Era el estrés, la presión, el dolor que no tenía adónde ir. Trabajé hasta la extenuación.

¿Cuidado personal? Eso ni siquiera estaba en mi radar. Mi lema era simple: "Sacrifica ahora, celebra después". Esfuérzate ahora, descansa cuando todo haya terminado. Eso es lo que hace la cultura del ajetreo, te engaña haciéndote creer que estás construyendo tu sueño. Pero, ¿en realidad? Sólo estás persiguiendo una línea de meta invisible, que se aleja cada vez que crees que estás cerca.

Y por primera vez en mi vida, puedo decir que *lo he dado todo* por algo.

Eso es lo que pasa con el talento: puede engañar a la gente. Puede parecer excelencia cuando en realidad es agotamiento. Puede parecer confianza cuando en realidad es una coraza. Puedes dar el cincuenta por ciento, y el mundo seguirá aplaudiendo porque parece el cien por cien de otra persona. Pero tú lo sabes. Siempre lo sabes. Esta vez, lo di todo. Y me rompió. Porque cuando por fin das el cien por cien, cuando por fin *lo das todo* sin red de seguridad, sin plan de respaldo, sin fingir, es en cuando se revela el coste. ¿Y el mundo? El mundo rara vez ve esa parte. Pero *tú* sí. Y Dios también.

Cuando Dios Dice Lucha

Iba a alejarme de todo. Pensé, mi paz es demasiado valiosa para esto. Yo soy las manos y los pies de todos modos. Puedo reconstruir esto de nuevo. Pero Dios habló. No sólo una vez, ni dos, sino cien veces. Los mensajes y confirmaciones que seguían llegando eran muy claros. "Esto es asunto tuyo. Yo te lo di. Ahora lucha por él".

Cómo Habla Dios

A veces la gente se confunde cuando cuento esta parte de mi historia. Siempre surge la pregunta:

"**Espera, ¿has oído hablar a Dios? ¿Una voz del cielo?**"

No. Así no.

No oí una voz retumbante desde las nubes. No vi nada escrito en el cielo. Pero sí, lo *oí*. Fuerte y claro.

Este es el asunto: **Dios siempre está hablando.** No usa un solo método. Sabe cómo hablarnos a cada uno de nosotros de una manera que nuestras almas entiendan. Se pone a nuestro nivel.

Algunas personas le oyen en un susurro, un pensamiento que atraviesa el ruido. Otros lo sienten en sus entrañas, un conocimiento profundo, una convicción que no desaparece. Algunos le oyen en sueños.

Otros le oyen a través de las Escrituras, donde un versículo salta de la página como si hubiera sido escrito sólo para ellos.

Dios habla a través de las personas. A través de la naturaleza. A través de la letra de una canción que te golpea en el lugar exacto en el que estás luchando. A través de una escena en una película que te hace llorar por razones que no puedes explicar, a través de un sermón, o un clip que aparece en tu feed en el momento exacto.

Pero tienes que prestar atención. No puedes dejarlo pasar como si fuera una coincidencia, porque no lo es. Nunca lo es.

Para mí, mi comunicación con Dios es como una descarga directa en mi espíritu. No es externa, es interna, casi como un susurro que se salta la lógica y llega directamente a mi alma. A veces parece un pensamiento que no era mío, pero que encierra demasiada sabiduría como para ignorarlo. Otras veces es una impresión fuerte, como si alguien me diera instrucciones que no pedí pero de las que no puedo librarme.

Y luego están las señales. Recibo muchas señales. A veces son números que se repiten. A veces es alguien que dice una frase por la que acabo de orar, un amigo o un desconocido que me dice exactamente lo que necesito, o algo tan simple como una pluma en el suelo o una mariposa en el cielo.

Pero esto es lo que quiero que sepas:

Puede que no lo escuches de la misma manera que yo, y eso está bien. Tu comunicación con Dios es personal y sagrada. Él sabe cómo llegar a *ti*. Él sabe cómo funciona tu mente. Cómo procesa tu corazón. Y Él siempre hablará de una manera que se alinea con Su naturaleza, amando, guiando, nunca avergonzando o condenando.

Así que, si alguna vez te has preguntado: "¿Por qué Dios no me habla así?". Tal vez Él *está* hablando. Pero puede que suene diferente de lo que esperabas.

Tranquilízate. Pídele que te lo muestre. Siéntate en silencio y di: "Habla, Señor. Tu siervo escucha". Presta atención a lo que burbujea, a lo que se repite. A lo que tira de tu corazón. A lo que no te deja marchar.

Porque Él nunca calla. Nunca está distante. Simplemente está esperando a que sintonices.

El Fuego Que No Quería

¿Dios diciéndome que **"luchara"**? Se sentía... peculiar.

Pensé: *¿No es Dios el Dios de la paz? ¿Del descanso? ¿Del amor y la gracia y de poner la otra mejilla?* ¿Por qué me diría el Príncipe de la Paz que me levantara y luchara?

Me hizo cuestionar todo. ¿Era realmente Él? ¿Era sólo mi orgullo? ¿Intentaba justificar el aferrarme cuando se suponía que debía soltarme?

Pero las confirmaciones no paraban. Llegaban una tras otra, innegablemente claras, inconfundiblemente divinas. Las Escrituras, las conversaciones, las canciones, los sermones, las circunstancias... todas repetían el mismo mensaje: **"Lucha"**.

Aun así, a pesar de toda la claridad, dudé. Porque, seamos sinceras, que *oigamos a* Dios no significa que siempre *le escuchemos*.

Me resistí. Luché. Empecé a debatir con Aquel que lo sabe todo.

"No. No quiero", le dije. *"Esto es demasiado. Me duele demasiado. Ya he perdido mucho".*

Íbamos y veníamos así. Yo resistiéndome. Él esperando. Hasta que finalmente, Él me respondió de una manera que me sacudió hasta lo más profundo.

Me dijo, **"Está bien. Pero si no luchas, no vuelvas a Mí más tarde y digas que no te di lo que te prometí. Tu promesa es *a través de* ese fuego. No alrededor de él. No por encima de él. *A través* de él. Ahora vete. No te quemarás"**.

Y en ese momento, lo supe. La instrucción no se trataba sólo de salvar un negocio. Se trataba de salvarme *a mí*. Se trataba de enfrentarme a aquello mismo de lo que quería huir.

Ya no se trataba de la lucha en sí; se trataba de obediencia. De confianza. Sobre renunciar a mi comodidad a cambio de mi vocación.

Dios no me estaba castigando, me estaba preparando: no para simplemente sobrevivir al fuego, sino para salir de él fortalecida.

Yo lo hice. Me defendí, y también lo hizo la comunidad; se unieron en torno a mí para ayudarme a recuperar mi negocio. La lucha se sintió desde el otro lado, tanto que se retiraron... pero no por mucho tiempo.

El Peso De La Reconstrucción

Empecé a reconstruir en medio de COVID, no sólo el negocio, sino todo lo que se había derrumbado en la caída. Estaba resucitando a mis empleados, que habían estado desplazados durante dos largas e inciertas semanas; algunos de ellos temían haber perdido su trabajo para siempre. Intentaba recuperar la confianza de mis clientes, que no sabían si seguía abierta, en pie, o si había desaparecido sin decir palabra. Recibía llamadas a de propietarios que estaban confusos y no sabían qué estaba pasando.

Intentaba sostener a mi familia, que había sufrido lo peor del caos emocional, física y económicamente. Hicieron todo lo que pudieron para ayudarme a mantenerme a flote mientras cargaban en silencio con su propio agotamiento. Yo tenía las finanzas destrozadas, todas las redes de seguridad habían desaparecido, todos los números gritaban *"modo supervivencia"*. Intentaba salvar una relación que había quedado relegada a un segundo plano porque mi sueño, mi crisis, había ocupado el centro del escenario durante demasiado tiempo.

Y luego estaba *yo*.

La mujer detrás del sueño.

Funcionando. Durmiendo a duras penas. Llorando en privado y actuando en público. Funcionando a toda máquina, tratando de sobrevivir a los latigazos diarios de la recuperación emocional, mental y espiritual.

No solo estaba reconstruyendo un negocio; también estaba tratando de reconstruirme a mí misma desde cero.

¿Y lo más difícil? El mundo esperaba que siguiera adelante como si nada hubiera pasado porque, por fuera, parecía que había recuperado mi negocio.

Pero entre bastidores, seguía sangrando.

La Demanda Que Dio Origen A Mi Futuro

Justo cuando sentía que por fin empezaba a recuperar el aliento, que mi cabeza flotaba justo por encima del agua después de meses de *ahogarme*... zas.

Me abofetean con una demanda de 1,5 millones de dólares plagada de mentiras. Una demanda diseñada no sólo para herirme, sino para *aniquilarme*.

Y así comenzó el circo legal: **Un abogado... dos abogados... tres abogados... piso. Un anticipo... dos anticipos... tres anticipos... ¡más!** Estaba vaciando cuentas que ni siquiera tenía, tratando de mantener el ritmo.

Finalmente, mi tercer abogado me miró con ojos sinceros, casi de disculpa, y me dijo: "Eliza, este caso es un desastre. Lo siento mucho, pero creo que si me quedo, acabaré haciendo más mal que bien. No puedo ayudarte".

Así como así, estaba indefensa. En medio de una batalla legal al rojo vivo. Enfrentándome no a uno... no a dos... sino a tres abogados de la parte contraria - todos ellos experimentados, agudos y bien financiados. Algunos incluso dirían que los mejores de la región.

Y estoy sentada allí pensando: ¿Cómo sucedió esto? Acabo de pasar por *tres* abogados y he salido con las manos vacías, y ella sigue ahí sentada, fría como una lechuga, aferrándose al suyo, como si fuera una reserva para un almuerzo, no un pleito.

¿Por qué? Porque ella tenía *dinero*. Y yo no.

Este fue mi momento **"¡¿Qué está pasando, Dios?!"**. En serio. Estoy aquí tratando de obedecerte, ¿y así es como juegas conmigo?

Haz. Que. Tenga. Sentido.

El Vía Crucis

Una mañana, me desperté pesada. Mi mente estaba nublada y sólo necesitaba *respirar*. No tenía ningún plan. Sólo necesitaba estar en algún lugar tranquilo, en algún lugar sagrado, en cualquier lugar donde pudiera aclarar mi mente y escuchar a Dios.

Había un pequeño parque de la iglesia al otro lado de la calle de una de mis tiendas. Allí es donde fui.

No tenía intención de hacer el Vía Crucis. Sólo lo había hecho una vez en mi vida. La intención no era ritual. Era desesperación. Sólo necesitaba *orar. Escuchar.* Darle sentido al caos en el que me ahogaba.

Pero Dios tenía otros planes.

Llegué a la primera estación. Cristo, inclinado, cargando la cruz. Su cuerpo pesado. Su rostro cansado. Se le notaba el peso, el dolor, el cansancio. Me quedé allí, helada. Las lágrimas empezaron a caer, y susurré a través del nudo en mi garganta: **"Señor, así es como me siento"**.

Y le oí, tan suavemente, **"Sigue caminando"**.

Así lo hice.

Caminando. Rezando. Caminando. Llorando. Me dirigí a la siguiente estación.

Allí estaba; Cristo en el suelo. Aplastado por el peso. Rodeado de los que trataban de consolarlo, pero claramente en agonía.

Todavía llorando, ahora con la mandíbula apretada y el pecho apretado, levanté la vista y volví a susurrar: **"Señor, así es como me siento"**.

Y de nuevo oí: **"Sigue caminando"**.

Así que seguí caminando. A cada paso, mis piernas se sentían más pesadas, como si estuviera arrastrando años de decepción detrás de mí.

Prepárate para perderlo todo

Entonces llegué a la última estación: Cristo crucificado. No me quedaban palabras. Me quedé allí en silencio, sollozando, mirándole en aquella cruz. Y en ese momento de silencio, cuando ni siquiera intentaba orar, Dios interrumpió mis pensamientos.

Le oí decir: **"Prepárate para perderlo todo"**.

Moqueé. Me limpié la cara. Y miré la cruz con incredulidad.

"Lo siento… ¿Qué?" "¿Perderlo todo?" "No. No, no, no. Ese no puedes ser Tú. Yo *escuché.* **Obedecí. Luché. Hice todo lo que me pediste, ¡¿y así es como me pagas?!"**

Y entonces todo salió. Crudo. Sin filtrar.

"¿Es esto algún tipo de broma cruel? ¿Crees que soy tu marioneta? ¡¿No puedes ver que estoy sufriendo?! ¿Qué clase de Dios le hace esto a alguien que está tratando de seguirte?"

Yo estaba que echaba humo de lo molesta que estaba. Y sabía que estaba siendo irrespetuosa, pero no me importaba. El dolor era demasiado real.

Y aquí está la cosa: Aprendí en ese momento que Dios puede con nosotros. No le intimidan nuestras preguntas. No se ofende por nuestra honestidad. Él no quiere la actuación; Él quiere lo *real*.

Quiere tu corazón tal como es.
Loco.
Roto.
Desordenado.
Confuso.
Llorando.
Gritando.
Desgarrado.
Quiere *todo* eso.

Porque sólo en lo real puede comenzar la curación.

Y justo cuando pensé que había ido demasiado lejos, Él me respondió de nuevo. Tan gentilmente. Tan amorosamente.

"No termina aquí. Termina allí".

Y mis ojos se dirigieron a la última estación: la tumba de la resurrección.

Ese fue el momento. Ese fue el momento en que todo se abrió de par en par.

Cualquier nudo que hubiera estado alojado en mi garganta fue finalmente liberado, y gemí. No un grito silencioso. Un llanto profundo y desgarrador.

Si había alguien en el parque aquel día, probablemente se asustó. Pero no pude contenerlo más. Todo salió de golpe.

Porque en ese momento *lo supe*: estaba en una encrucijada. Y Dios me estaba pidiendo un nivel más profundo de entrega, un nivel que nunca había dado antes.

Y me dolió. No se sentía espiritual ni pacífico. Se sentía como la *muerte*, y lo era. La muerte del control. La muerte de la comodidad. La muerte del ego. La muerte de un sueño.

La confrontación

Entonces le oí decir, **"¿Vas a dejar que te use, o no?"**

Esa pregunta cayó como un ladrillo. Porque no era sólo una pregunta, era una confrontación. Conllevaba *tres revelaciones* a la vez.

Primero, lo obvio: ¿Iba a obedecer? ¿Iba a tomar mi cruz y seguirle, aunque me doliera? ¿Aunque no lo entendiera?

En segundo lugar, reveló mi **ego**. Había estado haciendo todo este viaje sobre *mí*.
Mi dolor.
Mi imagen.
Mi negocio.
Mi reputación.
Pero había *una imagen más grande* en juego: almas, legado, un propósito más allá de lo que podía imaginar.

Y tercero, expuso mi **hipocresía**. Oro todos los días: "Dios, úsame. Usa mi vida". Y aquí estaba Él, *haciéndolo* de verdad, *y* yo intentaba evitarlo porque me resultaba incómodo.

Entonces me di cuenta de lo rápida que era para decir "Sí, Señor" cuando la llamada me parecía emocionante, pero lo rápido que me derrumbaba cuando requería sufrimiento.

Qué malcriada. Quería la corona sin la cruz. La llamada sin el aplastamiento. Pero Dios, en su misericordia, me estaba preparando. Me estaba quitando las capas de orgullo, autosuficiencia y rendimiento, y lo único que quería era *mi corazón*. El verdadero. No el filtrado, el de cara al público. El magullado, sangrante, el corazón que duda. El que Él murió para salvar.

Le respondí: "No lo sé. Voy a tener que pensar en esto y volver contigo porque no sabía que íbamos por este camino".

Silencio

El silencio era palpable. No una ausencia de Dios, sino un silencio tan denso que hablaba más alto que las palabras. Era la corrección envuelta en la quietud. Era como si Dios dijera: *"Esta parte requiere un nivel más profundo de madurez espiritual. No voy a perseguirte. He hecho Mi parte. Ahora tienes que elegir".*

Y así, dejé de hablar con Dios y empecé a hablar conmigo misma. Me dije: **"Eliza, ¿por qué te resistes tanto? ¿De qué huyes?"**

Y Eliza -la versión interior de mí, la niña que hay en mí- respondió rápidamente, sin vacilar.
"Del dolor".

Así que me senté con ella. La niña que había intentado mantenerse a salvo todos estos años. La que creía que si pudiera controlarlo todo, nunca volvería a salir herida. La aconsejé.

"Eliza, el dolor es parte de la vida. No podemos evitarlo. Ni siquiera con Dios. Pero sin Él, el dolor se multiplica. Se vuelve más oscuro. Dura más. Y te lleva a lugares que te roban la alegría, la paz y la luz.

Y yo sabía que eso era cierto, porque lo había vivido. Había caminado sin Dios antes. ¿Y ese dolor? No me refinó, me *destrozó*. Me llevó a relaciones sin salida, a ambientes tóxicos y a una profunda confusión espiritual. Me tragó en la oscuridad hasta que Él milagrosamente intervino y me sacó.

¿Pero el dolor *con* Dios? Era diferente. Aún dolía, pero producía algo valioso. Produjo fuerza. Carácter. Sabiduría. Propósito. Vino con una promesa. Un **retorno de la inversión**. Dios nunca desperdicia nuestro dolor. El dolor siempre deja un regalo... si lo *permites*.

Y en ese momento, la decisión parecía obvia: **Dolor con Dios.**

Pero también sabía, que sólo había hecho esa elección en mi *mente*. Dios no estaba pidiendo un acuerdo intelectual. Él estaba pidiendo *rendición*. Una decisión del corazón.

Mi Sí

Así que hice una pausa. Me senté. Y realmente dejé que se hundiera.

Ya no se trataba de religión. Ya había pasado por la fase de *"Dios, si eres real, muéstramelo"*.

Sabía que Él era real. No por un sermón. No por una vida perfecta. Sino porque se había convertido en mi **mejor amigo**. Había caminado conmigo en silencio. Me sostuvo en el dolor. Se sentó conmigo cuando nadie más podía entender por lo que estaba pasando.

No quería vivir otro día sin Él. No porque temiera las consecuencias, sino porque *lo amaba*. Lo *amaba* de verdad.

Y allí mismo, mi espíritu tomó la decisión. Mi alma absorbió la elección de mi libre albedrío. Y mi cuerpo obedeció la orden.

Susurré a través de labios temblorosos con todo mi corazón, **"Sí, Señor. Dejaré que me utilices. Te amo demasiado para decir que no"**.

Y en ese momento, lo sentí. La paz de la que habla la Biblia. La que sobrepasa todo entendimiento. Me invadió como una ola, como saltar al mar en un sofocante día de verano. Sentí que golpeaba mi piel, mi corazón, mi espíritu. No arregló nada por fuera, el caos seguía ahí. ¿Pero dentro de mí?

Paz. Paz de verdad. La que el dinero no puede comprar. La que te mantiene unido cuando todo lo demás se desmorona. La que susurra: *"Ahora estás a salvo"*.

Mis hombros cayeron. Mi pecho se abrió. Pude respirar de nuevo.

Recuperé la alegría. Mi corazón se ablandó de nuevo. Mi energía subió.

Me sentí ligera. No porque la carga hubiera desaparecido, sino porque por fin la había puesto en las manos adecuadas.

Empecé a caminar de vuelta a mi auto, casi saltando. Había un rebote en mi paso. Del tipo que sientes cuando tu espíritu finalmente exhala.

Respuesta Inmediata

Y justo cuando tomé el pomo de la puerta, sonó mi teléfono.

Era un abogado. Se había enterado por mi abogado anterior de que me encontraba en una situación difícil y necesitaba ayuda. Me dijo: "¿Puede estar en mi despacho dentro de una hora?".

Me quedé boquiabierta.

Era el abogado por el que había orado.

El que tenía fama de luchar por los desvalidos. El que me habían dicho que era tan astuto, tan estratégico y tan eficaz como los "peces gordos" de la región, pero que no tenía un precio tan alto. Era inteligente, directo y estaba equipado.

Y así fue.
Dios se movió.
No días después.
Ni semanas después.
Momentos después de mi "sí".

Había estado esperando a que llegara la paz después de que cambiaran las circunstancias. Pero la paz llegó primero, y luego llegó la ayuda. Porque la paz no es producto de nuestro resultado, sino de nuestra *obediencia*.

Nos sentamos juntos durante dos horas, yo y el abogado por el que había orado. Él lo había revisado todo. Todos los documentos. Todo el caos. Todo el lío legal que había aterrizado en mi regazo.

Y entonces me miró y me dijo: **"Sabes, tengo que admitirlo... cuando vi tu caso por primera vez, me reí un poco. Me dije: 'Lo siento por el abogado que acepte este caso porque es un desastre'"**. Luego hizo una pausa. Sonrió.

"Pero ese abogado voy a ser yo. Siento que tengo que ayudarte".

Mi corazón se ablandó. Sentí como una oración respondida envuelta en un envoltorio inesperado.

Pero entonces se puso serio. **"Antes de seguir adelante, necesito que te prepares mentalmente para algo".**

Me incliné hacia él. **"Bueno... ¿de qué se trata?"**.

Me miró suave, pero directamente, **"Necesito que te prepares para perderlo todo"**.

Me quedé helada. Esas palabras exactas... Eran las mismas palabras que había escuchado de Dios ese mismo día, de pie al pie de la cruz durante el Vía Crucis. "Prepárate para perderlo todo".

Y ahora, sólo unas horas después, este hombre, que no sabía nada de mi mañana, mi oración o mi dolor, estaba diciendo exactamente lo mismo.

No era una coincidencia. Era una confirmación. Era como si Dios susurrara de nuevo: **"Sí, me has oído. Este soy Yo. Prepárate"**.

Respiré hondo. Contuve la emoción que se acumulaba en mi pecho. Y en voz baja dije: **"Bueno... Puedo hacerlo"**.

Antes de irme, miró su calendario y dijo casualmente, **"Sabes, ni siquiera sabía que hoy era Viernes Santo. Si hubiera sabido que era festivo, no habría programado esta reunión"**.

Mis ojos se abrieron de par en par. Yo tampoco me había dado cuenta de que era Viernes Santo.
No hasta que él lo dijo.

Otro guiño divino de Dios. Un suave recordatorio de que nada de esto era casualidad, todo estaba divinamente orquestado.

Apenas unas horas antes, al pie de la cruz durante mi caminata, escuché a Dios susurrar: **"Prepárate para perderlo todo"**. Ahora aquí estaba, escuchando las mismas palabras exactas de mi abogado, el mismo día que recordamos a Jesús perdiéndolo todo.

De repente, el paralelismo era innegable: Su cruz y la mía. Ambas con un peso insoportable. Ambas exigen rendición. Ambas conducían a algo más grande de lo que se podía ver.

Al salir de su despacho, me llamó la atención algo que había encima de la puerta: una placa. Tenía un versículo:

"Este es mi mandato: ¡Sé fuerte y valiente! No tengas miedo ni te desanimes. Porque el Señor, tu Dios, estará contigo dondequiera que vayas". **Josué 1:9**

Las lágrimas brotaron mientras salía por la puerta; otro guiño de Dios. Un recordatorio de que no estaba sola. Que estaba exactamente donde debía estar. Que incluso en el fuego, Él estaba conmigo.

Servimos a un Dios poderoso, intencional y profundamente personal. Uno que habla en señales, en extraños, en un tiempo tan divino que no puedes negarlo. Uno que prepara tu corazón para la pérdida, y luego camina contigo directamente hacia la resurrección.

Llegó El Día De La Resurrección

Un año después de que nos separáramos, se publicó mi primer libro infantil, un recordatorio de que los finales a menudo dejan espacio para comienzos divinos.

Dios me había dado la energía y el coraje para seguir trabajando en el libro a través del ruido y el caos de esa temporada. A veces pensaba que estaba loca por intentarlo. Me parecía una tontería estar pensando en un libro para niños cuando todo a mi alrededor ardía hasta los cimientos. Fue una luz tan brillante en mi vida en una época que parecía tan oscura, que no pude evitar volver a él.

Ya había intentado autopublicarlo antes, pero me encontré con un problema tras otro. Finalmente, mi ilustrador y yo nos pusimos manos a la obra, allí mismo, en medio de la cocina de mi tienda.

Nunca olvidaré aquel día. Mi personal había llamado, así que estábamos solos mi novio y yo, atendiendo la tienda, tomando pedidos, sirviendo a los clientes. Entre una transacción y otra, mi ilustrador y yo trabajábamos ultimando archivos, revisando páginas, resolviendo problemas de formato.

Y lo conseguimos. *En medio del ruido,* lo conseguimos. Por fin se publicó el libro.

A medida que se acercaba el aniversario del cierre, podía sentir la ansiedad creciendo en mi pecho. Era como recordar la fecha de la muerte de alguien. No quería revivir el dolor. Esa fecha representaba pérdida, traición, angustia, y no me apetecía nada.

Pero entonces, *ese mismo día,* publicamos. Y Dios me habló alto y claro:

"Estoy enderezando tu camino torcido. Nunca recordarás esta fecha por lo que te ocurrió. La recordarás como el día en que te convertiste en una autora publicada".

Estaba deshecha.

Y sólo unos días después, sin un solo anuncio o dólar gastado en marketing, mi pequeño libro, *Raspas Con Mi Grandpa,* se disparó al número 1 en Amazon en libros infantiles hispanos y latinos.

Lo único que había hecho era enviar un comunicado de prensa con motivo del Mes de la Herencia Hispana. Los medios de comunicación se hicieron eco, y entonces mi teléfono empezó a sonar, mi bandeja de entrada se llenó y las escuelas de todo el estado empezaron a invitarme a dar charlas. Querían que leyera mi libro a sus alumnos y que les transmitiera el poder de las historias.

Y así como así, Dios estaba allanando un nuevo camino. Una nueva *carrera*. Una que ni siquiera vi venir. No me estaba enviando a la quiebra o con las manos vacías.

Me estaba enviando *bendecida*, y el *maná* en el desierto se estaba derramando.

Porque ese es el tipo de Dios al que servimos. Fiel. Estratégico. Intencional. Bueno.

Desde ese momento, mi vida ha florecido en más formas de las que puedo explicar. Estoy caminando en una vida abundante, marcada por la verdadera riqueza. Las riquezas que el dinero nunca podría comprar:

Amistades arraigadas en la fidelidad. Una familia que es mi mayor animadora. Una carrera próspera haciendo lo que amo. Proyectos que se alinean con mi vocación y sanan mi alma. Un corazón lleno de alegría, paz, esperanza y fuerza sobrenatural.

Ahora llevo *la confianza en Dios* como si fuera una prenda de vestir. Las oportunidades siguen brotando. Las puertas siguen abriéndose. Y la vida es grandiosa.
Hay tanto que esperar.

Eso no significa que no haya desafíos. Por supuesto que los hay. Pero ahora los atravieso con la seguridad de que mi vida ha sido restaurada y sigue mejorando.

A menudo pienso en ese momento en el parque, de pie en la primera estación de la cruz. La imagen todavía me emociona. Esa estación -Jesús cargando la cruz- estaba irónica y perfectamente alineada con mi tienda en el fondo.

Y yo sabía, en mi espíritu, que era mi cruz la que tenía que llevar.

La Palabra dice que si participamos en el sufrimiento de Cristo, también participaremos en la resurrección. Y yo soy la prueba viviente de que es verdad.

El Espejo Y La Medicina

Es fácil quedarse en el lugar del dolor, ensayar lo que hicieron, cómo te rompieron, cómo todo podría haber sido diferente si tan sólo hubieran cambiado.

Pero el verdadero crecimiento no se produce ahí. El verdadero crecimiento se produce cuando dejas de apuntar hacia fuera y empiezas a mirar **hacia dentro.**

Sí, puede que el golpe lo diera otra persona, pero yo tuve algo que ver en mi propio dolor. La erupción en mi vida no se produjo de la noche a la mañana. Fue una presión que se fue acumulando con el tiempo, por mi falta de límites, mi silencio ante las señales de alarma, mi hambre de validación, mi autoestima que se encogía cuando el dinero entraba en la habitación.

Dejé pasar cosas que deberían haberse afrontado. Confundí lealtad con silencio, y humildad con encogimiento. Cedí poder y lo llamé colaboración, porque en el fondo no creía que mi voz tuviera el mismo peso.

Y sin embargo, no resiento nada de ello.

Porque ocurrió por mí, no para mí. Esa presión reveló las heridas que aún arrastraba. Y cada una de ellas salió a la superficie para poder ser curada.

De eso se trataba.

Pensé que la pérdida era un castigo, pero en realidad era una invitación a volver a casa, a dejar que Dios desarraigara lo falso y plantara algo nuevo en el suelo de la verdad.

Ahora puedo decir con total sinceridad que estoy agradecida de que sucediera. Lo que una vez sentí como traición se convirtió en avance. Lo que una vez sentí como devastación se convirtió en liberación.

Y en ese proceso, encontré algo aún más profundo: el **perdón.**

No un perdón forzado. No una actuación de "sé la mejor persona". Sino una liberación real, a nivel del alma.

Porque esto es lo que sé ahora: La gente herida hiere a la gente. La gente curada cura a la gente. La gente empoderada empodera a la gente.

Y las palabras que decimos, las decisiones que tomamos, todas fluyen de la condición de nuestros corazones. *"De la abundancia del corazón habla la boca"*. **Lucas 6:45**

Así que no, no guardo resentimiento. Ambas estábamos operando desde nuestras propias heridas. Éramos dos personas sin sanar construyendo un sueño sobre cimientos rotos. Por supuesto, se resquebrajó.

Pero ahora que he hecho el trabajo, ahora que Dios me ha refinado a través del fuego, camino libre hacia adelante.

Porque el perdón es la botica de la bendición. Es el remedio que elimina la amargura y deja espacio para la alegría, la paz y la abundancia.

No se trata de soltar a otro, se trata de soltarte a ti misma de la cadena que te arrastra al fondo del mar.

Y ahora que he soltado el pasado, mis manos están abiertas, mi corazón es ligero y mi alma está libre para recibir todo lo que Dios ha programado en mi destino.

De La Tumba Al Útero: Estás Plantada, No Enterrada

Querida hermana,

No estás enterrada. Estás plantada.

Y lo que parece una tumba es en realidad tierra sagrada. Lo que parece el final es sólo el comienzo de algo *divino*.

¿Ese revés? No es tu castigo, es tu *posicionamiento*. Ese rechazo es redirección. Dios no te ha olvidado. Te está preparando.

Sé que el peso se siente insoportable. Sé que estás cansada. Pero escúchame claramente: Este dolor no es en vano. Estás en medio de una transformación sagrada.

La Escritura dice,

"Si es que padecemos juntamente con él, para que juntamente con él seamos glorificados". (Romanos 8:17)

La cruz que llevas ahora no es el final de tu historia. Es la prueba de que la resurrección está por llegar. Lo que se siente como la muerte es sólo una puerta. Y al otro lado hay propósito, poder y una versión de ti que sólo Dios puede revelar a través del quebrantamiento.

Lo que parece una tumba puede ser en realidad el comienzo de una nueva vida.

¿Lo que creías que era el final? No lo es. Es el punto de inflexión.

Verás, la tumba nunca estuvo destinada a contenerte. Era sólo el útero, el lugar oscuro y sagrado donde Dios forma guerreros en silencio. Al igual que una semilla debe ir bajo tierra antes de que alguna vez rompe la tierra, tú, también, se están transformando en el lugar oculto.

Así que cuando lleguen las contracciones, cuando sientas que todo te presiona, no te resistas al parto.

EMPUJA. (*Nota del traductor*: En el original en inglés, las siglas forman el acrónimo *PUSH* (empuja))

    P - Ora
    U - Hasta
    S – que lo
    H – Sobrenatural suceda.

No te estás derrumbando, te estás abriendo. No estás siendo castigada, estás siendo posicionada.

No eres la misma mujer que caminó hacia el fuego.
No eres quien eras cuando caíste de rodillas.
Te estás convirtiendo en alguien más fuerte, más suave, más sabia y más radiante que nunca.

Así que endereza la espalda. Levanta los ojos. Quítate el polvo de la tumba de la coronilla.

Y sal de esa tumba como la resurrección que eres.

Porque este no es sólo tu comienzo; **este es tu devenir.**

"Intentaron enterrarte, pero no sabían que eras una semilla".

Eliza M. Garza

Instagram: @authorelizamgarza

Página web: www.elizamgarza.com

Capítulo 11.
La Entrega Que Me Construyó

por Naomi M. Perales

"¡Mirad, estoy haciendo una cosa nueva! Ahora brota; ¿no lo percibís?".
- Isaías 43:19

El Momento Que No Esperaba

Lo sentí como si hubiera surgido de la nada y de repente, pero había señales, sutiles empujones que no quería ver. Señales de que algo estaba cambiando. Lo sentí, todo estaba a punto de cambiar. Y yo no estaba preparada.

Mirando atrás, me doy cuenta de que la vida está llena de momentos que sabemos que van a llegar pero para los que no nos sentimos preparadas. Como la graduación de la escuela secundaria, momentos que abren la puerta a la edad adulta, donde la vida comienza a moverse más y más rápido. Trabajo, universidad, Jesús, matrimonio, familia, nuevos amigos, nuevas experiencias, mudanzas, nuevos trabajos, graduación universitaria, nuevas metas. El ritmo de la vida sigue acelerándose, e incluso cuando no estás preparada para la aventura, ésta llega de todos modos. Y todo lo que puedes hacer es confiar en Dios y aguantar.

Yo intentaba aferrarme a la nueva vida que había construido, por la que había orado, trabajado, deseado, soñado y esperado. Después de años de esfuerzo, sacrificio y de encontrar poco a poco mi camino, por fin las cosas habían empezado a encajar. Había una facilidad en mis días, una paz en mi espacio, una confianza en mi rutina. Me encantaba la iglesia en la que estaba. Tenía amistades profundas. Mi trabajo tenía un propósito. Estaba asentada, no sólo físicamente, sino también emocional, espiritual y mentalmente.

Y entonces, todo comenzó a cambiar.

La idea de abandonar mi estilo de vida, de renunciar a la vida en la que había trabajado durante los últimos dieciocho años, me parecía surrealista. Siempre supe que llegaría el día en que tendríamos que marcharnos, en que llegaría la llamada para cuidar de nuestra familia. Pero no esperaba que fuera tan pronto. No estaba preparada y, la verdad, no quería que lo estuviera. ¿Me permitiría Dios aferrarme a este consuelo por el que tanto había luchado durante un poco más de tiempo?

Pero en el fondo, sabía que la comodidad nunca fue el objetivo. La obediencia lo era.

Aun así, eso no me impidió aferrarme con fuerza. Tenía miedo de volver a empezar. Temía perder la versión de mí misma que por fin había empezado a florecer. No me resistía a la voz de Dios, simplemente no estaba preparada para soltar lo que sentía como estabilidad y seguridad. Tenía miedo de dejar atrás lo fácil por lo desconocido.

Pero esto es lo que he aprendido: Cuando Dios te llama a salir de la comodidad, no es para quitarte la paz, sino para anclarte más profundamente en el propósito, porque la verdadera identidad y el crecimiento se encuentran en la entrega, no en la estabilidad.

Austin: Donde Construí Mi Vida

Austin no fue sólo donde viví; fue donde construí mi vida. Una ciudad llena de belleza, historia, cultura, arte, música, comida y un sinfín de cosas que hacer, incluida la pintoresca región montañosa. Estaba prosperando. Tenía oportunidades de progresar en la empresa. Llevaba años estudiando a tiempo parcial y, por fin, conseguí no uno, sino tres títulos universitarios y una licenciatura. Se cumplió el sueño de toda mi vida de obtener una licenciatura. Una promesa a mi padre, cumplida.

En el trabajo, aprendía cosas nuevas, me encargaban nuevos proyectos, ayudaba a compañeros y acababan de pedirme que coordinara un evento anual de la empresa. Mi vida profesional estaba creciendo. Mi vida personal era rica en amistades, iglesia y propósitos.

Pero mientras la vida en Austin florecía, la salud de mi padre y de mi suegro empeoraba. Múltiples hospitalizaciones. Incontables viajes de cinco horas en auto a casa. Siempre supimos que nos convertiríamos en cuidadores de nuestros padres. Bueno, ese día se acercaba, y se acercaba rápido.

Sentía que la vida en Austin por fin estaba cuajando, pero por debajo se estaba desplegando otra realidad. Estaba arraigada, asentada. Pero Dios tenía otros planes. Suavemente me estaba revelando otro camino, uno que requería mi obediencia, mi presencia y mi entrega. El siguiente capítulo estaba empezando a desarrollarse. Comenzó silenciosamente, sin saberlo, no con una gran revelación, sino con una conmoción en el corazón de mi esposo, una necesidad y un anhelo de regresar a casa, una rápida búsqueda de trabajo y el envío de una solicitud de empleo.

Mi marido empezó a buscar trabajo durante la última visita para ver a nuestros padres. No estábamos seguros de cuánto tiempo llevaría o de si le harían una entrevista. Pero yo podía sentirlo. El cambio se estaba haciendo realidad. No tardó mucho en recibir la noticia de una entrevista.

¿Estaba ocurriendo de verdad?

Empezaba a sentir ansiedad por salir de casa. Intenté concentrarme, meditar, recitar su palabra: "Por nada estéis

afanosos, sino sean conocidas vuestras peticiones delante de
Dios en toda oración y ruego, con acción de gracias. ⁷ Y la paz
de Dios, que sobrepasa todo entendimiento, guardará vuestros
corazones y vuestros pensamientos en Cristo Jesús".
Filipenses 4:6-7 Esto fue duro, y mis emociones estaban por
todas partes: triste, emocionada, confusa.

Por supuesto, me alegraba por mi marido y sabía que
era lo correcto. Sin embargo, por dentro mi mente se
tambaleaba y mi corazón estaba lleno de angustia y emoción,
pena por lo que podríamos dejar atrás y esperanza por lo que
podría estar por venir.

Cuando llegó la oferta, todo cambió. Estaba eufórico,
respondió rápidamente aceptando, y listo para moverse.
Estaba impaciente por llegar al Valle. Sabía que esto iba a
suceder, pero mi corazón seguía luchando. ¡Esto estaba
sucediendo! Preparada o no, estaba agradecida.

Agradecida por la vida que teníamos en Austin.

Agradecida por el trabajo, las experiencias y la gente
que conocimos.

Agradecida por la oferta de trabajo de mi marido.

Agradecida porque pronto estaríamos más cerca de la
familia.

Había un tirón constante en mi espíritu, el empuje para
seguir adelante, el tirón para quedarse. Una resistencia
silenciosa luchaba con una obediencia renuente. Me
preguntaba una y otra vez: "Dios, ¿es éste realmente el
momento adecuado? Estoy segura de que le divertía.

La Decisión: Dimisión O Reorientación

Llegó el día en que tenía que entregar mi estrategia para el
evento anual, aun sabiendo que lo que le estaba entregando al

vicepresidente era mi renuncia. Me quedé helada, pero todo a mi alrededor parecía dar vueltas. No estaba preparada para dejar mi casa, mi iglesia, mis amigos o mi vida en Austin. Pero el amor y el deber tiraban con la misma fuerza de mi corazón.

Había trabajado tanto para encontrar por fin un hogar eclesiástico. Se habían forjado amistades. Se forjaron amistades maravillosas que aún conservo. Espiritualmente, yo estaba creciendo, asistiendo a la iglesia, pasando tiempo en oración, conectando con otros, participando en almuerzos y aprendizajes, y ahora Dios me estaba pidiendo que renunciara a todo. Me sentía culpable por sentirme triste y en conflicto, pero esto era difícil.

No estaba segura de si volvería a encontrar una familia religiosa. ¿Encontraría el tipo de iglesia de enseñanza bíblica donde la gente estuviera dispuesta a vivir contigo?

Estaba agradecida por todo lo que Dios había hecho. Pero al mismo tiempo, tenía miedo de lo que me esperaba.

Me levanté más temprano que de costumbre. Necesitaba tiempo para orar, otra vez. Ya había estado rezando todas las mañanas y todas las noches, pero esta mañana me sentía más pesada. Llegué pronto al trabajo, aparqué el auto y me quedé quieta, intentando calmar la tormenta que había dentro de mí. El corazón me latía con fuerza. Me sudaban las manos. Mis pensamientos giraban en torno a todos los escenarios posibles. *¿Y si se decepciona? ¿Y si esto arruina nuestra relación? ¿Y si estoy cometiendo un error?*

Respiré hondo y susurré: *"Dios, no sé lo que viene ahora, pero por favor, ve delante de mí".* Entré despacio, con el estómago hecho un nudo, esperando en silencio que ella lo entendiera, esperando que yo también lo hiciera.

La Sorpresa Del Vicepresidente

Inhalé hondo una vez más y lo solté lentamente con la esperanza de que me calmara los nervios. Había ensayado cuidadosamente mis palabras. Pero no estaba preparada para lo que ocurrió a continuación.

Sentada en la silla frente al vicepresidente, respiré hondo varias veces y oré un poco para que Dios me diera las palabras. Entonces procedí a rechazar con pesar la oportunidad de coordinar y supervisar el evento anual de la empresa y rápidamente presenté mi dimisión en su lugar. Le informé de la situación de nuestra familia y de la necesidad de abandonar Austin en los próximos treinta días.

Miré a la vicepresidenta en previsión de decepción o incluso confusión, pero en lugar de aceptar mi dimisión, oí preguntas. ¿Tiene un currículum actualizado? ¿Cuál es su historial educativo? Y luego las palabras: "Desde luego, no puede permitirse perder a alguien como usted, que entiende este negocio. Es difícil contratar a alguien con tus conocimientos y experiencia. Llamaré al director de la oficina del Valle del Río Grande para ver si hay algún puesto disponible. Vuelva mañana y hablemos".

¿Espera qué? Un momento. Mi mente se arremolinaba, ¿esto estaba ocurriendo de verdad? Me preguntaba, ¿realmente podría quedarme en la empresa? ¿Podría Dios realmente estar abriendo otra puerta y qué habría al otro lado de esa puerta? Las mariposas en mi estómago y el asombro en mi corazón no pueden ni siquiera empezar a describir adecuadamente lo que estaba sintiendo en ese momento. Sin embargo, también me sentía agradecida. Agradecida por no haber decepcionado. Agradecida por haber sido valorada. Agradecida por esta sorpresa inesperada que estaba a punto de, con suerte, abrir una nueva puerta. Agradecida por el amor de Dios y su guía mientras esta historia seguía desarrollándose.

La Puerta Que Una Vez Estuvo Cerrada

Al día siguiente, volví a la oficina del vicepresidente. Había tres opciones de trabajo. Dos eran seguras. Fáciles. ¿Pero la tercera? Me asustaba. Me exigiría mucho y sería muy incómodo. Lo que me hizo pensar aún más fue que la tercera posición, la que me asustaba, era la misma por la que había preguntado casi exactamente un año antes, pero en aquel momento no estaba disponible.

Entonces, la puerta estaba cerrada. Ahora, Dios la había abierto de par en par.

Hablamos de los puestos y la conversación concluyó con una llamada del vicepresidente para comunicar al director el puesto que yo iba a solicitar. El vicepresidente no aceptó un no por respuesta y me dijo: "¡Este trabajo te irá genial!". Le dije al VP: "No me gusta meterme en política". No me creía que hubiera aceptado, pero en mi interior sabía que era el adecuado. Incluso repetir el título me trajo cierta sensación de paz. Esa paz era una fuente de consuelo. Dios estaba a mi lado, guiándonos a través de esta difícil pero necesaria conversación. Pero este nuevo trabajo me llevaría a salas con responsables de la toma de decisiones, líderes y funcionarios de alto rango. Me aterrorizaba. No estaba acostumbrada a ser la cara de nada. No quería ser el centro de atención. Sólo quería hacer un buen trabajo e irme a casa. Agradecí la confianza en mí y en mis capacidades, pero no me veía de la misma manera y menos en aquel momento. Es una bendición cuando Dios te pone en el espacio de grandes personas que te aprecian y valoran, ven lo que haces y ven en quién te puedes convertir.

¡Esto estaba sucediendo de verdad! Las puertas en Austin se estaban cerrando. Las puertas en el Valle del Río Grande se estaban abriendo. Esto era más que una mudanza, era una redirección divina.

Estaba perpleja y a la vez asombrado por el tiempo de Dios. Dios es un Dios de orden. Él estaba curando mi historia y era obvio que yo no tenía nada que decir sobre el "cuándo". Sin embargo, mirando hacia atrás, veo que Él me permitió ver dónde. Pero no reconocí su divina perspicacia. Me asombraba ver cómo se estaban orquestando las cosas, cómo empezaban a alinearse. Cómo un no se convirtió en un sí en ese momento.

En mi mente también se arremolinaban pensamientos sobre lo nuevo, lo desconocido, y sentí mariposas en el estómago y un poco de mareo. ¿De verdad me estaba pasando esto a mí? Sentí miedo, un poco de rabia y, al mismo tiempo, emoción y ansiedad. Capa tras capa se estaba desplegando y esta nueva reorientación se estaba volviendo más obvia, Dios me estaba pidiendo algo diferente. Una reorientación hacia un territorio desconocido en el que el miedo y la ansiedad estaban al timón. Sabía muy poco del trabajo, pero sabía que este era un momento de **2 Corintios 12:9-10**, *"Y me ha dicho: Bástate mi gracia; porque mi poder se perfecciona en la debilidad. Por tanto, de buena gana me gloriaré más bien en mis debilidades, para que repose sobre mí el poder de Cristo. ¹⁰ Por lo cual, por amor a Cristo me gozo en las debilidades, en afrentas, en necesidades, en persecuciones, en angustias; porque cuando soy débil, entonces soy fuerte".*

Yo estaba entrando en un papel, uno que Dios me ayudó a alcanzar, que vino con una descripción del trabajo, pero sin hoja de ruta clara. No tendría formación. Había cosas en la descripción del trabajo que nunca había intentado hacer; era una nueva pizarra en blanco y se esperaba que yo construyera la hoja de ruta a medida que avanzaba. No había fórmula ni lista de control, sólo fe.

Adentrarme en lo desconocido era un espejo de lo que estaba ocurriendo espiritualmente; ya no me limitaba a aprender sobre la fe, sino que se me pedía que la viviera. No podía confiar en los sistemas tradicionales, sino que tenía que confiar en Dios en tiempo real, en vivo, de frente y personalmente.

Antes, sabía dónde me apoyaba en mi fe. Me llevó un tiempo, pero encontré una nueva iglesia, oré y me alimenté espiritualmente. Pero ahora tenía que vivir en la fe. Tenía que confiar en Dios en tiempo real. No sólo creer que Él estaba conmigo, sino moverme como si lo estuviera. Porque esto era duro, y no sabía cómo iba a conseguirlo.

Una revelación surgió suavemente, una capa más añadida. La diferencia entre creer en las promesas de Dios y depender de ellas: el viejo yo encontraba consuelo en la preparación, pero el nuevo yo tenía que apoyarse plenamente en el Proveedor.

La Pérdida De La Comodidad

La reubicación no era sólo física: era emocional, espiritual y profundamente personal. Dios me estaba quitando el miedo, una capa a la vez.

Después de dieciocho años fuera, el Valle del Río Grande ya no me parecía mi hogar. Todo era diferente. La comida. La cultura. El ritmo. Incluso las tareas más sencillas me resultaban abrumadoras.

Criada por padres y abuelos que daban ejemplo de excelencia, disciplina y orgullo por su trabajo, creía profundamente en que tu trabajo refleja tu carácter. Te presentas. Cumples. Te preocupas. Eres solidaria.

Pero aquí, a menudo me encontraba con la mentalidad del "mañana". Me resultaba muy extraño, no malo, sólo desconocido.

En Austin, todo giraba en torno a alcanzar el objetivo y cumplir el plazo, la urgencia era el ritmo del lugar de trabajo. Pero en el Valle del Río Grande, aprendí rápidamente que los plazos eran más bien sugerencias, que a veces se ampliaban y a veces se cumplían, y la palabra urgente rara vez se utilizaba.

Llevaba toda la semana trabajando duro en un proyecto, con el objetivo de cumplir un plazo que vencía el viernes. Acudí a una reunión de intercambio de ideas dispuesta a ultimar los detalles, con el mismo ritmo y la misma presión a los que estaba acostumbrada en Austin. Estaba estresada, concentrada y decidida a cumplir el plazo.

Entonces, en medio de la discusión, uno de mis colegas se acercó con una sonrisa y me dijo: "Tranquilízate. Ya no estás en Austin".

Parpadeé, confusa, y me pregunté: "Espera, ¿hablas en serio?". Mientras le miraba desconcertada, él me devolvió la mirada con una sonrisa y recuerdo haber soltado una pequeña risita silenciosa, no porque fuera gracioso, sino porque en ese momento me di cuenta de lo mucho que seguía aferrada a mi antiguo ritmo y a mis viejos hábitos. Fue la primera vez que realmente sentí el cambio cultural y la invitación a respirar, a mirar las cosas desde otra perspectiva.

Me llevó un tiempo aceptar el cambio. Pero mirando hacia atrás veo claramente, mi colega estaba tratando de ayudar, pero la forma en que Dios utilizó esa frase me detuvo en seco. Me llegó de una forma que no esperaba. No era sólo un consejo; era una pausa, un cambio, una interrupción divina, un momento de gracia. ¿Esa risita? Era mi cuerpo dándose cuenta de lo que mi alma ya sabía: necesitaba soltarme.

La Lucha Con Dios

Yo no habría elegido este nuevo papel. Nunca me imaginé haciendo este tipo de trabajo. Pero otros vieron cualidades en mí, dones que yo aún no había descubierto. Creían en mí, y yo me aferraba a esa creencia como a un salvavidas, confiando en que Dios tenía un plan incluso cuando me sentía fuera de lugar.

Mis responsabilidades crecían más allá de la descripción de mi trabajo -proyectos especiales, nuevos retos, un estiramiento constante- y sentía la tensión entre lo que era y en lo que me estaba convirtiendo. Era incómodo, pero sagrado. Dios utilizaba el estiramiento para formarme, enseñarme y darme una nueva perspectiva de mí misma.

A menudo le preguntaba a Dios:

"¿Estás seguro de que es aquí donde quieres que esté? Esto no se parece a mí. No soy audaz. No soy política. Me siento fuera de lugar. No tengo experiencia. Me siento fuera de lugar. Me siento como si estuviera fingiendo. ¿Estoy preparada para hacer esto?".

Las dudas eran fuertes e implacables:

"¿Soy la persona adecuada para esto?".

"¿Y si no soy suficiente?".

"¿Y si arruino todo?"

"¿Y si no pertenezco a este lugar?

"¿Y si fracaso?

"¿Y si no puedo conectar, no puedo cumplir, no puedo establecer las relaciones que exige este puesto?".

"¿Me veo como una líder?

Poco a poco -a veces con dolor- empecé a ver que lo que me faltaba en confianza y autoestima, Dios lo cubría con misericordia, gracia y favor. Nunca me pidió que cambiara lo que era o que fuera perfecta; simplemente me pidió que confiara en Él, que me rindiera y que estuviera dispuesta. Me rodeó de personas que dieron vida a mis dudas. A través de su sabiduría, sus desafíos y su fe inquebrantable en mí, comencé a crecer, no en una persona diferente, sino en la persona que Dios me estaba llamando a ser.

El Lento Proceso De Refinamiento

Mi avance no se produjo de repente. Llegó como el oro que se refina, lenta y suavemente, fuego a fuego. Y ahora veo que esa fue la bendición.

> *"...para que sometida a prueba vuestra fe, mucho más preciosa que el oro, el cual aunque perecedero se prueba con fuego, sea hallada en alabanza, gloria y honra cuando sea manifestado Jesucristo"* (1 Pedro 1:7).

Doy gracias a Dios por no haber precipitado el proceso. Si el refinamiento hubiera sido rápido y furioso, no sé si habría podido aclimatarme o crecer como lo hice. La lentitud fue misericordia. Era la paciencia de Dios, su amor y su gracia en acción. Él sabía que necesitaba tiempo, no sólo para adquirir nuevas habilidades, sino para creer en mí misma, para recuperar una confianza que no sabía que había perdido.

Y en ese lento refinamiento, Él trajo a mi vida personas que se convirtieron en parte de la bendición. Su presencia, su apoyo y su orientación me recordaron que, incluso en los momentos difíciles, Dios me rodeaba con todo lo que necesitaba.

La gratitud se convirtió en mi ancla y, gracias a ella, encontré un terreno firme.

No lo arregló todo de la noche a la mañana, pero cambió mi forma de verlo todo. Poco a poco, la gratitud cambió mi perspectiva. Me abrió el corazón. Suavizó el estrés. Me recordó que, incluso en lo desconocido, las huellas de Dios estaban en todas partes. Y fue entonces cuando empecé a ver los regalos ocultos, justo en medio de la recta final.

> *"...Dad gracias en todo, porque esta es la voluntad de Dios para con vosotros en Cristo Jesús"*.
> **Tesalonicenses 5:18 LBLA**

El Poder De La Gratitud

La gratitud lo cambia todo.

El agradecimiento a nuestro divino Señor y Salvador no sólo cambia nuestra actitud, sino que recalibra todo nuestro ser. Sintoniza nuestros corazones con la frecuencia del cielo, permitiendo que la alegría y la paz fluyan por el cuerpo, el alma y el espíritu.

La gratitud abre la puerta a la intimidad con Dios. Es el susurro silencioso de agradecimiento que reconoce Su presencia, Su provisión y Su gracia, incluso cuando la vida parece incierta. Es la conexión sagrada con nuestra verdadera fuente de amor, una conexión más profunda y poderosa que cualquier cosa que este mundo pueda ofrecer.

En la gratitud, no sólo nos sentimos mejor, sino que vivimos mejor. Vemos más claro. Amamos más profundamente. Y caminamos en una paz que sobrepasa todo entendimiento, porque sabemos que nos sostiene Aquel que nunca nos suelta.

> *"... Y la paz de Dios, que sobrepasa todo entendimiento, guardará vuestros corazones y vuestros pensamientos en Cristo Jesús"*.
> **Filipenses 4:7**

La gratitud lo cambió todo. Me dio creatividad cuando me sentía atascada, capacidad para resolver problemas cuando me sentía abrumada y perspectiva cuando me sentía perdida. En lugar de preguntarme: "¿Por qué está pasando esto?". empecé a preguntar: "Señor, ¿qué necesito aprender?".

Mientras me preparaba para dirigir una reunión rodeada de profesionales de los negocios, líderes de la comunidad y expertos en la materia, junto con la expectativa de hablar con autoridad, mi corazón se aceleró, mi mente se puso en espiral y el miedo me susurró: "Este no es tu sitio. No estás preparada. ¿Qué podrías ofrecer?".

Pero en ese momento, cerré los ojos, respiré hondo (inhalando y exhalando), hice una pausa y elegí la gratitud. Di gracias a Dios por la oportunidad, por el crecimiento, por la gente que creía en mí, por las personas que me precedieron, por el trabajo que "me toca" hacer. Susurré: "Gracias Señor por estar conmigo y confiar en mí para esto, incluso cuando me cuesta confiar y creer en mí misma". Y algo cambió. La paz se instaló, no porque el miedo desapareciera o porque estuviera haciendo esto de la "manera correcta", sino porque recordé que no estaba sola. La gratitud se convirtió en mi ancla.

Ese momento rompió la ansiedad y el miedo. No sólo calmó mis nervios, sino que despertó la alegría. Una alegría tranquila y constante, arraigada en el conocimiento de que Dios equipa a los que llama. La gratitud me dio seguridad y un rápido restablecimiento. Me recordó que el avance no siempre viene a través de la fuerza, a menudo viene a través de la rendición.

La gratitud no sólo levantó mi espíritu, me dio vida. Me recordó que la alegría no se encuentra en la facilidad, sino en la presencia. Dios usó la gratitud para infundir esperanza en mi corazón, y en esa mezcla de satisfacción y rendición, encontré el avance. No sólo sobreviví, sino que empecé a prosperar.

Las Personas Que Dios Envió Para Hablar De La Vida

Porque cuando nos rendimos y agradecemos a Dios por las personas que Él envía, comenzamos a ver el oro que Él está refinando en nosotras. Cuando yo no podía ver o creer en mí misma, Dios envió personas preciosas que me vieron.

En el fuego del refinamiento, lento, estirado y sagrado, Él no me dejó solo. Me rodeó de personas que llevaban Su corazón, Sus palabras y Su aliento. Su presencia fue mi provisión. Sus voces fueron mis salvavidas.

Mi pastor y su esposa, junto con amigos de la iglesia, oraron por mí y declararon mi destino cuando me sentí sin dirección.

Mis padres me recordaban: "Mija, tú puedes hacer cualquier cosa", cuando yo dudaba de todo.

Mis hermanas, sobrinas y primas me animaban: "Lo harás muy bien", cuando me preguntaba si era la persona adecuada para el trabajo.

Líderes, mentores, supervisores y colegas vieron dones en mí antes de que yo misma pudiera nombrarlos.

Y luego estaban las mujeres - Ni siquiera puedo empezar a darles las gracias o nombrarlas a todas, mi madre, tías, hermanas, primas, amigas, colegas, conocidas e incluso desconocidas - cada una enviada con una palabra, un abrazo, una oración, una verdad que atravesó el miedo y las mentiras.

Sus palabras no sólo me reconfortaron, sino que permitieron que se produjeran cambios en mi interior. Poco a poco sentí que la paz se instalaba en mí y que la alegría aumentaba. Cada conversación, cada provisión de amor y esperanza, cada momento que transmitían dirección, confianza y seguridad.

Me recordó que la provisión de Dios no es siempre una solución, sino a menudo una persona.

Y en esa gratitud, encontré vida, no sólo aliento y supervivencia, sino renovación y una transformación inimaginable.

El Fruto Inesperado

Si me hubieran dicho cuando empecé esta nueva aventura que estaría aquí con la gente que he conocido y amado, con este trabajo, con las experiencias que he tenido, nunca lo hubiera creído.

Me sentía insegura, tensa y me lo cuestionaba todo. Pero al rendirme al plan de Dios, no al mío, encontré una aventura que nunca hubiera imaginado y que continúa mientras escribo estas palabras.

Paso tiempo con amigos y familiares de maneras inimaginables con alegría y plenitud.

Pasé un tiempo precioso con mi padre antes de que se fuera con el Señor.

Mis sobrinos vinieron a Cristo y vi sus corazones despertar a la fe.

Participo en juntas directivas que influyen en mi comunidad de maneras que importan.

He asumido funciones de liderazgo para las que nunca pensé estar cualificada, pero de alguna manera, estaba preparada.

Soy mentora de estudiantes, futuros líderes y empresarios, y siembro semillas que quizá nunca vea florecer, pero confío en que lo harán.

Nunca se trató de un trabajo. Nunca se trató sólo de un título o una tarea. Él nos utiliza, no porque seamos perfectos, sino porque estamos dispuestos. Se trataba de una realineación divina, Dios colocándome exactamente donde necesitaba estar, no sólo para mi crecimiento, sino para el crecimiento de los demás.

La gratitud se convirtió en mi lente. Me ayudó a ver los frutos que no esperaba:

Paz en el estiramiento.

Alegría en el servicio.

Amor en el liderazgo.

Esperanza en la tutoría.

Y a través de todo ello, he llegado a aprender que la rendición no es sólo dejar ir, es donde Dios comienza su obra más grande, guiándonos, transformando corazones, multiplicando el impacto, remodelándonos, expandiendo nuestro alcance, e insuflando vida y belleza a los lugares que pensé que estaban más allá de la esperanza.

La Sabiduría Que Llevo Conmigo Ahora

La rendición no es debilidad; es confianza y un acto de fe que lo transforma todo. La gratitud no es una emoción, sino una disciplina diaria que nos ayuda a ver lo sagrado en lo ordinario. Esta temporada sigue enseñándome que la rendición no es el final, sino el principio de una historia más significativa.

Con cada giro, me alejaba de la comodidad y me adentraba en la incertidumbre. Y cada vez, Dios me encontró allí, no con respuestas, sino con amor y gracia. No con garantías, sino con un propósito. Al aprender a escuchar y confiar en Su voz, incluso cuando me llevaba a lo desconocido, Él me dio fuerza y paz tranquilas. Estoy aprendiendo que la identidad no se construye con logros, sino que se revela en los momentos tranquilos de rendición y se está convirtiendo en la base de la mujer que Él me está formando.

No siempre lo hago bien. Tropiezo, cuestiono, me quedo corta. No doy en el blanco y no siempre camino esta vida cristiana perfectamente. Pero Dios nunca me pidió perfección, me pidió la voluntad de dejarme llevar y dejar a Dios. La voluntad de escuchar, de seguir, y de ser usado para Su gloria.

Se trata de escuchar, ver las señales, responder y elegir seguir al Espíritu Santo mientras me guía suavemente a través de la aventura perfectamente diseñada por Dios para mi vida. Así que oro diariamente: "Señor, ¿a quién necesitas que sirva hoy? Úsame Señor y ayúdame a hacerlo para Tu honor y gloria. Que mi vida refleje Tu amor, bondad, gracia y propósito".

Elegir ver a Dios en todo ha remodelado mi vida, capa por capa. La gratitud se siente profundamente. La rendición es liberadora y una puerta al cambio, la curación y la transformación. La confianza, aunque es lo más difícil, se ha convertido en una fuerza inesperada y silenciosa. La obediencia no consiste en tener las respuestas, sino simplemente en tener fe. Fe que camina incluso cuando el camino no está claro. Fe que cree incluso cuando la esperanza se siente lejana.

Este viaje no ha sido perfecto, pero ha sido sagrado. Y en cada paso imperfecto, he encontrado destellos del amor perfecto de Dios. Si estás en una temporada de incertidumbre, debes saber esto: rendirte no es tu derrota; es tu comienzo. La gratitud te anclará. La confianza te llevará. Y la fe iluminará tu camino. Sigue caminando y aprende a reconocer que estás siendo formada, refinada y que eres profundamente amada.

Una Oración Y Una Bendición Para Ti

Padre Celestial,

Gracias por el regalo de este momento. Te elevo a mi hermana, Señor.

Gracias por verla justo donde está. Está cansada. Está luchando. Se aferra con fuerza a lo que una vez le pareció seguro. Está ansiosa y asustada. Pero Tú, Padre, conoces el peso que lleva, los sueños que guarda y el consuelo que no se atreve a soltar. Tú la ves en los momentos tranquilos en los que la rendición se siente pesada y el cambio se siente abrumador. Tú comprendes el dolor de dejar ir y el miedo a empezar de nuevo.

Recuérdale, Señor, que esta ruptura no es un castigo, sino una preparación. No la estás derribando; la estás construyendo.

Gracias por estar con ella cuando se encuentra al borde de algo nuevo. Es insegura y cautelosa, pero está dispuesta. Ella siente el cambio, y aunque no le es familiar, confía en Ti. Ha vivido en la comodidad, pero ahora Tú la llamas a profundizar.

Dale valor para dar un paso adelante, audacia para obedecer y alegría en el devenir. Ayúdala a crecer en fe, creencia y conocimiento. Déjala descansar en Tus promesas:

- Estar quieta y saber que Tú eres Dios (Salmo 46:10),
- Que confíe en Ti con todo su corazón y no se apoye en su propia inteligencia (Proverbios 3:5-6),
- Y creer que Tú tienes planes para prosperarla, no para dañarla, planes para darle esperanza y un futuro (Jeremías 29:11).

En el nombre de Jesús, te pedimos que le des paz, que rompas toda fortaleza que le impide dar un paso hacia su propósito. Señor, hazlo con delicadeza. Refínala. Reconstrúyela. Hazla más fuerte de lo que nunca ha sido. Recuérdale que cuando sus fuerzas se agoten, las tuyas nunca lo harán. Hazle saber que su identidad no se encuentra en su ubicación, su papel o su rutina, sino sólo en Ti.

Que sienta Tu fuerza a cada paso, Tu paz en cada tormenta y Tu amor en cada momento. Bendícela, Padre, en la entrega, en el cambio, en el desprendimiento, en la confianza y en la reconstrucción.

Hazle saber que no se define por lo que hace, por lo que viste o por dónde vive, sino por lo que Tú dices que es.

- Ella es Tuya.
- Ella es la hija de un Rey poderoso.
- Ella está hecha con temor y maravilla.
- Ella es sostenida.
- Está protegida.
- Se está convirtiendo.

Envuélvela en Tu amor, protégela y guarda su corazón. Abrázala en la transición, en la ruptura, en el perdón, en la rendición, en el miedo, en la curación, en la ansiedad, en el fortalecimiento de sus creencias, en la resistencia, en la construcción de su fe, y dale claridad y coraje para reconocer las puertas que se están abriendo. Gracias por acompañarla en cada paso del camino.

Si es Tu voluntad, que la veamos brillar, en amor, en gracia y en propósito, confiando en que Tú la llevarás hasta el final para Tu honor y gloria.

Te doy gracias, Padre, por esta hermosa hermana, por la increíble aventura que has preparado para ella, y por el impacto de su entrega y obediencia.

Te damos gracias, bendecimos tu santo nombre y te alabamos.

Oramos todas estas cosas en el bendito y poderoso nombre de nuestro Señor y Salvador, Jesucristo, Amén.

¿Tienes una relación con Jesús?

Si no conoces a Jesús, pero te gustaría comenzar tu viaje, aceptarlo en tu vida comienza con un simple y sincero paso de fe. Comienza reconociendo que lo necesitas, creyendo que Él murió por tus pecados y resucitó para darte una nueva vida. Después, invítale a entrar en tu corazón. Pídele que te perdone, que te guíe y que sea tu Salvador. No necesitas palabras perfectas, sólo un corazón abierto. Jesús te encuentra justo donde estás, con amor, gracia y la promesa de una vida transformada.

Oración sugerida:

"Señor Jesús, sé que te necesito. Creo que moriste por mis pecados y resucitaste para darme una nueva vida. Por favor, perdóname, ven a mi corazón, hazme nuevo y sé mi Salvador. Te entrego mi vida. Ayúdame a seguirte, a confiar en Ti y a crecer en Tu amor. Gracias por salvarme. En el nombre de Jesús, te lo ruego, Amén".

Escrituras De Anclaje:

1 Pedro 1:7, 1 Pedro 5:6-7, 2 Corintios 5:17, 2 Corintios 12:9-10, Efesios 3:20-21, Gálatas 2:20, Gálatas 5:18, Hebreos 11:8, Hebreos 11:32-34, Isaías 40:28-29, Isaías 41:10, Isaías 43:1, Santiago 4:7, Jeremías 29:11, Juan 3:16-17, Juan 14:1, Juan 14:6, Juan 14:16-17, Mateo 6:33-34, Filipenses 1:6, Filipenses 4:6-7, Proverbios 3:5-6, Salmo 37:5, Salmo 46:10, Salmo 61:3-4, Salmo 139:14, Salmo 37:5, Romanos 8:14, Romanos 8:16-17, Tesalonicenses 5:18

Naomi M. Perales

Instagram: @authornaomimperales

Sección Tres

El Levantamiento

"Levántate, resplandece, porque ha llegado tu luz, y la gloria del Señor se eleva sobre ti".
-Isaías 60:1

Llega un día en que las lágrimas se secan, las cadenas se rompen y el alma vuelve a respirar. Es el amanecer. No es un momento instantáneo, sino una tierna revelación, como el amanecer tras la noche más larga.

En The Rising, las mujeres aprenden a caminar en libertad, a abrazar su identidad como hijas amadas, a vivir como si la curación no sólo fuera posible, sino prometida. En estos capítulos, escucharás historias de mujeres que vuelven a encontrar la alegría, reclaman su valía y se atreven a creer que el amor de Dios es más fuerte que cualquier herida.

Resurgir no consiste en borrar el pasado. Se trata de llevarlo como testimonio de la bondad de Dios. Se trata de levantar la cabeza, cuadrar los hombros y decir: *"Lo que intentó enterrarme sólo me ha hecho florecer"*.

Espero que sus historias te recuerden que tu resurgir también llegará, y cuando lo haga, será hermoso, innegable e imparable.

Capítulo 12

Lo Extraordinario En Lo Ordinario: Un Homenaje A Las Mujeres Que Me Educaron En La Fe

por la Dra. Rutchie Contreras, PT, DPT

"Todo lo que hagáis, trabajadlo de todo corazón, como quien trabaja para el Señor, no para señores humanos".
- **Colosenses 3:23**

Donde La Oración Fue Plantada

Mis primeros recuerdos de Dios y de la Fe tuvieron que ver con la influencia de mi abuela, Dolores A. Ileto. Ella me inculcó un profundo sentido de la maravilla de Dios y Su poder para protegerme y guiarme. Recuerdo que nos llamaba a orar el rosario en familia, todos los días a las seis en punto de la tarde. Nadie podía faltar ni un solo día a la oración. Tampoco se aceptaban excusas, para mi consternación, ya que era la hora exacta de mi telenovela filipina favorita en la televisión. Intenté convencerla de que cambiara la hora del rosario, pero siempre me decía que las 6 de la tarde era la hora de la Madre María, y que ignorara la voz del "diablo" en mi cabeza porque era "Satanás" quien me ordenaba que se lo dijera.

Por supuesto, eso bastó para que mi yo más joven se asustara y dejara de cuestionarla. Tenía una oración para cada ocasión, cada necesidad y cada prueba. Nos hacía orar a diferentes santos según el resultado que deseáramos. Por ejemplo, a San Antonio si perdías un objeto importante, a

Nuestra Señora del Perpetuo Socorro para la salud, y a San Judas para causas funestas, etc., ya te haces una idea.

Otra persona significativa que ha tenido una profunda influencia en mi fe y en mi creencia en Dios es mi madre, Ruby Ileto Nolasco. Todavía tengo recuerdos vívidos de ella avanzando de rodillas, mientras oraba el rosario en el pasillo central de la iglesia, todo el camino desde el fondo de la iglesia hasta el frente. La recuerdo quitándose las vendas ensangrentadas de las rodillas porque, claro, el suelo no estaba limpio, estaba lleno de piedrecitas y suciedad que la gente llevaba en los zapatos al caminar por el suelo de la iglesia. Recuerdo que me preguntaba qué podría estar pidiendo, pero nunca se lo pregunté. Me limité a mirar sus rodillas heridas y luego aparté la mirada. Mi madre es la persona a la que toda nuestra familia acude cuando necesitamos oraciones.

Recuerdo llamarla cuando tenía una petición en particular y no exagero cuando digo que cuando le pido que ore, mis oraciones son concedidas. Lo mismo ocurre con todos los demás miembros de la familia que le piden que rece por ellos. Siempre me ha dicho que cuando ora por mí o por mi hermana, ora el rosario de rodillas con los brazos extendidos todo el tiempo. También tenía una oración que oraba cada hora. Me dijo que la hora tenía que ser exactamente cada sesenta minutos para que la oración fuera eficaz y que, a veces, el "demonio" le impedía cumplir este requisito, por lo que tenía que empezar de nuevo. Dice que es la oración que más le cuesta hacer y que sólo la hace por mí y por mi hermana Rusier.

La fe de mi madre era feroz y estaba llena de fuego. Nos cubrió, nos formó y nos protegió de maneras que aún estoy descubriendo. Pero al reflexionar sobre dónde comenzó este legado, mi corazón volvió a la mujer que la precedió, la primera que enseñó a nuestra familia a orar, a servir y a perseverar con gracia.

La Niñera: El Gigante Silencioso Detrás De Todo

A mi abuela la llamaban cariñosamente "Loleng"; para mí, era "Nanny". La conocía como una mujer tranquila, siempre sentada en el sofá del salón, jugando a su juego de cartas favorito, el solitario. Jugaba horas y horas, casi todo el día. Incluso me lo enseñó y yo también lo jugaba en mi tiempo libre. Era una forma muy terapéutica de despejar los pensamientos. Esperaba a que llegara a casa de la universidad para que le trajera su tentempié favorito, el sampaloc, un caramelo de tamarindo ácido y salado. Si me olvidaba de traerlo, me lo recordaba con delicadeza. Fue mi "despertador" durante mis años universitarios, me decía que mi cerebro absorbía más información por la mañana temprano, así que era entonces cuando debía estudiar. Ella no dormía en toda la noche para poder estar pendiente del reloj y luego, a eso de las 2 de la mañana, me despertaba para que pudiera repasar mis apuntes.

Mi madre me contó mucho después que Nanny se quejaba de ver cómo se apagaba la luz de mi habitación treinta minutos después de haberme despertado y que todos sus esfuerzos parecían en vano, pero en realidad no lo eran. Sólo necesitaba esos treinta minutos para grabar la información en mi memoria a largo plazo.

Hasta después de su muerte no me di cuenta de la magnitud de su legado. Recuerdo que me quedé desolada cuando ocurrió. La trajimos a casa, a Bulacan, la provincia de su cónyuge, el Dr. José V. Ileto, mi abuelo. Para mi sorpresa, hubo una procesión de casi un kilómetro de largo para enterrarla en nuestro mausoleo familiar. Cerraron todo el instituto de nuestra ciudad para que los alumnos pudieran honrar su memoria y su legado. Todo el pueblo lloró la pérdida de una gran mujer, mi sencilla y humilde abuela.

Mi abuela nació el 17 de septiembre de 1901. Estudió enfermería, que era una de las pocas profesiones aceptables para las mujeres en aquella época, alrededor de la Segunda

Guerra Mundial. Conoció y se casó con mi abuelo, que era médico. Vivieron en San Ildefonso, Bulacan, donde criaron a su familia de 4 hijos. Mi abuela creía firmemente en el valor de la educación y le apasionaba compartir el don de la educación con personas de distintos orígenes. Se dio cuenta de que en aquella época había una necesidad en el pueblo de educar a los hijos de la gente que trabajaba en los arrozales de nuestra familia. Trabajó diligentemente durante lo que parecieron siglos hasta que, finalmente, en 1946, todos sus incansables esfuerzos y su sueño se hicieron realidad. En 1946 se fundó el Instituto de Bachillerato de Buenavista. Hoy en día sigue en pie y ha educado a miles de estudiantes que fueron a la universidad y han obtenido un título universitario y un camino hacia una vida mejor. Mi mamá me contó que todo esto lo logró mi abuela con mucha oración, innumerables misas e interminables rosarios junto con su arduo trabajo y perseverancia. Dios ha respondido a las oraciones de otras personas por un futuro mejor a través de ella. Fue una gran hazaña para una mujer en una época en la que a las mujeres ni se las veía ni se las escuchaba, y mucho menos se las tomaba lo suficientemente en serio como para dirigir una gran institución.

Aunque mi abuela sentó las bases de la fe y el servicio para nuestra familia, fue mi madre quien llevó la antorcha con una devoción inquebrantable. Donde mi abuela construyó instituciones, mi madre construyó personas. Su compasión, instinto y generosidad dejaron huella no sólo en nuestra familia, sino en todas las personas que tuvieron la suerte de cruzarse en su camino.

Mi Madre, La Mano Amiga Del Cielo

Mi madre, Ruby Nolasco, es una mujer muy menuda. Si la miras, ves a una mujer hermosa, elegante y diminuta que parece totalmente inocente e inofensiva. Lo que todo el mundo ignora es que es una mujer poderosa, llena de personalidad, gracia y encanto. Me ha contado historias de cómo era de niña y de lo importantes que son para ella sus amigos y su familia. Se desvive por ayudar a sus seres queridos, sobre todo cuando los ve en apuros. Ni siquiera tienen que pedirle ayuda. Ella escucha su súplica tácita y ofrece ayuda sin que nadie se la pida y sin pedir nada a cambio. Tengo muchos recuerdos de ella ayudando a muchos miembros de nuestra familia y ofreciéndoles comida y alojamiento gratis para que sus hijos pudieran terminar la escuela. Era profesora de música en una escuela pública de Filipinas, y se daba cuenta enseguida cuando sus alumnos no rendían bien en clase. Enseguida se daba cuenta de que sus alumnos no habían comido en todo el día. Los llevaba al comedor escolar y les pagaba la comida. No lo hacía una sola vez, sino todos los días. El bienestar de sus alumnos era así de importante para ella.

Mi madre no puede pasar por delante de ninguna persona sin hogar en la calle. Mientras otras personas se alejan de ellos o prefieren pasarlos por alto, a mi madre le resulta imposible ignorarlos. Siempre lleva un pequeño monedero con suficientes billetes pequeños para tener siempre algo que dar a los que le piden limosna. Llega incluso a pedir disculpas a Dios si no tiene dinero para dar a un desconocido que pide limosna en la calle, y puedo ver el tremendo sentimiento de culpa que siente cuando tiene que alejarse de alguien necesitado por el rarísimo caso de que se le olvide llevar el monedero. Se fija en todas las personas sin hogar o hambrientas que pasan por la calle. Lo sé porque me los señala cuando vamos en auto o andando. Si no lleva dinero encima, me pide que busque en mi bolso si tengo algo de cambio para darles. Gracias a ella me aseguro de tener siempre algo para dar a quien lo necesite. Gracias a ella, me fijo en los sin techo y en la gente que mendiga en la calle. Es por ella que detengo mi auto en medio del tráfico sólo para dar limosna a quienes me la piden en medio de un día caluroso y abrasador. Mi madre es una mujer corriente que elige ser extraordinaria con cada persona a la que ayuda. Ha tocado varias vidas a través de su corazón generoso y ha mostrado la mano de Dios a través de sus esfuerzos por ayudar a los demás.

Amor Arraigado En La Fe

Recuerdo que cuando conocí a Omar, no sabía que iba a ser mi futuro marido. Mi madre me dijo que, aunque no estuviéramos casados, debíamos ir juntos a la iglesia. Me pareció insólito porque pensaba que ir a la iglesia debía ser sólo para las parejas casadas y sus hijos. Le llevé de todos modos y supongo que quería impresionarme, así que iba conmigo todos los domingos. Al principio, pensé que simplemente seguía mi fe porque mi familia y yo éramos muy apasionados de nuestra religión y hablábamos de orar todo el tiempo, especialmente mi madre. Me sorprendió años más tarde, cuando atravesábamos momentos difíciles, y me dijo que había ido solo al santuario de San Judas para orar por nosotros. También me dijo que iba al santuario a encender una vela periódicamente para orar por cualquier intención que tuviera. Me impresionó mucho y me hizo quererle aún más. Me alegré mucho de que compartiéramos esta fe.

Ahora me he convertido en mi madre cuando se trata de mi hijo Andrei. Lo primero que le digo cuando me confía una prueba es: "No te olvides de orar". Cuando sale por la puerta, de mi boca salen las palabras de mi madre: "No te olvides de hacer la señal de la cruz". Ahora, cuando le pregunto si ha visto algo que he extraviado, lo primero que me dice es: "¿Ya rezaste a San Antonio?". Me sorprendió mucho la primera vez que me dijo eso. También me llenó de satisfacción saber que, de alguna manera, he continuado con el legado de fe de mi madre y mi abuela a través de él. Otra feliz sorpresa es que ahora acude a mí cuando tiene un problema y me pide que ore por él, igual que hago con mi madre.

Una Familia Reescrita Por La Gracia

Durante dieciséis años, mi familia inmediata sólo constaba de tres miembros: yo, Omar y Andrei. De repente, Dios puso en nuestro camino a dos chicos maravillosos Eran hermanos amigos de Andrei del colegio. Andrei fue el único que insistió en que les dejara quedarse a dormir una noche. Esa noche se convirtió en una semana y luego en dos semanas. Pensé que no era apropiado y me preocupaba que sus padres fueran a echarles de menos, pero Andrei luchó para que se quedaran más tiempo, incluso cuando yo me preguntaba por qué no estaban con su propia familia y por qué se alejaban de su madre, sinceramente pensaba que se estaban rebelando contra sus padres y, como madre, no me parecía bien que le hicieran eso a ella. Cuando por fin descubrimos la verdad sobre su necesidad de un lugar al que llamar hogar, inmediatamente tomamos las medidas oportunas para que se quedaran legalmente con nosotros de forma indefinida. Omar y yo consultamos a nuestras madres, que no dudaron cuando les hablamos de nuestra oportunidad de ayudar. Ambas nos dijeron "tienen que ayudarles". Ahora, nuestra familia está formada por mí, Omar, Andrei, Julian y Erick. Ahora somos una familia de cinco.

Más tarde, Erick me preguntó cómo podíamos acoger a completos desconocidos sin tener miedo. Le dije que en cuanto supimos que él y Julian nos necesitaban, Omar y yo oramos, mi madre oró y mi suegra también. El camino fue despejado por Dios y el resto, como dicen, es historia. También le dije a Erick que le oraba a Dios para que no nos mataran mientras dormíamos, a lo que Erick y yo nos echamos a reír. Andrei pasó de ser hijo único a ser hijo mediano y le encanta. Está muy contento con su situación actual. Ahora tiene su propio grupo al que siente que pertenece, que siempre le cubre las espaldas. La gente nos pregunta constantemente a Omar y a mí cómo lo hicimos para acoger a extraños en nuestra casa.

La respuesta es sencilla: mi madre siempre lo hacía y yo lo había visto y experimentado mientras crecía. Mi madre siempre acogía a familiares que en aquel momento eran desconocidos para mí para darles cobijo y comida cuando lo necesitaban. La madre de mi marido hacía lo mismo. Omar me contó que su madre, Rosa, hacía lo mismo. La casa de su infancia siempre estaba llena de familiares que apenas conocía porque estaban necesitados y su madre siempre era la primera en ayudar. Mirando hacia atrás, me doy cuenta de que si no hubiera estado en mirando a dos chicos corrientes, Julián y Erick, a través de los ojos de Dios, podría no haberme dado cuenta de que nos necesitaban, y habríamos seguido viviendo vidas separadas. Creo firmemente que fueron Dios y el Espíritu Santo quienes me susurraron al oído y hablaron a través de Andrei para revelarme que algo iba mal y que Julian y Erick necesitaban a nuestra familia. Estoy muy contenta de haber escuchado su mensaje alto y claro.

Mirando hacia atrás, puedo ver ahora que las semillas de la compasión, la generosidad y la fe fueron plantadas en mí hace mucho tiempo por las dos mujeres que formaron mi corazón. Su ejemplo no sólo me enseñó a responder en momentos de necesidad, sino que formó la lente a través de la cual veo el mundo. Y mientras reflexiono sobre cómo creció nuestra familia de la manera más inesperada y sagrada, recuerdo lo que me enseñaron, no sólo con palabras, sino con sus vidas. Esto es lo que he aprendido de ellos.

Lecciones Que Viven En Mí

Mi fe ha sido formada, probada y fortalecida por el poder silencioso de dos mujeres, mi mamá y mi "Nana". No predicaban desde púlpitos ni ostentaban títulos, pero sus vidas eran sermones diarios de confianza, amor y entrega a Dios. Esto es lo que he aprendido de ellas.

Él no siempre nos da lo que queremos. Puede que al principio no veamos la razón, pero con el tiempo, Su plan mayor se revelará. Le cuento a mi madre todos mis problemas y mis aspiraciones. También se lo cuento cuando esas aspiraciones no se hacen realidad. Su respuesta es siempre la misma. Es porque Dios no lo quiere para mí. Mi madre siempre ha tenido razón en esto. Yo solía preguntarme por qué no alcanzaba una meta, pero cada vez que ocurría, acababa por ver que me habría llevado por un camino que conducía a la infelicidad. He aprendido a dejar de preguntarme por qué y a poner toda mi fe en Dios. Él nunca me ha llevado por el camino equivocado.

Incluso las tormentas de nuestra vida están ahí para dejar paso al arco iris que viene después. Mi abuela tuvo que pasar por dificultades para hacer realidad su sueño de abrir un instituto en su pueblo. Ella capeó el temporal y gracias a ello se fundó el IES Buenavista. Recuerdo que cuando era más joven, mi mamá siempre me decía: "recuerda que cuando surge un problema, vendrán más y más hasta que sientas que ya no puedes más". Me lo decía todo el tiempo, y siempre me preguntaba si intentaba inspirarme con sus palabras, porque desde luego yo no me sentía inspirada. Me preguntaba qué clase de discurso de ánimo estaba intentando darme, porque desde luego no sonaba como ningún discurso de ánimo que yo hubiera oído nunca. Cuando me hice mayor, empecé a darme cuenta de que solo quería prepararme para la vida. La vida no es fácil. De hecho, la vida es difícil. Está llena de vueltas y revueltas y de altibajos, y ella tenía razón, llegaba un problema, luego otro y luego otro hasta que parecía que nunca iba a resurgir. Pero siempre lo hacía. Aprendí a no ahogarme cuando surgen problemas. Aprendí que los retos llegarán y que depende de mí no dejar que me hundan. Es solo temporal y mientras tenga una fe inquebrantable, haga lo correcto y rece, todo irá bien.

Mis modelos siempre me dijeron que nuestros cuerpos son el templo del Espíritu Santo y que podemos transmitir el amor de Dios no dando la espalda a los necesitados. Debemos proteger el templo de Dios no sólo en lo que hacemos, sino en a quién dejamos entrar en nuestra mente y nuestro corazón. Debemos rodearnos de personas que enriquezcan nuestras vidas, porque también enriquecen el templo de Dios.

Recuerdo que mi mamá siempre me enseñó a elegir muy bien a mis amigos. Ella me dice que todos los días ora por mí, para que todo el tiempo esté rodeada de gente buena, recta y virtuosa. Personas que mejoren mi vida y sean una inspiración para mí. Siempre lo he tenido presente y he conseguido tener a mi alrededor personas maravillosas. Personas que me inspiran a ser mejor persona cada día. Personas que son recipientes a través de los cuales Dios me envía su amor.

Lo Extraordinario Que Hay En Ti

Mis dos modelos a seguir también me han enseñado que hay grandeza en ser alguien normal y corriente. Algunas personas tienen momentos que les cambian la vida y que les hacen temblar la tierra, en los que sienten la mano de Dios en su hora más oscura. Pero no es el caso de todo el mundo. Para la mayoría de la gente, Dios muestra su mano de la manera más sencilla, más sutil, incluso se puede decir que básica. Podría ser incluso en la forma de un extraño que te saluda y te sonríe cuando estás estresado y tienes muchas cosas en la cabeza y te hace sonreír y olvidar tus problemas, aunque sólo sea por unos segundos.

Dios podría estar trabajando a través de un amigo o hermana que te llama de la nada porque te cruzaste por su mente, sólo para que te des cuenta de que necesitabas desesperadamente a alguien con quien hablar en ese preciso momento. Dios también podría estar obrando a través de ti cuando charlas y te ríes con la cajera agotada del supermercado. Ella puede estar pasando por un momento difícil, y tú la ayudaste a olvidar sus problemas por un momento. Para esa cajera, eres extraordinaria.

Mis dos modelos de conducta también me han enseñado a alegrarme de mi yo ordinario porque Dios me ve como extraordinaria.

Oro para que tú, como lector, veas lo mucho que importas a los ojos de Dios. Si alguna vez te preguntas si tus esfuerzos silenciosos importan, si tu vida ordinaria marca la diferencia, que esto te recuerde que sí, que importa.

Que nunca subestimes el poder de una palabra amable, una mano amiga o una oración susurrada. Que reconozcas lo divino escondido en tus rutinas diarias, y que tengas los ojos para ver a los demás a través de la mirada amorosa de Dios. Que tu vida siga reflejando la fuerza tranquila, la fe inquebrantable y el corazón compasivo de las mujeres que te criaron.

Y cuando el mundo te llame ordinaria, que el cielo sonría, porque Dios hace cosas extraordinarias a través de corazones como el tuyo.

Dra. Rutchie Contreras, PT, DPT

Instagram: @rutchie_contreras

Capítulo 13

Señales Del Cielo: Del Padre De Arriba Y Del Padre Que Amé

por Carolina Chams

"Porque Dios habla, ahora de una manera, ahora de otra, aunque nadie lo perciba".
- Job 33:14

1. Manos Invisibles Al Volante

Era el año 2008. Me acercaba a un cruce de cuatro vías, listo para girar a la izquierda. El semáforo acababa de ponerse en amarillo y yo ya estaba entrando en el cruce. Desde el lado opuesto, un autobús venía hacia mí a toda velocidad, tan rápido que parecía cortar el aire.

En ese instante, algo dentro de mí, un impulso más fuerte que la razón, me dijo: *"Ve"*. Obedecí. Pero al girar, me di cuenta de que el autobús no frenaba. Estaba acelerando, directo hacia mí.

Todo quedó en silencio. El tiempo parecía estirarse. Cerré los ojos, agarré el volante y me preparé para el inevitable impacto.

Pero no llegó.

Cuando abrí los ojos, mi auto estaba perfectamente estacionado en la acera, delante de un restaurante. No había choque. Sin arañazos. Ningún recuerdo de haberme apartado del peligro.

Lo sabía en el fondo de mi alma: había sido mi padre. Había muerto en 2001, pero en vida tenía una habilidad al volante que rozaba lo imposible, manejando el tráfico como un tablero de ajedrez. A mi madre le aterrorizaban sus maniobras, pero él siempre llegaba a casa de una pieza.

Ese momento llevaba su firma. Sentí que Dios le había permitido guiar mis manos, o quizá tomar el volante por completo. No intenté racionalizarlo. Simplemente me senté allí, temblando, seguro de que había sido protegida.

2. Estrella Fugaz

En 2001, cuando murió mi padre, sentí como si el suelo se abriera bajo mis pies. No era sólo tristeza; era rabia, impotencia, incredulidad.

Estaba en Austin, terminando mi último semestre de universidad, cuando recibí la llamada: estaba gravemente enfermo, en sus últimas horas. Sin pensarlo, reservé un vuelo a Barranquilla, con escala en Miami.

Durante la escala, antes de que pudiera verle la cara, sonó el teléfono: *"Se ha ido"*.

Lo primero que pensé fue que *no me había esperado.*

Me sentí robada de la oportunidad de despedirme, de decirle todas las cosas que quería que supiera. En lugar de llegar a su lado, llegué a su funeral. Esa ausencia me quemaba por dentro.

Las noches eran insoportables. No podía dormir. La pesadez de la pena y la rabia me oprimían el pecho. Estaba enfadada con él y con Dios. Todo lo que quería era saber, de alguna manera, que él seguía aquí.

Semanas después, de vuelta en Austin, una noche salí a respirar. Vagué sin rumbo hasta que me dejé caer sobre la hierba, mirando fijamente un cielo tan lleno de estrellas que parecía inclinarse hacia mí. Con voz débil dije: *"Demuéstrame que sigues aquí"*.

En cuestión de segundos, una estrella fugaz surcó el cielo, rápida y brillante, como un destello de amor enviado directamente a mí.

No lo dudé. No busqué la lógica. Simplemente dejé caer las lágrimas y lo escribí en mi diario: *Hoy sentí tu presencia a través de una estrella fugaz.*

Aprendí que cuando pides desde la certeza -no desde la desesperación- Dios responde. Y a menudo, Él usa a nuestros seres queridos para enviar el mensaje.

3. El Guiño De Dios

Años más tarde, en 2009, durante mi boda civil en México, experimenté otro momento mágico. Estábamos bailando nuestra canción, *Coincidir*, al aire libre en el puerto deportivo donde celebramos. Todos los invitados iban vestidos de blanco.

Y de la nada, una paloma blanca sobrevoló nuestro baile.

Mi madre corrió hacia mí y gritó: *"¡Es tu papá!"*

Ver una paloma blanca volando de noche simboliza la paz, la inocencia, la pureza y los nuevos comienzos, incluso en la oscuridad. Para mí, fue su bendición silenciosa.

Seis meses después, durante nuestra boda por la iglesia en Barranquilla, Monseñor Tamayo -el mismo sacerdote que me había bautizado y había casado a mis padres- les pidió a los padres de Jorge y a mi mamá que pasaran al frente y colocaran sus manos sobre las nuestras en señal de apoyo ante Dios. Mi papá no estaba físicamente, pero sucedió algo mágico: Monseñor colocó su propia mano para representarlo.

Cuando le miré a los ojos, me guiñó un ojo, como hacía mi padre.

No pude contener las lágrimas. Me volví hacia mi madre y le susurré: *"Papá está aquí... acabo de sentirlo"*.

Ese guiño lo era todo. No sólo un gesto, fue la confirmación de que él también me acompañaba al altar.

4. El Oso De La Fuerza

Mi matrimonio duró once años. Terminó durante un traslado de México a Estados Unidos, pocos meses antes de la pandemia.

Con tres hijos menores de ocho años, en un nuevo país al que apenas empezaba a llamar hogar, sentí como si me hubieran arrancado el suelo de debajo de los pies. No tenía una red de apoyo sólida, sólo a mi madre, que vivía en Minnesota. Había llegado a McAllen, Texas, para lo que se suponía que iba a ser una estancia de un año, pero ahora parecía permanente. Nos trasladamos a Minnesota cuando anunciaron que todo cerraría por COVID-19.

En medio del dolor, empecé a recibir mensajes de Dios. Cada día, las señales eran más constantes, más claras y más sagradas. Empecé a escribir sin un plan: palabras, frases y mensajes fluían en mi mente como si alguien me los dictara. Esas "descargas" se convirtieron en varios proyectos que formarían mi metodología de coaching y el propósito de mi vida.

En mi 40 cumpleaños, en mayo de 2020, un oso negro apareció justo delante de mi puerta. Nunca había visto un oso, y menos tan de cerca. Nos miramos fijamente y juraría que me guiñó un ojo. Mi padre.

Busqué el significado espiritual: poder, fuerza, resistencia. Sentí que había venido especialmente a darme un mensaje de cumpleaños, diciendo: *"Esta eres tú ahora. Así es como quiero verte: fuerte, imparable y capaz de sobrevivir a cualquier cosa".*

Un mensajero Divino, recordándome que la comunicación con Dios va más allá de la oración y la religión, es una relación construida desde el espíritu, en cualquier momento, en cualquier lugar y de cualquier forma. Ese día, llegó a través de un oso negro el día de mi cumpleaños.

5. Plumas Blancas

Tras regresar al sur de Texas y trabajar durante dos años como directora de un hotel, decidí renunciar y apostarlo todo a la vocación de mi vida: convertirme en autora, coach y oradora motivacional. Sobre el papel, renunciar no tenía sentido. Tenía un buen sueldo, flexibilidad, beneficios e incluso podía llevarme a mis hijos en caso de emergencia.

Pero no podía seguir ignorando esa voz interior. Sentí la misma claridad que sientes cuando sabes que un ciclo ha terminado. Era el momento de partir. Y en esa llamada también estaba mi padre, como una fuerza que me empujaba hacia delante, como diciendo: *"Es hora de tomar el timón, hija. No tengas miedo de cambiar de ruta".*

Obedecí. Antes de tomar la decisión, pedí una señal. Desde mi divorcio, había estado recibiendo plumas blancas de mis ángeles. Cada vez que encontraba una, sabía que estaba en el camino correcto. En los días previos a dimitir, las plumas se multiplicaron por los pasillos del hotel, en los jardines, incluso en la ventanilla de mi auto.

Sabía que era la decisión correcta y que todo iría bien. Así que di el salto y me lancé a la aventura de emprender. Hoy soy coach certificada por el Instituto Napoleon Hill, conferenciante internacional, ponente de TEDx y autora de best-sellers. Esto ha sido posible porque hice de Dios mi CEO, y porque sé que siempre tengo un copiloto invisible que nunca se aparta de mi lado.

6. La Paloma

Era el 11 de junio de 2025 y mi casa bullía de energía. Mis hermanas del grupo mastermind M3 habían venido a hacer un ejercicio especial después de un evento dirigido por Eliza, en el que habló de liberar la máscara del ego. Habíamos decidido escribir una carta, leerla en voz alta y quemarla como símbolo de la liberación de nuestro viejo yo y de nuestro ego. Estaban presentes Eliza, Magdalena, Esther con su novio y Giselle.

Cuando llegó mi turno, sostuve mi carta entre las manos. Cada palabra que había escrito contenía trozos de mi historia, mis cargas y mi antigua identidad. Lo leí todo, sintiendo cómo la culpa, el miedo y las heridas se desprendían de mí.

Justo cuando terminaba, ocurrió algo inesperado. Eliza, con los ojos muy abiertos, me interrumpió: *"Caro... una paloma"*.

Fue la única que lo vio, pero su descripción aún me produce escalofríos: una paloma blanca apareció justo detrás de mí, como si hubiera salido de mi espalda. Voló sobre mí, luego sobre cada uno de los presentes... y desapareció.

No la vi, pero no me hizo falta. Lo sentí. Sabía que era Dios confirmando mi renacimiento, y mi padre celebrándolo conmigo, rodeándome con su bendición. Fue como si ambos dijeran: *"Ya estás lista. Camina ligero"*.

Ese momento reafirmó lo que ahora sé de Dios: Él siempre está aquí. Susurra, guía, espera. Y mi padre también. Juntos han llenado mi vida de guiños, plumas, estrellas fugaces y manos invisibles.

7. Pide una señal

Si esperas una señal, no la pidas por miedo. El miedo nubla tu visión y te hace dudar de lo que recibes. Pide desde certeza, del tipo que se siente tan seguro como que el sol saldrá mañana.

Cuando pidas, sé claro. Háblale a Dios, al Universo o a tus ángeles como si estuvieras hablando con un amigo. Diles exactamente lo que quieres ver como confirmación:

- *"Si este trabajo es adecuado para mí, déjame ver un cardenal rojo"*
- *"Si estoy destinada a dar este salto, envíame una pluma blanca"*
- *"Si mi ser querido está conmigo, muéstrame una mariposa que se acerque lo suficiente para que me dé cuenta".*

Después, **déjalo estar**. No busques la señal. No te obsesiones con ella. Vive tu vida y confía en que, si tiene que llegar, llegará, a menudo cuando menos te lo esperes.

Mantente abierta a *cómo* llega y qué forma adopta. El cardenal puede estar en una taza de café. La pluma podría estar en un aparcamiento o incluso en el fondo de un post de Instagram cualquiera. A veces tu señal no llegará de la forma literal que imaginabas, pero la sensación será inconfundible, como si Dios se inclinara y dijera: *"Esto es para ti".*

Cuando llegue la señal, detente. Recíbela. Deja que se asimile. Da las gracias en voz alta. La gratitud sella el momento en tu alma, haciéndote más atento a futuras señales.

Si mis hijos leen esto algún día, quiero que lo sepan: nunca caminas solo. Pide. Confía. Abre bien los ojos. Porque cuando el cielo está en tu equipo, siempre hay una jugada que cambia el partido a tu favor.

Y cuando veas tu propia estrella fugaz, encuentres una pluma blanca o recibas un guiño inesperado, sonríe y susurra: *"Estás aquí. Siempre estuviste"*.

Dios y mi padre me hablan a través de detalles que otros podrían tachar de coincidencia: una mariposa golpeando mi ventana, una canción que contiene las palabras exactas que mi alma necesitaba, una pluma blanca donde no debería haber ninguna pluma, una puesta de sol que detiene el mundo en seco.

Para mí, cada uno de ellos es más que una señal. Es una carta de amor de lo invisible.

Y una vez que aprendas el idioma, te darás cuenta de que el cielo nunca deja de hablar.

Carolina Chams

Instagram: @carochams

Capítulo 14
La Belleza De La Gracia De Dios

por Jaimie Luna

"No se inquieten por nada, sino que en toda situación, con oración y ruego, presenten sus peticiones a Dios con acción de gracias..."
- Filipenses 4:6-7

Tu Historia Importa

Desde que tengo memoria, creía que no tenía nada digno que decir. Como si mi historia fuera demasiado tranquila, demasiado complicada, y no fuera lo suficientemente impresionante o interesante como para ser escuchada. Pero mirando hacia atrás en mi vida, me he dado cuenta de que Dios tenía una historia en mente para mi vida. La palabra de Dios dice*: "Antes de formarte en el vientre te conocí, y antes de que nacieras te consagré; te nombré profeta de las naciones"* (Jeremías 1:5).

Porque elijo creer lo que Dios dice de mí y no lo que dice el enemigo, ahora sé que mi historia sí importa. Porque si Dios pudo actuar en mi vida de la manera en que lo ha hecho, sé que también puede hacerlo por ti.

Las Luchas Silenciosas

Entregué mi vida a Jesús en segundo grado. Un día mi mejor amigo me invitó a la Escuela Bíblica de Vacaciones, y algo se movió en mi corazón que se quedó conmigo para siempre. Yo no entendía mucho acerca de Dios, pero sabía que Él era real y sabía que Él estaba conmigo a través de cada temporada de mi vida: lo bueno, lo malo, y todas las partes desordenadas e incomprendidas en el medio.

Crecí en Houston, en una casa blanca de dos pisos situada en una esquina. Cada habitación tenía una alfombra de distinto color: azul, roja y rosa, un detalle que nos dejó la pareja china que vivió allí antes que nosotros. Por fuera, nuestra casa parecía una de las mejores del barrio, pero por dentro había luchas silenciosas que moldearon cómo me veía a mí misma y cómo viviría mi vida durante mucho tiempo.

Mis padres me tuvieron muy joven y trabajaron duro para mantenernos. Les estoy muy agradecida por ello. Sé que hicieron todo lo que pudieron para criarnos lo mejor que supieron, pero creo que llevaban sus propias heridas. Llevaban heridas difíciles de sobrellevar, y tal vez no les dieron las herramientas adecuadas para superarlas en la victoria.

Mi padre era un hombre orgulloso que siempre tuvo una voz fuerte y poderosa. Una que era muy intimidante cuando se hacía más fuerte. Mi padre tenía un profundo conocimiento de las Escrituras hasta el punto de que podía citar versículos y hablar de la Biblia de una manera tan elocuente e inteligente. Pero como muchas de nosotras, luchaba con los deseos de la carne y vivir en el poder del Espíritu Santo. Era un gran trabajador que mantenía a su familia, pero había noches en las que llegaba tarde a casa después de beber, lo que causaba muchas discusiones entre él y mi madre. También causó mucha preocupación y ansiedad en mi propia vida.

Ahora, de adulta, lo veo con más claridad. He comprendido que mi padre no quería hacer daño a nadie. Su infancia estuvo llena de privaciones, pobreza y amor duro, junto con la presión de ayudar a su madre a mantener a la familia a una edad muy temprana, cuando su padre no estaba presente. Esas profundas heridas no desaparecieron sólo porque se convirtiera en padre. Nadie le enseñó a manejar emociones profundas ni a lidiar con el peso que llevaba encima. Creo que hizo lo mejor que pudo con lo que tenía en ese momento. No podía darnos lo que él mismo no tenía. Pero en aquel momento no me di cuenta porque mi perspectiva era diferente. Cuando Dios entra en tu vida, Él te da un lente completamente nuevo desde el cual puedes ver todo el panorama con ojos de fe comparado con el punto de vista limitado en el que el enemigo quiere mantenerte cuando solo ves a través de tus propios ojos.

Siempre Intentando Pasar Desapercibido

Aun así, sentí el peso de esto cuando era niña. Recuerdo que siempre sentía que caminaba sobre cáscaras de huevo, tratando de no decir algo incorrecto porque podría enfadarlo. Me convertí en la ayudante silenciosa de mi madre, llevando cargas emocionales que aún no sabía cómo procesar. No quería aumentar su estrés, así que me lo guardaba todo para mí porque así era más fácil. Aprendí muy pronto que guardármelo todo y mantenerme ocupada me ayudaba a regular mis emociones. Me empeñé en participar en la escuela (orquesta, equipo de ejercicios, consejo estudiantil, Girl Scouts) para sentir que pertenecía a algo. Sonreía, actuaba, conseguía cosas. Pero en el fondo, me sentía rechazada y ansiosa todo el tiempo. No importaba lo que hiciera, porque los sentimientos de rechazo siempre parecían sacar lo mejor de mí.

Recuerdo que mis años de primaria fueron muy duros porque era muy tímida. ¿Recuerdas haber sentido alguna vez que sólo querías meterte en un agujero y no salir nunca? Esa era yo. Tenía ese tipo de ansiedad que era tan desgarradora que la sentías en lo más profundo de tu ser. Recuerdo que odiaba llegar tarde a clase porque eso significaba que todos me miraban. Siempre me sentía como si intentara pasar desapercibida para que nadie se fijara en mí. Hubo una vez en que mi madre me dejó tarde y cerré accidentalmente la puerta del auto en el dedo, así que me bajé del auto y me escondí detrás de un arbusto delante del colegio y mi madre se dio cuenta de que algo iba mal, pero yo no quería decírselo porque era ese tipo de chica, la que se lo guardaba todo, incluso el dolor, y no quería contarle a nadie por lo que estaba pasando. Esperaba que el dolor desapareciera y no tuviera que molestar a nadie, pero no fue así. De hecho, cada vez me palpitaba más mientras permanecía de pie detrás del arbusto aquel día. Al final, mi madre se bajó del auto para ver qué me pasaba y tuve que ir al médico porque se me había salido toda la uña del pulgar.

Así de fuerte me había dado con la puerta en las narices. Como era tan dolorosamente tímida, me reconfortaba mucho escribir diarios a una edad tan temprana. Sentía que era la única forma de expresarme y sacar todos los sentimientos que me embargaban. Mis diarios se convirtieron en mi lugar seguro, llenos de dibujos, oraciones y páginas que escribía como cartas a Dios porque sabía que, aunque no pudiera verle, Él siempre estaba ahí. No entendía del todo por qué estaba pasando por lo que estaba pasando, pero sabía que Él estaba conmigo y eso me daba tanta paz en el corazón. Una paz que no viene de este mundo, sino sólo a través de la Gracia de Dios.

"Tú guardarás en completa paz a aquel cuyo pensamiento en ti persevera, porque en ti ha confiado" (Isaías 26:3).

El Poder De La Oración De Los Padres

En la escuela secundaria, luchaba con mi apariencia debido a mi peso. La comida fue una de las formas en que aprendí a lidiar con mis sentimientos y emociones. Recuerdo que comía e intentaba vomitar para no engordar más. Ya me sentía mal conmigo misma y ahora tenía que ocuparme de mi aspecto exterior. Un día me desperté y una de mis piernas no quería moverse. Era muy extraño y tenía miedo. Ese día fui al colegio y seguí sintiendo que la pierna me hormigueaba y se me ponía rígida durante todo el día, así que fui a la enfermería y mi madre vino a recogerme para llevarme al médico.

Mientras caminaba con mi madre tuve un ataque en medio del pasillo del colegio. Mi madre me contó después que me caí al suelo y gritó tanto pidiendo ayuda que todo el mundo salió a ver qué pasaba. Lo siguiente que supe fue que estaba en el hospital. Más tarde, los médicos les dijeron a mis padres que era, que estaba atravesando la adolescencia y que mi cuerpo estaba sometido a mucho estrés, porque todas las demás pruebas habían salido normales. Tuve algunos episodios más de convulsiones, así que el médico me recetó medicación. Esta experiencia traumática hizo que mi padre acudiera a Dios en busca de ayuda. Recuerdo que me dijo que le pedía a Dios que me curara y que, si lo hacía, cambiaría de actitud y le serviría. Realmente sentí que Dios escuchó la petición de oración de mi padre y me curó de la epilepsia; dejé de tomar la medicación al cabo de unos meses y nunca volví a tener otro ataque. Mirando hacia atrás en ese viaje, no creo que me diera cuenta plenamente de cómo Dios me había sanado hasta que fui mucho mayor. Le estaré eternamente agradecida. Sólo Dios podía haber hecho algo así.

"Y todo lo que pidáis en oración, creyendo, lo recibiréis". (Mateo 21:22)

Desamor Y Más Desafíos

En el instituto sufrí mi primer desengaño amoroso. Mi novio me engañó con una amiga mía muy cercana en ese momento y ella también estaba en mi equipo de baile. Me quedé destrozada. Lloré con mi madre, una de las pocas veces que bajé la guardia. Ella estaba a mi lado. Su presencia lo era todo para mí. Siempre tuvo una fuerza silenciosa que nunca olvidaré. No importaba por lo que estuviera pasando, se levantaba todos los días, iba a trabajar a tiempo completo y nunca dejó que eso le impidiera ser la mejor madre que jamás podríamos pedir. Es la persona más fuerte que conozco.

El dolor por el que pasé, por mucho que me doliera, se convirtió en el empujón que necesitaba para dejar Houston y empezar de nuevo en el Valle del Río Grande, ya que mi padre siempre quiso volver a su ciudad natal. La mudanza conllevaba sus propios retos, ya que echaría de menos a todos mis amigos de la infancia y mi vida tal y como la conocía. Afortunadamente, pude unirme al equipo de baile de mi nueva escuela y, por la gracia de Dios, hice nuevos amigos porque siempre me consideré introvertida. Por fuera, estaba bien. Pero por dentro, seguía teniendo esa sensación de rechazo, como si no encajara en ningún sitio. Es algo con lo que he tenido que lidiar toda mi vida.

Recuerdo que sufrí mi primera crisis mental a los diecisiete años. Cuando mi familia y yo nos mudamos al sur de Texas, vivimos con mi abuela mientras mis padres buscaban una casa para mantenernos. Pero para los que saben, es muy difícil vivir con más de una familia en un hogar. Mi tío, mi tía y mis primos también vivían allí con nosotros en ese momento. Nunca tienes intimidad y mi padre era muy estricto con nosotros cuando éramos pequeños, así que tener que soportar sus cambios de humor en casa de otra persona me producía mucha ansiedad porque siempre estábamos al límite. Nunca tuvimos esa sensación de paz que anhelaba tener como familia. Una noche, recuerdo que tenía tanta ansiedad que no podía dormir. Daba vueltas en la cama y no me sentía bien. Tenía el corazón acelerado y los nervios a flor de piel, me temblaban los ojos y no podía parar de temblar. Pensé que estaba teniendo otro ataque, así que le conté a mi hermana cómo me sentía y ella se lo dijo rápidamente a mi madre, que llamó al 911. Recuerdo a mi tío intentando calmarme.

Recuerdo que mi tío trató de calmarme y me preguntó si conocía a Jesús y le dije que sí. Fue entonces cuando los paramédicos entraron en la habitación para examinarme y le dijeron a mi madre que no estaba teniendo un ataque, sino una crisis mental. En aquel momento ni siquiera sabía lo que era eso. Lo único que sé es que lo que sentía era real y que no podía procesar todas las emociones que sentía. Recuerdo que siempre le preguntaba a Dios: "¿Por qué a mí, Señor? ¿Por qué me pasa todo esto? Ojalá todo desapareciera". Hubo momentos en los que ni siquiera quería seguir viviendo. Sólo quería ir al Cielo, mi hogar permanente, y no sentir más dolor ni heridas. Aunque estaba pasando por tantas cosas, Dios nunca me abandonó.

> *"¿Dónde puedo alejarme de tu espíritu? ¿O dónde puedo huir de Tu presencia? Si subo al cielo, Tú estás allí; Si hago mi cama en el infierno, he aquí, Tú estás allí. Si tomo las alas de la mañana, Y habito en los confines del mar, Hasta allí me guiará Tu mano, Y me sostendrá Tu diestra."* (Salmo 139: 7-10)

Miedo, Fracaso Y El Inmerecido Favor De Dios

La universidad trajo otra oleada de lucha. No sabía exactamente lo que quería hacer, pero sabía que quería utilizar los dones y talentos que el Señor me había dado. No siempre era la más lista ni la más rápida, ¡pero era muy creativa! Siempre me encontraba garabateando en papel o en diarios y siempre me ha gustado dibujar y escribir desde que era pequeña, así que sabía que quería hacer algo en lo que pudiera utilizar mi creatividad. Siempre dudé de mí misma y recuerdo que cambiaba mucho de carrera porque tenía miedo de fracasar en todo lo que hacía. Un día, hablando con mi tía sobre mi futuro, me dijo que era muy cariñosa y que sería una buena profesora. Gracias a sus palabras de aliento, decidí ir a por todas y enfrentarme a mis miedos para convertirme en profesora de arte. Me ayudó mucho a creer que era buena en algo, y sus palabras marcaron la diferencia. Siempre trata de ayudar a los demás con palabras de aliento, porque pueden ser las palabras que necesitan oír para seguir adelante en el plan que Dios tiene para ellos.

La ansiedad y el miedo se apoderaron de mi mente y mi corazón a un nivel mucho más profundo. Me matriculaba en las clases y luego me saltaba las presentaciones finales porque el miedo se apoderaba de mí. Reprobé clases, no porque no me importara, sino porque tenía tanta ansiedad y luchaba tanto con hablar en público que prefería abandonar una clase justo al final si requería que me parara frente a la clase y diera una presentación. Debido a este ciclo destructivo, tardé muchos años en terminar la carrera, no porque no fuera capaz, sino porque dejé que el miedo se apoderara de mí. Tuve varios trabajos mientras estudiaba porque era más fácil quedarme en mi zona de confort. Tenía miedo del futuro porque no creía en mí misma, pero ese era el problema. Había estado buscando en el lugar equivocado. No necesitaba mi propia fuerza o confianza; necesitaba la de Dios. Es algo en lo que sigo trabajando hoy en día. Todos mis instructores me reprobarían por no haber dado ese último discurso, todos menos uno.

Recuerdo que me tocaba pasar al frente y hacer mi presentación final del semestre. Me había pasado toda la noche ensayando mi discurso delante de mis compañeros de habitación y esta vez sí que me sentía preparada, ¡y de verdad que iba a hacerlo! Pero mientras miraba a todo el mundo, volví a mirar a mi profesora y le dije que no podía hacerlo. Salí de clase y, ¿adivinen qué pasó? Salió justo después de mí y me preguntó qué me pasaba. Le dije que simplemente no podía hacerlo y empecé a explicarle las ansiedades que me habían frenado durante tanto tiempo. Ella me dijo: "Sabes que puedo suspenderte ahora mismo, pero no lo voy a hacer.

En lugar de eso, voy a darte una oportunidad más porque sé que tienes potencial y que puedes hacerlo". No me lo podía creer. Estaba más que agradecida. Practiqué, oré y le pedí a Dios que me ayudara, sabiendo que no podía hacerlo sola. Necesitaba su fuerza más que nunca. Volví a clase esa semana y me sentía preocupada pero, de repente, sentí como una oleada de confianza que le pregunté a mi profesora de oratoria si podía ir la primera a presentar y me dijo que sí. Subí e hice lo que tenía que hacer. ¡Gracias, Jesús! Para acortar la historia, mi profesora no solo me aprobó, sino que me dio una "A" por la clase. ¡¡¡¡¡Otra vez, solo Dios!!!!!

> *"Bástate mi gracia, pues mi fuerza se perfecciona en la debilidad. Por tanto, de buena gana me gloriaré más bien en mis debilidades, para que repose sobre mí el poder de Cristo"* (2 Corintios 12:9).

Dios fue tan fiel que me dio la oportunidad de terminar finalmente, pero definitivamente no fue fácil para mí. Me sentí tan abrumada y derrotada justo antes de mi último semestre de universidad que dejé todas mis clases. Creo que esto fue lo peor que me había pasado. Dejé que el enemigo me convenciera de que no tenía lo que se necesitaba para completar lo que Dios había comenzado en mí. Recuerdo que me aislé en mi habitación, escuchando todas las mentiras en mi cabeza: *"No eres suficiente. Nunca acabarás. Quédate donde estés a salvo"*, y hasta el día de hoy se me llenan los ojos de lágrimas porque recuerdo todo lo que sentí durante ese tiempo, y fue lo más difícil de superar. Creo que fue porque Dios estaba tramando algo grande en mi vida y cuando Dios está haciendo algo en tu vida que te cambia la vida, es mejor que creas que el enemigo hará todo lo posible para distraerte del propósito de Dios para ti. Por eso es tan importante que te mantengas firme sin importar las circunstancias y nunca te des por vencido sin importar lo difícil que se ponga porque el Señor peleará tus batallas si le confías tus sueños y tus metas.

> *"Pero en cuanto a ti, tú quisiste el mal contra mí; pero Dios lo quiso para bien, para que sucediera como hoy, para salvar a mucha gente con vida".* (Génesis 50:20)

Mi padre, con quien no tuve una relación cercana mientras crecía, notó que algo andaba mal. Me sentó y me dijo: "No sé qué está pasando, pero CREO EN TI". Y si alguien puede hacerlo, eres tú". Esas palabras me cambiaron la vida en aquel momento. Me parece increíble cómo nuestras palabras pueden dar vida o muerte a una persona. Nunca le había oído decir eso antes. Fue como si el mismo Dios hubiera llegado a los lugares rotos de nuestra relación y hubiera hablado de sanación a través de la misma persona a la que yo había luchado por entender cuando era niña. Creo sinceramente que Dios puede utilizar a cualquiera, especialmente a quien menos te lo esperas. Nunca subestimes a las personas que Dios trae a tu vida.

Oré y busqué a Dios como nunca antes lo había hecho. Le pedí a Dios que abriera un camino. Volví a la universidad y pedí volver a matricularme. La mujer del mostrador parecía dudosa y sabía que las políticas y procedimientos de la universidad no lo permitirían. Pero tras una conversación con su supervisora, volvió y me dijo: "Vamos a permitir que vuelvas a matricularte sólo esta vez".

Eso sí que era la mano de Dios, porque yo sabía sin lugar a dudas que no habría sido posible sin su intervención. Estaba tan agradecida y aliviada por lo que Él había hecho por mí.

"Para los hombres esto es imposible, pero para Dios todo es posible". (Mateo 19:26)

Dios Es Bueno Y Es Fiel

Finalmente llegó el día de la graduación. Estaba tan feliz y aún no podía creer que realmente había logrado lo que me había propuesto.

A pesar de todos mis miedos y fracasos y tantas noches sin dormir llenas de ansiedad, Dios seguía trabajando detrás de escena a mi favor y finalmente logré mi meta de convertirme en Maestra de Arte. Tres años después, me sentí humilde y honrada de haber sido nombrada **Maestra del Año** en mi escuela y, para mi mayor sorpresa, ¡¡¡**Maestra del Año del Distrito**!!! Yo, la niña asustada que una vez creyó que nunca llegaría a la universidad. Todo lo que podía pensar era: *¡Mira lo que Dios ha hecho! Nunca podría haber imaginado que esto sería posible para mí. La que quería abandonar. Si lo hubiera hecho nunca habría experimentado toda la bondad de Dios y lo que Él podía lograr a través de mí. No comparto esta parte para jactarme de* mí misma de ninguna manera porque nada de esto sería posible sin el Señor. Comparto esto para que todos conozcan la fidelidad de Dios que no solo te bendecirá sino que ¡te bendecirá en abundancia! Más de lo que puedas imaginar si te rindes y confías en Él.

> *"Humillaos, pues, bajo la poderosa mano de Dios, para que él os exalte en el momento oportuno, echando todas sus angustias sobre él, porque él tiene cuidado de vosotros".*
> (1 Pedro 5:6-7)

Hay estudiantes con los que todavía me encuentro que ya están en la universidad o casados y que no siempre siento que dejé algún impacto en sus vidas, pero recientemente vi a uno de mis estudiantes trabajando en una tienda cerca de mi casa y no lo reconocí de inmediato, pero mientras estaba registrando los artículos que yo había comprado, de repente vi lágrimas silenciosas bajando por sus ojos. Le pregunté si estaba bien y me dijo que sí. Pero cuando le miré, empecé a reconocerle. Le pregunté si había ido a la primera escuela en la que trabajé y me dijo que sí. Lo sabía, era uno de mis antiguos alumnos y ya era mayor. No recordaba su nombre, pero sí su cara. Me había dicho que se le llenaron los ojos de lágrimas porque se acordaba de mí y le traía buenos recuerdos de cómo le ayudé en un momento difícil por el que estaba pasando cuando era joven. Nunca me lo había dicho antes, así que no lo sabía, pero le agradecí mucho que me lo dijera. Nunca sabes a quién impactarás en tu camino. Este joven me alegró el día y me hizo darme cuenta de que todo lo que he pasado, el trabajo duro, la ansiedad y el miedo han merecido la pena porque he podido ayudarle cuando más lo necesitaba. Nunca habría podido vivir ese momento y muchos otros similares si me hubiera rendido y no hubiera tenido el valor de completar lo que Dios me había encomendado.

> *"Estando seguro de esto mismo: que el que comenzó en vosotros la buena obra, la perfeccionará hasta el día de Jesucristo".* (Filipenses 1:6)

Un Florecimiento Tardío No Siempre Es Tardío

Siempre he florecido tarde en la vida con casi todo, pero sé que Dios tenía una razón para eso también. Me licencié a los treinta años. Me casé a los 35 y siempre cuento la divertida anécdota de que, cinco años después, mi marido y yo nos fuimos de crucero y volvimos a casa con un recuerdo. Lo has adivinado, a los 40 años, Dios nos dio un pequeño petardo, un niño muy brillante, divertido, creativo y precioso que me recuerda cada día que el tiempo de Dios es perfecto. Me enteré de que estaba embarazada un día antes del Día de la Madre y ¡¡¡no podíamos creerlo!!! ¡Yo era una TÍA y una maestra, pero ahora iba a ser una mamá y yo estaba en el temor de Dios! Me costó un poco hacerme a la idea de que iba a ser madre de mi propio bebé. Dios nunca llega tarde, siempre llega a tiempo, es decir, a su tiempo.

"Él ha hecho que cada cosa sea bella a su tiempo".
(Eclesiastés 3:11)

Ahora que soy madre, me esfuerzo mucho por ser intencionada con mis palabras. Hago todo lo que puedo para decirle a mi hijo que se le quiere, que se le ve y que su voz importa. Le reafirmo no sólo con acciones, sino con la verdad de Dios. Conozco el poder de las palabras, porque sé lo que se siente al oír palabras hirientes, y sé cómo pueden afectar a toda tu vida si lo permites. Sé que mis padres hicieron lo mejor que pudieron con lo que tenían para dar y los aprecio más ahora que soy madre. Me he dado cuenta de que no es fácil ser padre y de que todos podemos cometer errores porque todos estamos por debajo de la gloria de Dios, incluida yo misma. Mi única esperanza es que mi hijo también encuentre en su corazón la forma de perdonarme todos mis defectos, los que conozco y los que no. Todos nos esforzamos por ser buenos padres, pero a veces la vida y las circunstancias se interponen en nuestro buen juicio. Espero enseñarle también a amar a los demás como Dios los ve y a perdonar incluso cuando no se lo merecen. Quiero mucho a mi hijo y me siento profundamente agradecida y honrada de ser su madre. ¡Ni en un millón de años pensé que me convertiría en mamá, ¡por Dios!

Él es la razón por la que quise contribuir a este increíble libro para que él pudiera ver la bondad y fidelidad de nuestro Señor y Salvador.

Dios sabía lo que hacía cuando lo trajo a mi vida en el momento en que lo hizo. Mi hijo me ha cambiado para mejor y me ha ayudado a ser mucho más valiente de lo que nunca pensé que podría ser. También quiero dejar un legado de lo que Dios ha hecho por mí con la esperanza de que inspire no sólo a mi hijo, sino a todos mis sobrinos y sobrinas y a todos aquellos a los que quiero a confiar en Dios con sus vidas también. Sabiendo y creyendo que Dios tiene grandes planes para sus vidas, incluso cuando no siempre pueden sentirlo o verlo.

"Porque yo sé los pensamientos que tengo acerca de vosotros, dice el Señor, pensamientos de paz y no de mal, para daros un futuro y una esperanza. Entonces me invocaréis e iréis a orar a Mí, y Yo os escucharé. Y me buscaréis y me encontraréis, cuando me busquéis de todo corazón".
(Jeremías 29: 11-13)

Elegir Perdonar

A través de la gracia de Dios, creo que he superado muchas cosas en mi vida, pero todavía estoy sanando y creciendo más fuerte en el Señor todos los días a través de la oración y la lectura de la palabra de Dios. Mi relación con mi padre fue muy difícil mientras crecía, pero a través de los años ha mejorado mucho porque elegí perdonarlo por el pasado. No fue fácil y me tomó muchos años aprender que el perdón toma tiempo y paciencia pero es necesario para que tengas paz y para que Dios pueda moverse en tu vida. ¿Cómo no vamos a perdonar si Dios ha decidido perdonarnos nuestros pecados una y otra vez?

> *"Porque si perdonáis a los hombres sus ofensas, os perdonará también a vosotros su Padre celestial. Pero si no perdonáis a los hombres sus ofensas, tampoco su Padre os perdonará sus ofensas".*
> (Mateo 6:14-15)

He visto a Dios obrar en su vida a través de la enfermedad, desde un derrame cerebral hasta la septicemia, y sin embargo sigue aquí con nosotros. Oré durante MUCHOS años para que fuera a la iglesia y dejara que Dios cambiara su corazón, y Dios también respondió a esa oración. Después de que enfermó, empecé a ver un cambio en él y estaba más activo y presente en la vida de nuestra familia. También tuve el privilegio de ver a mi papá y a mi mamá bautizarse juntos y ahora asisten a la misma iglesia a la que yo asisto. Me paro junto a él y mi mamá cualquier domingo y todavía estoy asombrada de lo que Dios ha hecho y sigue haciendo cuando confiamos en Él. Nuestra familia no es perfecta y todavía hay algunas cosas que necesitan cambiar, pero servimos a un Dios que es fiel y cuando ponemos nuestra fe en Él, Él continúa transformando nuestras vidas de adentro hacia afuera. Enfócate en las cosas que son buenas, las cosas que Dios ya ha hecho por ti, y déjale el rcsto a Él. Estoy muy agradecida por mi mamá y mi papá, no importa lo que hayamos pasado como familia, porque yo no sería quien soy hoy sin ellos. Incluso a través de la angustia, el miedo y la ansiedad, siempre hubo amor genuino y un sentido de fortaleza, agallas y resistencia que no habría tenido sin las primeras partes de mi historia. Y lo que es más importante, gracias a ello me acerqué más al Señor y aprendí a depender de Dios y no de los hombres.

> *"Y sabemos que a los que aman a Dios, todas las cosas les ayudan a bien, esto es, a los que conforme a su propósito son llamados".*
> (Romanos 8:28)

Aprender A Confiar Tu Historia A Dios

Sigo sanando y creciendo cada día porque ya no quiero esconderme. Estoy aprendiendo a confiarle a Dios mi historia, no sólo las partes brillantes sino las partes que son vulnerables y difíciles de compartir por miedo a ser juzgada o rechazada. Pero en la palabra de Dios nos dice: *"Porque no nos ha dado Dios espíritu de cobardía, sino de poder, de amor y de dominio propio".* (2 Timoteo 1:7). Elijo creer a Dios y Su verdad porque el enemigo es un mentiroso y solo quiere hacer una cosa y es destruir nuestro testimonio.

> *"El ladrón no viene sino para hurtar, y matar, y destruir. Yo he venido para que tengan vida, y para que la tengan en abundancia".* (Juan 10:10)

No le dejes ganar esta vez. He perdido tanto tiempo creyendo las mentiras que no quiero perder ni un minuto más porque quiero vivir la mejor vida que Dios tiene para mí. La vida es demasiado corta para no estar viviendo tu mejor vida en Cristo.

Y si estás leyendo esto, sintiéndote ansiosa, temerosa, o como si tus sueños estuvieran demasiado lejos o fuera de tu alcance, déjame decirte: *No estás demasiado tarde y Dios te ve y quiere encontrarse contigo justo donde estás.*

Dios tiene una manera de redimir cada momento. Cada fracaso. Cada retraso. Convierte el quebrantamiento en belleza. El silencio en testimonio. El dolor en propósito. No desperdicies tu dolor, compártelo para ayudar a alguien a contar su propia historia algún día. Dios nos ha dado a todos una historia porque Él te creó y Él conoce tu principio y tu final y todo lo que hay en medio. ¿Cuál es la tuya? ¿Qué te está pidiendo Dios que hagas para que puedas caminar con valentía en tu llamado? Como mi papá me dijo una vez y nunca lo olvidaré porque me ha ayudado de muchas maneras, "Hazlo con miedo". Esa es la única manera en que aprenderás a superar las cosas difíciles, haciéndolo con miedo y dándote cuenta de que puedes hacerlas si confías en que Dios está contigo. Este versículo ha sido mi versículo favorito que guardo tan cerca de mi corazón porque me ha dado tanta paz en mi vida.

> *"Por nada estéis afanosos, sino sean conocidas sus peticiones en toda oración y ruego, con acción de gracias; y la paz de Dios, que sobrepasa todo entendimiento, guardará sus corazones y sus pensamientos, por Cristo Jesús Señor nuestro."* (Filipenses 4:6-7)

Querida amiga, ¡creo en ti y en tu historia! Vive para contarla y ver lo que Dios puede hacer a través de tu valentía y obediencia. Él nos ha dado a todos una misión en esta tierra. La pregunta es, ¿vas a hacer todo lo posible para caminar en la fe y lograr todo lo que Él tiene para ti o vas a encogerte y sólo vivir para sobrevivir en tus circunstancias actuales. Anímate hoy y cree que Dios te creó para mucho más. Escoge creer que Él no siempre llama a los calificados pero Él siempre califica a los llamados. Él te ha dado todo lo que necesitas para tu misión. Todo lo que tienes que hacer es preguntarle lo que Él quiere que hagas y estar dispuesta a ser obediente.

> *"Como su divino poder nos ha dado todas las cosas que pertenecen a la vida y a la piedad, mediante el conocimiento de aquel que nos llamó por la gloria y la virtud".* (2 Pedro 1:3)

Una Oración Por Ti, Amiga Mía

Querido Señor

Te pido que hoy estés con tu hermosa hija. La que está cansada y abrumada y que está leyendo esto ahora mismo en la temporada en la que se encuentra. Te pido que la rodees con tus brazos amorosos y que sienta tu presencia de una manera innegable. Te ruego que llenes su vida de la gran esperanza y propósito que has planeado para ella incluso antes de que naciera. Hazle saber que ella fue creada a tu imagen para hacer grandes cosas y que aunque ella no lo vea ahora, tu estas trabajando todas las cosas para su bien. *"Y sabemos que a los que aman a Dios, todas las cosas les ayudan a bien, esto es, a los que conforme a su propósito son llamados".* Romanos 8:28 No hay nada por lo que ella haya pasado que sea en vano porque tu usaras todo para revelar su verdadero llamado en su vida mientras ella aprende a confiar en ti. Ayúdala a vivir con intención, propósito y pasión desde este día en adelante, sabiendo que nunca está sola.

Deja que esta sea su llamada de atención de que ahora es el momento de levantarse y entrar en lo que Dios la ha llamado a ser. Ayúdala a vivir con la esperanza de que Dios traerá milagros y bendiciones a su vida a medida que aprenda a renunciar al pasado que no puede cambiar y a perdonar a aquellos que la han herido profundamente. Ayúdala a soltarte esa carga para que puedas reemplazar ese vacío en su corazón con tu paz perfecta que ella ha estado anhelando. Ayúdala a avanzar en tu amor, misericordia y gracia inagotables todos los días de su vida, porque el mundo necesita ver más de ella y de todo lo que Dios la creó para ser. Que sepas que yo, junto con todas mis hermanas en Cristo, te animamos y te alentamos, amiga. ¡Tú puedes!

"No temas, porque yo estoy contigo; no desmayes, porque yo soy tu Dios. Te fortaleceré, sí, te ayudaré, te sostendré con mi diestra justa". (Isaías 41:10)

Jaimie Luna

Instagram: @mrs.jaimie29

Capítulo 15
Legado En Mi Sangre

por Chelsea Victoria Gonzalez

"Una generación encomienda tus obras a otra; cuentan tus hechos poderosos".
- Salmo 145:4

Se dice que la sangre recuerda. Lleva consigo la risa, el dolor, el valor y el amor. No lo entendí hasta que fui madre y me di cuenta de que todo lo fuerte que hay en mí proviene de una mujer nacida en un mundo diferente, mi abuela, María de Los Ángeles Ríos Uribe.

Ella nació en 1931, en Linares, Nuevo León, México. Una de diez hermanos, siete niñas y tres niños, criada en una granja por padres y abuelos campesinos. La vida era dura, pero la familia era fuerte. Trabajaban la tierra con las manos y se sostenían unos a otros con el corazón. No había dinero, pero había amor, pan casero y unidad. Sobrevivían juntos. Así se crio ella y así nos crio a nosotros.

Con sólo dieciséis años, *la* abuela María se convirtió en *maestra* de escuela. Inteligente, decidida y llena de ganas. Trajo a toda su familia del rancho a la ciudad para que tuvieran mejores oportunidades. Así era ella: siempre mirando por todos. Siempre adelantada a su tiempo.

Entonces llegó el amor de su vida, Juan Uribe. Se conocieron en un baile, de esos en los que los vestidos giran, las risas llenan el ambiente y las chispas saltan por la pista. Se enamoraron. Profundamente. De verdad. Él era carpintero y trabajador de la construcción, tranquilo, paciente y bueno. Construyó su casa con sus propias manos. Ella dejó su trabajo de maestra, siguió a su corazón y empezó una nueva vida con él en McAllen, Texas.

Allí tuvieron seis hijos: Juan, Mirna, Víctor, Belinda, Rosina y David. Todos diferentes. Todos queridos. Ella era la disciplinaria y él el equilibrio de voz suave. Eran un equipo. Pero entonces la vida cambió.

Un día, mientras Juan daba los últimos retoques en una obra, se cayó de una escalera. Una pierna rota se volvió trágica en el hospital. Demasiada anestesia. Pocas respuestas. No sobrevivió. En 1970, la abuela enviudó a los 38 años con seis hijos pequeños, algunos de los cuales apenas habían empezado a andar.

No pudo hacer el duelo como es debido. No tuvo tiempo. La discriminación era fuerte en aquellos días. Una madre soltera. Una mujer mexicana. Intentando sobrevivir en América. Era difícil conseguir trabajo, difícil salir adelante, pero ella lo hizo. De alguna manera.

Volvió a la escuela para aprender inglés, leerlo, escribirlo y hablarlo. Aceptó un trabajo en un almacén, empezó en la cola y fue ascendiendo hasta llegar a supervisora, dirigiendo a más de cien empleados. El respeto no se daba, se ganaba. Y ella se lo ganaba a pulso. Incluso cuando le dolía el cuerpo de tanto trabajar de pie, nunca mostraba debilidad. Su fuerza era silenciosa, firme y constante. Era el tipo de mujer que no necesitaba aplausos para seguir adelante.

Pero la vida no había terminado de ponerla a prueba. Años más tarde, perdió a su hijo Víctor a los diecisiete años, en un accidente de ahogamiento en South Padre Island. Ella no estaba allí. Y la destrozó. Nos destrozó a todos. Pero aun así se puso de pie. Siguió adelante. Por el resto de los niños.

Por el futuro. Por la esperanza de que algo bueno aún pudiera construirse a partir de las cenizas de su dolor.

Su hijo mayor, Juan Uribe Jr., dio un paso adelante. Se convirtió en un segundo padre para sus hermanos, se graduó en Texas A&M y llegó a ser ingeniero de la NASA en Houston. Los ojos de la abuela brillaban de orgullo cada vez que hablaba de él. Sus otros hijos también se forjaron una buena vida, educados, fuertes, casados y padres. Cada uno de ellos lleva su fuego, su fe, su amor feroz. Cada uno de ellos es testimonio de su sacrificio y de su fe inquebrantable en un futuro mejor.

Y luego estamos nosotros, los nietos. Crecimos en casa de la abuela. Nos quedábamos a dormir, nos disciplinaba con una sola mirada, *ya tú sabes*, de esas que te intimidaban sin mediar palabra. Aprendimos a hacer tamales, a comer nopales y papaya, y a sentarnos con ella y sus *comadres* en mecedoras mientras chismeaban y reían como niñas otra vez.

Siempre tenía familia cerca: tías, primos, gente a la que ayudó a emigrar de Reynosa y Monterrey. Les dio papeles, trabajo, cobijo y amor. Era el centro de todas las reuniones. La risa más fuerte. El plato de mole más caliente. El corazón más suave, pero sólo si te lo ganabas. Su casa era más que cuatro paredes. Era un santuario. Un lugar donde te alimentaban, oraban por ti y te recordaban quién eres.

Ahora que soy madre, recuerdo todo lo que tuvo que soportar: la viudedad, la pobreza, la discriminación, la pérdida, y saco fuerzas de ella. Si ella pudo sobrevivir a todo eso, criar buenos hijos, ayudar a su familia y seguir amando con todo su corazón, entonces yo también puedo.

Su historia trata de ese legado. Es sobre el tipo de mujer que se dobla, pero no se rompe. Que es madre, no sólo con sus manos, sino también con sus oraciones. Que planta semillas de fe en un mundo que no dejaba espacio para que las mujeres se desmoronaran y, de algún modo, florecieron de todos modos.

Su historia dejó una huella permanente en mi corazón. Convertirme en madre me ayudó a comprender la profundidad de su sacrificio y el peso de su amor. No se limitó a formar una familia, sino que construyó unos cimientos que aún nos sostienen a todos. Ella creía que podía, y lo hizo. Sola, pero nunca sin Dios. Y ahora, gracias a ella, creo que yo también puedo.

La maternidad me abrió. Me despojó de distracciones, ego y egocentrismo, hasta que lo único que me quedó fuimos Dios y yo. Dejé de compadecerme de mí misma. Dejé de quejarme. Porque lo entendí: Lo hizo con menos. Lo hizo con dolor. Y lo hizo con gracia.

Me hizo reflexionar. No sólo sobre su vida, sino sobre de dónde vengo y lo que dejo atrás. Empecé a hacer más preguntas a mi familia. Quería saber más sobre cómo sobrevivieron, cómo mantuvieron su fe. Empecé a darme cuenta de que su fortaleza no es solo una historia, es mi herencia.

Hay algo en el primer año de maternidad que te hace humilde. No importa lo preparada que creas estar, te sacudirá. Te pondrá a prueba. Y te hará crecer. Recuerdo tener a mi hija en brazos, privada de sueño y dolorida por un parto difícil, y pensar: *¿cómo lo ha hecho la abuela seis veces?* Sin ayuda. Sin Google. Sin descanso. Empecé a llorar, no de miedo, sino de asombro. Por fin la veía. No sólo como abuela, sino como mujer. Una guerrera. Una superviviente.

Ahora soy portadora de la bendición generacional de la presencia. Dedico tiempo a los hijos de mis primos. Planeo salidas. Digo: "Vayamos todos juntos a la iglesia" o "Quedemos en el mercado". No se trata del acontecimiento, sino de estar conectados. La casa de mi abuela era el corazón de nuestra familia. Quiero que mis hijos sientan ese mismo latido.

Quiero que mi hija sepa que lleva la resistencia en la sangre. Que viene de gente que aguantó, que creyó, que se levantó. Que lleva la luz. Porque el legado no es sólo lo que dejamos atrás, sino lo que *vivimos* ahora mismo.

E incluso ahora, puedo oír las palabras de la abuela en mi espíritu: "La vida sigue adelante, así que tienes que seguir adelante. Todo lo que tenemos es nuestra familia, así que mantén la fe".

Si estás leyendo esto y atraviesas una etapa en la que sientes que todo es demasiado, recuerda algo: no estás sola. Vienes de mujeres que abrieron camino donde no lo había. Vienes de la fuerza. Vienes del amor. Vienes de Dios.

A veces lo más fuerte que puedes hacer es simplemente seguir apareciendo. A tus hijos. Por tu vocación. A su curación. Incluso cuando es difícil. Incluso cuando estás cansado. Incluso cuando no te sientes suficiente.

Pero lo eres, porque ellos lo fueron.

Con amor, fe y presencia te levantarás, como lo hicieron ellos.

Gracias, abuela. Por cada lección, cada mirada, cada risa. Por las historias. Por las recetas. Por el sacrificio. Por enseñarnos lo que significa no rendirse nunca.

Te amaré por siempre.

Con todo mi corazón,
Tu nieta,

Chelsea Victoria Gonzalez

Chelsea González

Instagram: @mschelseabella

Capítulo 16

Jesús Y Las Ganas

por la Dra. Esmeralda Adame

"Tu intención era hacerme daño, pero Dios lo quiso para bien, para llevar a cabo lo que ahora se está haciendo: salvar muchas vidas".
- Génesis 50:20

Rescatada Del Agua

Nunca olvidarás el momento en que tu vida pasa ante tus ojos. No sólo en la memoria, sino en la entrega. Yo tenía dieciséis años. Me ahogaba. Mi cuerpo se rindió antes que mi fe. En ese último segundo, susurré: "De acuerdo, Dios. Si esto es todo, que sea por algo". Y justo así, el socorrista vino a mi rescate, me alcanzó y me sacó a un lugar seguro. No fue sólo un rescate, fue un recordatorio. Que Dios había estado ahí todo el tiempo.

Vi mi vida pasar ante mis ojos y algo muy vívido en mi mente todavía es que no quería arruinar la boda de mi hermana que estaba a pocos meses de celebrarse. Pero no sabía nadar, sentí que estaba a punto de desmayarme, y todo lo que dije fue Dios si es tu voluntad, estoy lista. Sin embargo, no era mi tiempo, o Él me dejó aquí para cumplir mi propósito.

Me acerqué a la vida con una lente diferente, incluso a esa temprana edad.

Lo que realmente me llevó todos estos años fue Jesús. A través de todo, supe que Él siempre estuvo ahí. Nunca me abandonó. Y ese conocimiento, esa profunda seguridad, era el ancla de mi alma. Lo más increíble fue darme cuenta de que yo no elegí a Dios, Dios me eligió a mí. El hecho de que Él conozca mi nombre es increíble, y me hace sentir elegida y amada.

Creo que por eso los ataques a mi vida siempre han sido feroces, porque la llamada a mi vida es igual de poderosa y está destinada a impactar a miles de personas.

El enemigo ha atacado cada área de mi vida y ha luchado contra mi futuro porque sabe que Dios usará mi testimonio para influir en generaciones.

Pero ese no fue el principio.

Raíces, Heridas Y Silencio

El principio fue una niña con coletas, viviendo en una casa abarrotada, donde el amor estaba presente pero también la pobreza. El tipo de pobreza en la que no te das cuenta de que estás hasta que sales de ella. Éramos doce en total. Mis padres trabajaban sin descanso para llevar comida a la mesa. No teníamos mucho, pero teníamos fe. Crecí oyendo historias del poder de Dios sobre cómo sanaba y cómo salvaba.

Éramos una gran familia y mucho más cuando se contaba la familia extendida. Los recuerdos de la infancia, los buenos, los guardo cerca de mi corazón. Recuerdo vívidamente caminar a la iglesia los domingos y durante la semana. El rancho, como lo llamábamos, era un pequeño pueblo con una iglesia pentecostal a la que mi madre nos llevaba. Sin embargo, mi padre nunca asistió pero nunca le impidió a mi madre que nos llevara y siempre se aseguraba de que tuviéramos una ofrenda.

Crecí escuchando los milagros de Dios y las cosas maravillosas que hacía. Las historias de la escuela dominical sobre cómo creó el cielo y la tierra y cómo dio la vista a los ciegos, cómo curó a los lisiados y tantos hechos asombrosos.

Estaba tan arraigado en mí que, aunque no había visto nada con mis propios ojos, era creyente.

Sin embargo, con sólo tres o cuatro años, lo experimenté de primera mano cuando fui curada milagrosamente de una afección desconocida en una pierna. Dios escuchó las oraciones diarias de mi madre y su tremenda fe. Ese fue mi primer encuentro con Jesús. La primera vez que Él hizo un milagro en mí.

Pero conocer a Jesús y caminar con Él son dos cosas diferentes.

Cuando tenía unos cinco años, sucedió algo que nunca debería ocurrirle a un niño. Pero yo no sabía que estaba mal. No tenía un nombre para ello. Así que lo enterré profundamente, como me enseñaron. En nuestra cultura, no se habla de ello. Te mantienes ocupado, te concentras en lo positivo, proteges a la familia, incluso al abusador. Eso es lo que hice. Me mantuve ocupada con la escuela, la familia y la iglesia.

En un hogar mexicano, si tienes tiempo para pensar, tienes tiempo para limpiar. No siempre procesamos; sobrevivimos. Seguimos adelante.

La primera vez que ocurrió teníamos la casa llena, además de nuestra familia había otras personas de visita. Aún recuerdo los ruidos, mi madre cocinando en la cocina, los niños correteando, los adultos hablando. Entonces sucedió, me atrajo hacia un camión. Y se llevó mi inocencia sin más. Sin saber el daño y las cicatrices que esto causaría.

Después de un rato recuerdo a mi madre preguntando por mí y luego preguntando dónde estaba, mis hermanas estaban cerca. Y cuando le dije dónde y con quién estaba me regañó, me dijo que le dijera adónde iba la próxima vez y se desentendió de mí. Nunca conté lo que había pasado, porque de niña tenía miedo de que me volvieran a regañar.

Y así fue como ese recuerdo quedó oculto y nunca más se volvió a hablar de él. Los abusos continuaron varias veces. Más tarde, vino también de otro miembro de la familia. Como niña inocente de a esa edad, no tenía ni idea de lo que era eso ni era consciente de que tenía que hablar o de que debería habérselo dicho a mis padres. Demasiado joven para entenderlo, ni idea de cómo afrontar el trauma, ni idea de cómo procesar la horrible experiencia.

Encuentro Y Rendición

Sin embargo, no fue hasta los catorce años cuando todo cambió. Fue entonces cuando realmente tuve mi primer encuentro con Jesús y sentí Su abrazo. No sólo el Dios de las historias de la escuela dominical, sino el que me eligió a mí, el que había estado ahí todo el tiempo. Fue entonces cuando me rendí y le pedí a Dios que se lo llevara todo.

Jesús siempre ha sido mi ancla, no importa lo lejos que vaya, por lo que pase o lo mal que ataque el diablo. Jesús me escogió, y desde ese verdadero encuentro con Él, supe que Él haría un camino, tomaría mi dolor y mi historia. Él me guiaría y me usaría para Su reino.

Hasta entonces, la vida había sido una mezcla de días de escuela y noches de grupo juvenil. Yo creía en Dios, sí, pero fue ese encuentro en la Iglesia Apostólica de Weslaco lo que encendió el fuego en mi interior. Fue entonces cuando realmente comenzó mi camino con Cristo. Supe entonces que la educación era el camino para salir de la pobreza, pero mi fe y confianza en Jesús serían las que me impulsarían hacia adelante.

Todos estos años he escondido el abuso en un cajón de mi mente, enterrado bajo el ajetreo, bajo la supervivencia. Todo este tiempo pensaba que estaba bien, que nadie tenía por qué saberlo.

Ahora que miro atrás, me doy cuenta de que no estaba bien. Sólo sobrevivía, no me curaba. A menudo me pregunto cómo sería mi vida si esta horrible situación no formara parte de mi infancia:. Si hubiera recursos disponibles, si se hablara más abiertamente de estas situaciones, si alguien hubiera visto mi dolor. Sin embargo, no guardo rencor. Mis padres hacían lo que podían, trabajaban sin descanso para alimentarnos a los doce y a ellos. Aunque había amor, también había dolor y supervivencia.

Incluso con toda esa comprensión, hasta los dieciséis o diecisiete años no empecé a darme cuenta de lo que había pasado. Afloraron la vergüenza, el miedo, la angustia y el peso de todo ello. Fue entonces cuando me planteé contárselo a alguien, quizá a mis padres. Cinco hermanos hacinados en una habitación, papá siempre trabajando, mamá siempre haciendo las tareas domésticas. El dolor que les causaría, el efecto dominó; me parecía demasiado pesado añadir otra carga a sus hombros. Así que lo guardé en el baúl de los recuerdos y lo llevé en silencio. Me dije a mí misma que tal vez aún no era el momento adecuado, o que tal vez no debía compartirlo nunca.

Sólo era una niña. El único que lo sabía, aparte de los maltratadores, era Dios. Él conocía mi historia, mi corazón y el dolor que no quería causar a mis padres.

Más tarde, a los veinte años, pensé en contárselo a mi madre, pero, de nuevo, el miedo a romperle el corazón me lo impidió. Mi padre sigue vivo, pero no quería causarle ningún dolor.

Por lo tanto, lo llevé todo sola. Podría haber recurrido a las drogas, a la bebida o incluso a la ira, pero no lo hice. Dios no lo permitió. Muchos pueden preguntarse, ¿por qué le pasó esto a un niño inocente? ¿Por qué les pasa esto a los niños? ¿Por qué le pasan cosas malas a la gente buena? Bueno, en algún momento de mi adolescencia le pregunté a Dios por qué, pero Él me dio paz.

Creo que las oraciones de mi madre me ayudaron a sobrellevar todas las circunstancias. Y en lugar de huir cuestionando a Dios, sus oraciones me acercaron a Él. Encontré paz al soltarme, dársela a Dios y entregar mi dolor y saber que Él tenía un plan y un propósito para esto.

En muchos hogares mexicanos, lo común es proteger el nombre de la familia, en lugar de la víctima. Yo era la menor de doce, demasiada gente, pocas conversaciones. Nada de momentos sentados, para aconsejar lo correcto de lo incorrecto. Nada de "Mijita, estoy aquí para ti, puedes contar conmigo". Nunca culpé a mis padres. Sé que hacían lo que podían.

El silencio era ruidoso y me convirtió en lo que soy hoy. No sólo esto, sino todas las luchas y adversidades de mi vida. ¿Pero ahora? Es diferente, la ausencia me enseñó la importancia de la presencia, el poder de hablar, la transformación que puede ser posible gracias a la verdad. Ahora estoy teniendo estas conversaciones abiertas, los momentos de sentada con mis propios hijos. Un diálogo audaz y honesto que debería estar presente en todos los hogares. Estoy rompiendo el ciclo con mi voz, con la verdad y con las promesas de Dios de estar siempre conmigo. Porque la curación no es sólo para mí, sino para las generaciones venideras.

A la única persona a la que se lo conté fue a mi marido, antes de casarnos. A veces me he preguntado si fue un error. Pero ahora lo comparto contigo. Si estás leyendo esto, ahora conoces una parte de mi infancia, mi historia. Era necesario contarla. El silencio no cura. La verdad te libera. Y por triste y horrible que fuera, tenía que ser contada.

Necesitaba hablar, compartirla, para poder ayudar a otros a curar su propio dolor.

Romper El Ciclo: Maternidad Y Ganas

Más tarde, de adulta, cuando sufrí abusos verbales, emocionales e incluso físicos, supe que Dios era mi respuesta. Me entregué a Él. Abrí mi corazón y compartí el dolor y el abuso por el que estaba pasando y clamé a Él y Él respondió. Él tomó todo el dolor, y simplemente desapareció después de que terminé de clamar. Así de simple.

He puesto todo mi dolor y preocupaciones en las manos de Dios y estoy esperando en Él. Sé que todos tenemos diversos retos en la vida y que los afrontamos de manera diferente. Sin embargo, mi experiencia es que Jesús siempre ha sido mi refugio y mi respuesta. Ahora camino en paz sabiendo que independientemente de mis situaciones difíciles, Dios me ve. Él sabe por lo que estoy pasando y no dejará que ninguna de mis lágrimas sea en vano. Confío en Dios y estoy segura de que todo saldrá bien. Él me consuela, me provee con lo que necesito, y las cosas caerán en su lugar en el momento adecuado porque la Biblia dice que Su tiempo es perfecto. Sé que aunque mi corazón se ha roto en mil pedazos a veces, Dios sigue siendo Dios y un día veré por qué lo permitió.

Ojalá pudiera decir que ese fue el único dolor que sufrí, pero la vida siguió lanzando piedras. Diagnósticos. Abuso mental. Guerra espiritual. Muchas veces lloré en la ducha para que mis hijos no me oyeran. A veces lloraba hasta quedarme dormida, susurrando el nombre de Jesús en mi almohada. Pero incluso en esos momentos -especialmente en esos momentos- sentía Su presencia. Nunca oí una voz audible, pero sentí Su susurro: "Estoy aquí. Lo sé. Estoy contigo".

Sé que Él tiene un propósito para mi dolor. Y elijo confiar en Dios y en Su plan.

Porque Dios ha estado allí a través de todo, trato de permanecer lo más cerca posible de Él. El momento de ahogarme me enseñó que puedo morir en cualquier momento. De mi experiencia infantil aprendí que las cosas malas suceden incluso a los más vulnerables. El abuso como adulto me enseñó que necesito romper el ciclo. A través de todo esto he aprendido a confiar en Jesús. Él me ve, conoce mi nombre y tiene un plan perfecto para mí.

Ahora sé que no debo dar la vida por sentada, que debo vivir con intención, ser agradecida en cada situación, caminar con propósito y esperar en Jesús.

Mis experiencias de vida me han enseñado que tengo una opción y elijo no estar amargada, sino mejor. El dolor y las luchas me han hecho resistente, persistente. La vida me ha tirado muchas piedras y yo elijo levantarme y volver a ponerme de pie. Por mis hijos, por los que un día leerán esta historia. Soy una vencedora, soy más fuerte de lo que parezco, más valiente de lo que nunca imaginé. Elijo ser mejor. Y al igual que yo, siempre puedes contar con Jesús.

Está bien hablar claro. Ahora me he dado cuenta de que está bien usar mi voz, estas líneas para compartir mi historia. Puede que el silencio y los recuerdos encajonados hayan moldeado mi infancia, pero no mi futuro.

Dios está sólo a un grito, a una oración de distancia.

Dios me eligió, murió por mí. Soy parte de Su plan perfecto. Jesús es el Único que ha evitado que me desmorone, que me rompa y me quede abajo. Confiar en Dios es la razón por la que sigo en pie - por mis hijos.

Reflexionando sobre la disciplina de la vieja escuela mientras crecía: la manguera *(manguera de agua)*, la chancla *(sandalia)*, el matamoscas, la cuerda de hierro; estas eran marcas temporales en mi cuerpo, pero no en mi corazón. Esto formaba parte de la cultura de alguna manera normalizada. Pero yo elegí algo mejor.

Elegí romper el ciclo del abuso, la pobreza y el silencio criando a mis hijos con amor, paciencia y compasión, no con miedo, con orientación en lugar de dolor.

Porque la vida es preciosa y Dios es fiel, tenemos que permanecer cerca de Él.

Y esa verdad lo ha cambiado todo.

Empecé a ver los ataques a mi vida no como una prueba de abandono, sino como una confirmación de mi vocación. El enemigo lucha más duro contra los que tienen más propósito, así que entonces supe que tenía que seguir adelante. Por mis hijos. Por las generaciones venideras. Por todas las mujeres que alguna vez se han sentido invisibles.

Mi punto de inflexión no se produjo en un momento determinado de mi vida. Ha sido una continua entrega a Dios, la decisión de ser mejor, la elección de levantarme cada vez que la vida o las circunstancias me han empujado hacia abajo. Elegir a Dios y elegir ser un ejemplo.

Uno de mis versículos bíblicos favoritos es *"Todo lo puedo en Cristo que me fortalece"*. (Filipenses 4:13) Cuando la vida fue demasiado, cuando esa persona que amaba se convirtió en mi enemigo, Dios estuvo allí sosteniéndome. Ayudándome a salir de la cama aquellas mañanas en las que quería rendirme. Hubo muchas razones e innumerables veces en las que no pude hacerlo más. Creo que no tengo palabras para describirlo. Dios simplemente puso las ganas (deseo/corazón/impulso) en mí y no me dejó rendirme. Dios me dio las ganas (propósito/perseverancia/persistencia) y sé que Él no me abandonará.

Llamado a Levantarme: Propósito y Legado

Ahora sé que la vida no consiste en sobrevivir, sino en vivir realmente con un propósito y una intención. Ahora entiendo que fui llamada a ser la que cambie el patrón. Las investigaciones demuestran que cuanto más bajo es el nivel socioeconómico, mayores son las probabilidades de sufrir abusos, penurias y desgracias. Por eso es tan importante que superemos los patrones generacionales, que nos neguemos a convertirnos en otra estadística. Debemos elegir mejor, alzar la voz y formarnos en los temas que afectan a nuestros hijos. Yo me eduqué no sólo por mí, sino por mis hijos, mis nietos y las generaciones venideras.

Sé que Dios ha estado tirando de mi espíritu. Me ha estado llamando, y hoy he decidido responder. *La cosecha es abundante, pero los obreros son pocos.* Elegí ser uno de los pocos. Quiero ser un ejemplo de Su amor para los demás. Para aquellos que se humillan y se rinden a Jesús.

Me di cuenta de que mi dolor tiene un propósito. Y por la gracia de Dios seré la luz para otros que todavía caminan en la oscuridad.

"Si Dios quiere" era más que una frase; estaba arraigado en nosotros poner siempre a Dios primero. Como el apellido de cada frase, seguía a cada frase que decíamos. Cuando alguno de nosotros lo olvidaba, mis padres se aseguraban de recordárnoslo. Estas palabras fueron semillas poderosas que se plantaron cuando yo era joven, y ahora han crecido y estoy cosechando lo que plantaron mis abuelos maternos. Estas semillas han florecido en la fe de que Dios es poderoso, y ni siquiera una hoja se mueve sin Su voluntad, y que Él tiene un propósito y un plan perfecto para cada uno de nosotros.

Aunque entonces no comprendía del todo el peso de esa frase de tres palabras, ahora sé que es poderosa. Recuerdo una oración en la que mencionaba que "Dios estaba conmigo, que estaba al tanto de lo que sucedía, que conocía mi corazón y que nunca me iba a abandonar". Era la seguridad de que

Jesús me respaldaba, independientemente de lo que me sucediera.

En el caos y en la curación, Su presencia nunca vaciló. Como sé lo que es tener lo mínimo, estar rota y desesperada, quiero estar ahí para los demás. Intento vivir y dirigir con empatía. Quiero ser la voz, el abrazo, la oración y el mentor que necesitaba cuando era más joven, rompiendo ciclos desde la comprensión.

Ahora vivo de las oraciones de mi abuelita y de mi madre. Caminar a través del fuego te da un tipo diferente de llama interior. Cada oración respondida es un recordatorio de que Dios es fiel. Lo que el enemigo quería que fuera malo, Dios lo convirtió en bueno. Seguiré esperando, rezando y aguardando el momento perfecto de Dios.

Ahora camino no sólo por fe, sino en paz. No estoy sola. Mantendré mi vida anclada en Jesús, ya que Él es el que estaba allí cuando nadie más lo estaba. He tomado una decisión divina, para romper el ciclo, destrozar la maldición, y silenciar los patrones.

Me niego a repetir lo que me rompió o caminar por el camino familiar de la amargura y la rebelión. Elijo la curación. Elijo la libertad.

Elijo a Dios.

Por mi corazón. Por mis hijos. Para todas las generaciones siguientes, que conozcan la paz porque yo elegí la guerra en el espíritu.

Termina conmigo. Y algo nuevo comienza.

La libertad llegó en el momento en que decidí compartir mi historia. Espero que otros puedan ver la vida después del trauma, después del caos y después de la angustia.

No tienes que definirte por lo que te ha pasado, y el enemigo no tiene la última palabra.

Tienes que dejar ir y dejar a Dios. Habla, perdona. He pasado de sobrevivir a prosperar gracias al amor de Dios. Ahora soy madre, doctora, empresaria y, lo que es más importante, hija de un Rey.

Mi mentalidad: puedes hacer cualquier cosa a través de Jesús, *si se puede, con ganas*. La gracia de Dios está entretejida en cada hilo de mi vida. Dios me ha elegido para ir más allá de mi familia y mi círculo. Por eso el enemigo ha intentado detenerme con tanto ahínco, pero Jesús siempre ha estado ahí.

Mi historia no es sólo de supervivencia, sino de la gracia de Dios, de Su plan. El resplandor proviene de la bondad de Dios, los hilos dorados son Su poder. Él es la razón por la que puedo levantarme una y otra vez.

Si pudiera estar allí contigo, te tomaría de las manos, te miraría a los ojos y te diría esto:

Jesús está ahí a través de todo. Jesús está aquí. No puedo estar ahí para ti ni para cada persona, pero Jesús escucha tus oraciones. Él está contigo cuando estás sola. Te abrazará cuando necesites un abrazo. Puedes llorar, gritar o simplemente quedarte callado. Está bien, Él puede escuchar tu llanto, los gritos o tu silencio. Él te levantará. Será la madre, el padre, el amigo que nunca tuviste. Él puede suplir cada necesidad y todo lo que tienes que hacer es llamar a Jesús. Él puede hacer que tu corazón esté completo de nuevo. Porque Él es el Dios maravilloso y poderoso. Él es la oración contestada. Un día, Él enjugará cada lágrima y recompensará tu fe con mucho más de lo que alguna vez deseaste u oraste.

Independientemente de lo que te haya sucedido, déjalo ir. Elige seguir adelante. Elige levantarte.

Deja que Jesús trabaje por ti, pero haz tu parte también. Adopta una mentalidad que diga: *Puedo ser mejor. Creceré. Iré más allá, porque soy hija de Dios.*

Voy a superar las cosas que estaban destinadas a romperme, a través de Su gracia y Su amor. Con Jesús y ganas *-el* profundo deseo de ser mejor- saldré del pozo. Su luz brillará sobre mí, y mi historia se convertirá en mi mayor testimonio.

Así que no te rindas, sigue adelante *hermana*. No puedo esperar a ver lo que Dios tiene reservado para tu futuro.

La Biblia dice: "Todo lo puedo en Cristo que me fortalece". Y así fue. Él me dio la fuerza para seguir adelante: para obtener mis títulos, para liderar tanto en las salas de juntas como en las aulas, para criar a mis hijos en la fe.

Me dio fuerzas para sobreponerme al abuso que una vez intentó silenciarme, y el valor para compartir mi historia ahora. Todo porque Él tiene un plan y un propósito para todo.

Esta historia es para cualquiera que alguna vez se haya sentido olvidado en su dolor. Para el superviviente de abusos, el que se enfrenta a circunstancias imposibles o el que lucha contra la pobreza, este es un recordatorio: **nada** te impide ser usado por Dios. No hay excusas que puedan limitarle.

Mi viaje es la prueba viviente de que cada dificultad - cada momento de abuso físico, emocional y sexual, cada diagnóstico, cada vez que me dijeron que tenía cáncer de mama o de tiroides- no fue en vano. Jesús estuvo conmigo en todo momento.

Mi vida declara que hay un propósito en el dolor, y que Dios puede usar a cualquiera -cualquiera- para traer sanación, esperanza y transformación.

Mi oración es que Dios te llene de paz, fortalezca tu fe, te llene de amor y te abrace con esperanza y un cálido abrazo. Nunca dudes de Sus promesas; se cumplirán.

"Por nada estéis afanosos, sino sean conocidas sus peticiones delante de Dios en toda oración y ruego, con acción de gracias. Y la paz de Dios, que sobrepasa todo entendimiento, guardará sus corazones y sus pensamientos en Cristo Jesús." (Filipenses 4:6-7)

¡Elige a Jesús y Ganarás!

Dra. Esmeralda Adame

Instagram: @theleadershipdoctora

Sección Cuatro
La Corona

"Bienaventurado el que persevera en la prueba, porque, habiendo resistido la prueba, recibirá la corona de vida que el Señor ha prometido a los que le aman."
-Santiago 1:12

El camino siempre conduce aquí. A la gracia. Al legado. A la corona.

La corona no es sólo un símbolo de victoria; es una promesa cumplida. Es el perdón otorgado. Es sabiduría compartida. Es la alegría de darse cuenta de que lo que una vez te rompió es ahora lo que ayuda a otros a sanar.

En esta sección, conocerás a mujeres que convirtieron sus cicatrices en semillas, que optaron por el perdón cuando la amargura parecía más fácil, que cargaron con la fe de generaciones y se atrevieron a transmitirla. Sus voces son firmes. Su esperanza es contagiosa. Su legado es eterno.

La corona no está reservada a los perfectos, sino a los fieles. Y al cerrar este libro, que sientas su peso sobre tu propia cabeza: no pesada, sino radiante. Un recordatorio de que tu historia también es una victoria en desarrollo, un legado en construcción, una corona esperando a ser revelada.

Capítulo 17

De Saber De Dios A Conocer A Dios

por: Marie Salazar García

"Porque yo sé los planes que tengo para vosotros -declara el Señor-, planes de bienestar y no de calamidad, planes de esperanza y de futuro".
- Jeremías 29:11

De La Tradición A La Transformación

Solía pensar que tener una relación con Dios significaba seguir una lista de reglas: ir a la iglesia, arrodillarme en el momento adecuado, rezar las oraciones correctas, hacer todas las cosas que me enseñaron a hacer de niña. Pero seguía sintiendo que me faltaba algo, y entonces me invitaron a aceptar a Jesús como mi Señor y salvador personal. A partir de ese momento, todo cambió para mí.

Empecé a entender que Dios buscaba mi corazón y que una relación con Dios significaba conversación, no confusión, y conexión, no obligación. Podía hablar con Él en el auto, en la cocina o en medio de un momento difícil, y Él me encontraría allí. Descubrí que Su presencia no se limitaba a un edificio o a un servicio dominical; estaba viva y disponible en cada parte de mi vida diaria.

Lo que antes me parecía pesado por la obligación se convirtió en ligero por el amor. En lugar de esforzarme por ser perfecta, aprendí a rendirme. En lugar de la rutina, aprendí a escuchar. En lugar de la culpa, encontré la gracia. Y a través de esa gracia, descubrí la alegría de caminar con un Dios que no es distante, sino personal, fiel y cercano.

Como dijo Jesús en Juan 15:5: *"Yo soy la vid; vosotros los sarmientos. Si permanecéis en mí y yo en vosotros, daréis mucho fruto; separados de mí no podéis hacer nada".* Ahora mi relación consiste en permanecer en Él, y a través de Él, experimentar la vida, la libertad y el amor que siempre estuve buscando.

Una Conversación Viva Y Continua

Hoy, el latido de mi relación con Dios es la conciencia constante. Hablo con Él cuando llego a casa, cuando me siento insegura ante una situación, cuando alguien dice algo que despierta mis emociones. En lugar de reaccionar, respondo susurrando*: "Señor, te entrego esto".* Cuando siento algo que no quiero cargar, simplemente digo: *"Señor, llévate este sentimiento".*

Con el tiempo, me he dado cuenta de que la oración no es sólo un acontecimiento; es la atmósfera de mi vida. Es como respirar; fluye naturalmente dentro y fuera de cada momento. A veces es un pensamiento tranquilo, otras veces un arrebato agradecido de alabanza, y a menudo un simple grito de ayuda. En todas las formas, Dios sale a mi encuentro con Su paz.

Mi relación con Dios no se basa en la perfección, sino en la presencia. Es un ritmo de amor, fe y confianza. Es una entrega continua que me acerca a Él. Ya no lo veo distante o inalcanzable, sino como un Padre que se deleita en cada conversación, por pequeña que sea. Esa cercanía nunca me abandona y se ha hecho más fuerte cada día, recordándome que la vida con Dios no es una lista de control, sino un diálogo vivo y continuo que me transforma momento a momento. Ese simple acto de dirigir mi atención hacia Él me trae paz y claridad.

Comenzar Cada Día Con Él

También hablo con Dios cuando me levanto por la mañana, antes incluso de prepararme para el día. Mientras llevo a cabo mi rutina matutina, mientras me visto, e incluso mientras preparo lo que necesito para las próximas horas, le invito a entrar en cada detalle. Le pido que me ayude a ser la mujer para la que me creó, que guíe mis pensamientos y que me lleve exactamente a donde Él me necesita. Antes de salir de casa, me recuerdo a mí misma que no salgo sola; Su Espíritu va delante de mí, haciendo camino.

Mi conexión con Dios está viva y respira, nunca está distante ni adormecida. Es como un latido constante que late en cada parte de mi día, constante, vivificante y enraizado. Comenzar cada mañana con Él no sólo establece el tono; ancla todo mi día en Su presencia, recordándome que nunca estoy sin Su guía, Su amor y Su fuerza.

Como dice el Salmo 143:8 *"Que la mañana me traiga la palabra de tu amor inagotable, porque en ti he puesto mi confianza. Muéstrame el camino que debo seguir, porque a ti confío mi vida"*. Esta escritura se ha convertido en mi declaración diaria. Es un recordatorio de que cada nuevo día es una oportunidad para caminar en Su amor, confiar en Su guía y vivir en Su propósito.

Activando el Espíritu Santo

Cuando acepté a Jesús por primera vez, no entendía completamente lo que significaba activar el Espíritu Santo en mi vida. Sabía de Dios, pero no lo conocía verdaderamente. Era consciente de Su presencia de una manera distante, pero aún no había aprovechado el poder que Él prometió cuando dijo: *"Me voy, pero te dejaré con el Espíritu Santo"*.

Durante mucho tiempo, caminé en la fe, pero sin acceder plenamente al don del Espíritu Santo que vivía en mí. No me daba cuenta de que el Espíritu Santo no es sólo una presencia, sino también un poder: un guía, un maestro y un consolador. En el momento en que me rendí y le invité a guiarme cada día, todo cambió:. Él se convirtió en mi fuerza cuando me sentía débil. Él se convirtió en mi fuerza cuando me sentía débil, en mi calma en medio del caos, y en el suave susurro de seguridad cuando la duda intentaba colarse.

Activar el Espíritu Santo abrió mis ojos para ver más allá de lo natural y entrar en lo sobrenatural. Él agudizó mi discernimiento, profundizó mis oraciones y me dio una sabiduría que nunca podría encontrar por mí misma. Él me recuerda que nunca estoy sola, porque Su poder reside dentro de mí.

Mi relación con Dios es ahora más que una creencia, es mi salvación, mi promesa y mi legado. No es sólo para mí; es una cobertura que estoy estableciendo para mis hijos, mis nietos e incluso mi comunidad. A través del Espíritu Santo, tengo el poder de dejar un legado de fe, fortaleza y visión que se extenderá por generaciones.

De La Ruina A La Restauración

Hubo un tiempo en que toqué fondo. Espiritual, emocional y mentalmente, estaba completamente vacío antes de conocer a Dios como mi salvador personal. Un día entré a una iglesia durante mi hora de almuerzo y me senté a llorar. No sabía adónde ir ni qué hacer a continuación. Fue entonces cuando vi una Biblia en el banco de al lado. No era una Biblia normal; se llamaba Biblia Rápida. Las palabras en rojo estaban pensadas para que recibieras el mensaje más rápido. La abrí y aterricé en el libro de Job. Y en ese momento, después de leer las páginas, sentí como si Dios mismo me hablara: *"Estás siendo probado, pero como Job, serás restaurado"*. Ese momento marcó el inicio de mi transformación y mi deseo de conocer a Dios a un nivel más personal.

¿Qué me llevó a ese punto en aquel momento? Estaba lidiando con responsabilidades abrumadoras, tratando de ser fuerte para todos los que me rodeaban mientras me sentía vacía por dentro. Hacía todo lo que creía que debía hacer, pero seguía sintiéndome desconectada. Fue en ese momento honesto de rendición que Dios me reveló su cercanía. No estaba esperando a que me arreglara, estaba esperando a que le diera todo. Fue también durante ese tiempo que **aprendí Nehemías 8:10** *"La alegría del Señor es mi fortaleza"*. Desde ese día en adelante fue mi meta permanecer alegre en todas las estaciones de mi vida.

Libertad en Cristo

Yo había crecido con estructura, con una mentalidad de lo que se debe y no se debe hacer, y la presión constante de nunca sentir que era suficiente. Pensaba que Dios era todo reglas, que me medía por mis errores y defectos. Pero lo que descubrí en mi relación con Él fue algo mucho más grande: la libertad. La verdadera libertad.

Dios no nos pide perfección; nos pide amor. Su Palabra nos recuerda el mandamiento más importante: amarle con todo nuestro corazón, alma y mente, y amar a los demás como a nosotros mismos **(Mateo 22:37-39)**. Cuando empecé a comprender esta verdad, toda mi perspectiva cambió. El amor se convirtió en la lente a través de la cual empecé a ver mi vida y a los demás.

Cuando entiendes el poder de Su amor, caminas de manera diferente. Hablas con más bondad. Perdonas con más libertad. Extiendes la gracia más rápidamente, porque te das cuenta de cuánta gracia se te ha dado. El amor transforma las reglas en relaciones, las obligaciones en oportunidades y las cargas en bendiciones.

Ahora camino en esa libertad. He aprendido a amar a las personas tal como son, sin juzgarlas, tal como Él me ama. Esto no significa que haya abandonado la verdad, sino que la he abrazado en su forma más pura, a través del amor. Porque es el amor el que nos hace libres, y es el amor el que refleja el corazón mismo de Dios.

Como declara **Gálatas 5:1**: *"Cristo nos ha liberado para la libertad. Estad, pues, firmes, y no os dejéis llevar de nuevo por yugo de esclavitud".* Esta es la libertad en la que vivo ahora, no atada por reglas, sino liberada por la gracia, arraigada en el amor y facultada para caminar en Su verdad.

Audiencia De Uno

Recuerdo momentos en los que me sentí juzgada por no encajar, o incomprendida por vivir mi fe de una manera que parecía más personal que tradicional. Esos momentos fueron duros, porque a menudo luchaba con la tensión de querer ser aceptada por la gente pero sintiendo una llamada más profunda a ser apartada para Dios. Pero Dios me lo recordaba con delicadeza: *"No estás llamada a complacer a la gente, estás llamada a perseguirme a Mí".*

Cuanto más fijaba mis ojos en Él, más libre me sentía del peso de las opiniones de los demás. Su aprobación ya no podía definir mi valor, porque mi identidad estaba anclada en Su verdad, no en su percepción. Empecé a darme cuenta de que las opiniones de la gente cambian con el viento, pero la Palabra de Dios es inquebrantable. Complacer a la gente es agotador, porque el estándar siempre cambia, pero complacer a Dios trae paz, dirección y gozo que no pueden ser quitados.

Cuando cambié mi mirada de la multitud a la cruz, descubrí la belleza de vivir auténticamente, de todo corazón y sin pedir disculpas por Cristo. No tenía que actuar para ser amada; ya había sido elegida, ya había sido perdonada, ya era suficiente en Él. Esa verdad se convirtió en mi libertad. La libertad de permanecer firme en mi fe, la libertad de amar sin temor al rechazo, y la libertad de caminar con propósito y confianza.

Ahora, en lugar de esforzarme por ganar aceptación, vivo para reflejar Su presencia. En lugar de buscar el aplauso, busco Su voluntad. Y al hacerlo, he encontrado la vida abundante que Él prometió. No está marcada por la presión o la pretensión, sino por la paz, la alegría y la inquebrantable certeza de que mi vida está segura en Él.

Como declara Gálatas 1:10: *"¿Intento ahora ganar la aprobación de los seres humanos, o la de Dios? ¿O trato de agradar a ? Si siguiera tratando de agradar a la gente, no sería siervo de Cristo"*. Estas palabras me recuerdan que mi vocación no es para la multitud, sino para Cristo, y en Él ya tengo toda la aprobación que necesitaré jamás.

Mi Herencia

Al crecer, estuve rodeada de mujeres de fe cuyas vidas se convirtieron en testimonios vivientes para mí. Una de mis abuelas tenía un altar sagrado en su casa y oraba a diario de rodillas, mostrándome cómo era humillarse ante Dios con constancia y devoción. Mi otra abuela, aunque técnicamente era mi tía, fue honrada como abuela porque crio a mi padre desde los dos años. Tenía una fe valiente y franca.

Nos recordaba constantemente que lo más importante era una verdadera relación con Dios. Aunque sus prácticas y expresiones de culto parecían diferentes, su mensaje era el mismo: Dios debe ser el centro de nuestras vidas.

Su coherencia se convirtió en el fundamento de mi propia fe, algo que no sólo heredé, sino que acabé haciendo personal. Con el tiempo, tomé lo que me transmitieron, lo combiné con la fe inquebrantable de mi madre y permití que Dios lo plasmara de forma única en mí. Me di cuenta de que la mayor herencia que me dieron no era material, sino espiritual. Fue el don de la reverencia, la confianza para creer en los milagros y la seguridad de que Dios es fiel de generación en generación.

Su devoción me enseñó disciplina; sus oraciones, perseverancia; sus testimonios, esperanza. Yo heredé su pasión, su compromiso y su fe en los milagros. Y creo, no sólo porque me lo dijeron, sino porque he sido testigo de demasiados milagros en mi propio viaje como para no creer. He visto oraciones atendidas, puertas abiertas, corazones restaurados y vidas transformadas. Cada milagro se ha convertido en otro recordatorio de que el mismo Dios que fue fiel a mis abuelas y a mi madre es el mismo Dios que es fiel a mí, y a través de mí, a la siguiente generación.

Como escribió Pablo en **2 Timoteo 1:5**, *"Me acuerdo de tu fe sincera, que primero vivió en tu abuela Loida y en tu madre Eunice y, estoy persuadido, ahora vive también en ti"*. Esta escritura refleja mi propia historia: un legado de fe transmitido a través de las mujeres que me precedieron, y ahora vivo en mí, para que siga fluyendo en las generaciones venideras.

Milagros En La Vida Cotidiana

Muchos creen y esperan milagros sólo en momentos trágicos, pero yo veo milagros en la vida cotidiana. Alguien me dijo una vez: "Hablas de milagros como si ocurrieran todo el tiempo. Yo nunca he tenido uno". Pero la verdad es que no hace falta pasar por una tragedia para ver un milagro. Los milagros están en todas partes cuando aprendes a reconocerlos. Yo vi un milagro incluso en la pérdida de mis padres, no en su fallecimiento, sino en cómo Dios me ayudó a salir adelante. Sus muertes podrían haberme destrozado para siempre. En lugar de eso, se convirtieron en pivotes sagrados en mi camino, acercándome a Dios al tiempo que tenía el honor y la obligación de continuar el legado de mis padres. Que es compasión (mi madre) y pasión (mi padre) junto con el entusiasmo de volver a verlos algún día en nuestro hogar celestial.

Me encanta la palabra entusiasmo y pronto aprendí su significado, que es una palabra griega que significa Dios interior. Esa es la alegría y la energía que he llevado a mi relación con Él y con todos los que conozco. Espero que los demás también lo sientan, porque esta cercanía con Dios no es sólo para mí. Él la quiere con todos nosotros. Especialmente, para la mujer que no tuvo un padre o que siente que no sabe a dónde pertenece. Dios está esperando para ser tu Redentor. No tienes que saberlo todo ni esperar a que todo esté bien o sea perfecto. Sólo tienes que pedírselo. Él te encontrará justo donde estás, Él lo hizo por mí. Dios puede proveer lo que te falta.

Dios el Proveedor

Uno de los mayores milagros de mi vida ocurrió durante una temporada en la que era madre soltera de mis tres hijos pequeños. Me aferré al Salmo 68:5, *"Un padre para los huérfanos"*. Ese versículo se convirtió en mi ancla. Hice oraciones audaces con la confianza de Sus promesas; una de ellas fue por un nuevo hogar para mis hijos. Y Dios no sólo respondió, sino que se excedió. Compré una hermosa casa por una fracción del costo. Este fue el testimonio de que mis hijos se dieron cuenta de que Dios era nuestro proveedor. Más tarde, mi hijo a la edad de siete años dijo audazmente, "Ahora oremos por un carro nuevo," y recibimos uno siete meses después a través de una compañía de venta directa y desde entonces ha sido reemplazado por un carro nuevo cada dos años durante los últimos treinta años. Este también fue otro testimonio para mostrar a mis hijos lo importante que era tener una relación con Dios y tener siempre fe en que Él proveería.

A través de ambos testimonios, llegamos a comprender la verdad de **Proverbios 18:21**, que dice que la muerte y la vida están en el poder de la lengua. Sabíamos que teníamos que elegir nuestras palabras con cuidado. La primera lección que enseñé a mis hijos fue que nunca debían decir "si", sino "cuándo", porque Dios es fiel. Ahora son hijos adultos y no dicen la palabra "si" y ahora mis nietos han aprendido lo mismo. Desde entonces, hay varias otras palabras que se han vuelto constantes en nuestro hogar.

Otro ejemplo: en lugar de decir bueno, decimos estupendo. Ahora mis hijos y mis nietos lo saben: Dios responde. Quizá no siempre como esperamos, pero siempre con algo mejor. Eso es el legado.

Fruto Generacional

Me siento tan bendecida y honrada de ver ahora cómo mis hijos y nietos adultos aman al Señor y cómo han desarrollado su propia relación personal con Él. Es el testimonio vivo de **Proverbios 22:6**: *"Instruye al niño en su camino, y cuando sea viejo no se apartará de él"*. Lo que una vez comenzó como semillas de fe plantadas en sus corazones ha florecido ahora en fruto generacional.

Tuve el privilegio especial de volcarme en mi nieto primogénito desde una edad temprana; cada Año Nuevo, desde que tenía diez años, cuidaba de él, y juntos nos sentábamos a crear un tablero de visión, guiados por una de las herramientas de liderazgo que creé: mi hoja de trabajo Purpose Driven Life (vida guiada con propósito). Esos momentos se convirtieron en tradiciones sagradas, en las que veía crecer su fe y su visión ante mis ojos. La gracia de Dios ha sido evidente en su vida de maneras increíbles. Cuando fue coronado Rey del Baile de Graduación en su último año, supe que no era sólo un título; era Dios dándome un vistazo del legado real que estaba estableciendo en nuestra línea familiar. Y cuando mi nieto fue aceptado en la Universidad de Nueva York, sentí que era la plataforma de lanzamiento para el impacto global que Dios tiene reservado para él y para nuestra familia.

También he sido testigo de la fidelidad de Dios en mi hija menor, que se convirtió en la primera de nuestra familia en obtener un doctorado. En el momento en que cruzó el escenario de la graduación embarazada de seis meses de su primera hija, nuestra nieta princesa, supe en mi espíritu que era simbólico. Llevó el conocimiento y el legado a la siguiente generación, demostrando que las promesas de Dios fluyen tanto a través de sus logros como de su papel de madre.

Más allá de mis hijos y nietos, veo la mano de Dios moviéndose entre mis hermanos, sobrinas y sobrinos. Cada uno de ellos lleva pedazos de Su propósito en sus vidas. Me llena de gratitud ver cómo la obediencia de una familia puede extenderse por generaciones.

Ahora mi esposo y yo caminamos juntos en Su gracia y propósito, orando y animando a nuestros tres hijos adultos (y sus esposas) y seis nietos. Verlos a todos prosperar es nada menos que la gracia, el favor y las promesas de Dios hechas realidad. Cada día recuerdo que el legado no se construye en un momento, sino a lo largo de toda una vida de fidelidad, oración y amor, y ésa es la verdadera herencia que anhelo transmitir.

Como dice **Deuteronomio 7:9**: *"Conoce, pues, que el Señor tu Dios es Dios; Él es el Dios fiel, que mantiene su pacto de amor hasta mil generaciones de los que le aman y guardan sus mandamientos"*. Este es el legado del que soy testigo: la bendición de la alianza de Dios transmitida a través de mi familia, generación tras generación.

Mujer De Visión

Mi camino cambió cuando oré para convertirme en una mujer de visión. Ya no camino por vista sino por fe, viviendo con pasión, audacia y propósito.

Hábitos Diarios

- **Alineación matutina:** Comenzar con la oración, la adoración y la gratitud para poner la visión por encima de la distracción.

- **Diario:** Registra sueños, lecciones y oraciones para ver la mano de Dios en acción.

- **Reflexión vespertina:** Pregúntate: *"¿Dónde vi a Dios hoy?"* para terminar en paz, no con estrés.

Escrituras Que Me Anclan

- *"Escribe la visión y hazla clara"*-Habacuc **2:2**
- *"Andamos por fe, no por vista"* -**2 Corintios 5:7**
- *"Confía en el Señor..."*-Proverbios **3:5-6**
- *"La alegría del Señor es mi fortaleza"*-Nehemías **8:10**

Declaraciones Que Hago

- Soy una hija del Rey, coronada de confianza.
- Prosperaré con visión y propósito.
- Confío en el tiempo y el proceso de Dios.
- Mi voz tiene peso para levantar a otros.

Estos hábitos, escrituras y afirmaciones agudizan mi visión, enseñándome a no reaccionar ante la vida, sino a responder con claridad y fe.

El Valor De Esther, Mi Llamada

Cuando leí la historia de Esther, sentí que Dios me susurraba directamente: "Has sido elegida para un momento como éste". Lo que más me llamó la atención no fue sólo su valentía ante el rey, sino la serena fortaleza que mostró durante la espera. No se precipitó: rezó, ayunó, se preparó y luego dio un paso adelante en obediencia.

Esto refleja mi propio camino. Durante mucho tiempo, viví en modo de supervivencia, reaccionando en lugar de liderar, empujando en lugar de hacer una pausa. Pero al igual que Esther, me di cuenta de que mi identidad no estaba ligada a mi miedo, mi pasado o incluso mi título. Mi identidad estaba en la visión que Dios puso dentro de mí. La historia de Esther me hizo sentirme como una mujer que podía superar las circunstancias y dar un paso hacia un propósito con *la confianza de Dios.*

Me mostró que los planes de Dios se desarrollan cuando confiamos en Su tiempo, no en el nuestro. Nuestra obediencia importa. Incluso cuando tenemos miedo, decir "sí" a Dios lo cambia todo. Nuestra identidad importa. Esther era reina antes de llevar la corona, y yo también puedo abrazar mi realeza como hija del Rey.

Esta revelación es lo que inspiró mi mentalidad "Arregla tu corona y da la vuelta". Porque, al igual que Esther, cada niña de y cada mujer necesita saber: No tienes que quedarte en modo supervivencia. Puedes levantarte con visión, confianza y propósito con tu propia corona.

Caminando En Gracia

Cuando una mujer camina con Dios, se nota en sus pasos. Ella lleva paz en lugar de temor, claridad en lugar de confusión, y un gozo que las circunstancias no pueden robar. Su "sí" es firme, su "no" es claro, y su valor está anclado en Él. *"Ella está vestida de fuerza y dignidad, y ríe sin temor al futuro"* **Proverbios 31:25**. Ella descansa segura y habla con valentía porque sabe que no camina sola. Incluso en la tormenta, ella levanta su cabeza, ajusta su corona, y avanza siendo guiada por Su presencia, y sostenida por Su amor.

El Legado Que Estoy Construyendo Ahora

Antes de convertirme en una mujer de visión, simplemente sobrevivía, manejaba el día a día, respondía a las necesidades y llevaba cargas sin mirar nunca el panorama general.

Ahora, con visión, veo el legado de manera diferente. Ya no trabajo sólo para hoy, sino que construyo para generaciones.

Un Legado De Voz
Utilizo mi historia, mis plataformas y mi pluma para crear recursos como Fix Your Crown y Turn Around que me sobrevivirán. Mi voz ya no es sólo para mi círculo; está dando forma a cómo la próxima generación de mujeres y niñas se ven a sí mismas.

Un Legado De Liderazgo
A través de la tutoría, el coaching y la creación de espacios como Vision Coaching, dejo tras de mí algo más que logros: dejo tras de mí líderes. Mujeres que se levantarán, ocuparán su lugar y multiplicarán su impacto mucho después de que yo me haya ido.

Un Legado De Fe
Estoy anclando a mi familia y a mi comunidad en la verdad de que somos hijas del Rey. Mis hijos, mi "junta ejecutiva personal", heredarán algo más que empresas o propiedades. Heredarán una base espiritual y un plan a cien años arraigado en la visión y el propósito.

Un Legado De Impacto
Estoy alineando mi trabajo con una misión mayor: construir personas, no solo proyectos. Para asegurarme de que cada puerta que atravieso la dejo abierta para otra persona.

Lo que no podía haber construido antes de mi visión era intencionalidad. Ahora cada decisión, cada sí, cada proyecto se filtra a través del legado. Y ese legado no se trata de que mi nombre sea recordado, se trata de que el nombre de Dios sea glorificado en lo que dejo atrás.

Una Invitación A Casa

No te han olvidado. No estás rota. Eres la hija amada de Dios, y todavía hay un propósito divino para tu vida.

Si te sientes alejada de Dios, agobiada por la culpa, el silencio o la vergüenza, recuerda esto: Él lo ve todo. Él te elige. Él no pide tu perfección. Quiere tu presencia.

No tienes que ser perfecto para venir a Él. Sólo empieza. Háblale como a un amigo y pídele: "Dios, si eres real, muéstramelo. Háblame. Quiero conocerte por mí misma".

Déjame orar por ti: "Padre, levanto a mi hermana que está leyendo esto. Tú conoces su corazón, sus heridas, sus deseos y sus dudas. Acógela donde está. Envuélvela en paz. Despierta algo nuevo en ella, un hambre de conocerte profundamente. Muéstrale que no tiene que ganarse Tu amor, sólo recibirlo. Restaura lo que se ha perdido. Renueva lo que se ha roto. Haz de ella una mujer con visión. En el nombre de Jesús, Amén".

Afirmación Diaria

Soy una hija del Rey, creada con propósito y coronada con confianza. Camino con visión, liberando el miedo y eligiendo la fe, la claridad y la abundancia. Mi voz transmite poder, mis manos construyen un legado y mi corazón refleja el amor de Dios. He sido elegida para un momento como éste, equipada con sabiduría, fortalecida por el Espíritu y anclada en la esperanza. Ningún arma formada contra mí prosperará, porque estoy renovada, redimida y liberada en el destino. Dondequiera que vaya, resplandeceré como Su hija que ha sido llamada, ungida y señalada.

Invitación A Conocer A Jesús Como Tu Salvador Personal.

La Oración de Salvación no es una oración escrita palabra por palabra en la Biblia, pero proviene de las verdades encontradas en las escrituras acerca de recibir a Jesucristo como Señor y Salvador.

Estas son las principales escrituras en las que se basa:

- **Romanos 10:9-10** - *"Si declaras con tu boca: 'Jesús es el Señor', y crees en tu corazón que Dios lo resucitó de entre los muertos, serás salvo. Porque con el corazón se cree y se justifica, y con la boca se profesa la fe y se salva."*

- **Juan 3:16** - *"Porque de tal manera amó Dios al mundo, que ha dado a su Hijo unigénito, para que todo aquel que en Él cree, no se pierda, mas tenga vida eterna."*

- **Efesios 2:8-9** - *"Porque por gracia sois salvos por medio de la fe; y esto no de vosotros, pues es don de Dios; no por obras, para que nadie se gloríe."*

Oración Para Recibir El Don De La Vida Eterna

"Padre Celestial, vengo a Ti en el nombre de Jesús. Confieso que soy un pecador, y pido Tu perdón. Creo que Jesucristo es Tu Hijo, que murió en la cruz por mis pecados, y que Tú lo resucitaste de entre los muertos. Hoy, me alejo de mis viejos caminos e invito a Jesús a mi corazón y a mi vida para que sea mi Señor y Salvador. Gracias por salvarme, perdonarme y darme la vida eterna. En el nombre de Jesús, Amén".

Marie Salazar García

Instagram: @motivationalmarie

Capítulo 18
La Mujer Que Bailó A Mi Lado

por Maribel De La Fuente

*"Confía en el Señor de todo corazón
y no te apoyes en tu propia inteligencia.
6 Reconócelo en todos tus caminos
y él enderezará tus sendas."*
- Proverbios 3:5-6

Hay momentos en la vida que parecen finales, cuando te arrebatan lo que más quieres y aún no entiendes por qué. Sólo tenía diez años cuando mi mundo cambió, cuando el dolor, la confusión y la rabia empezaron a agitarse en mi espíritu. Entonces no tenía palabras. Lo único que sabía era que me estaban arrebatando algo sagrado.

Lo que me estaban quitando no era sólo la danza: era *yo*.

Mi padre había fallecido, aunque yo entonces no lo sabía. La gente que me rodeaba me lo ocultó durante dos años. No sabían cómo decirle a una niña que su padre se había ido, y quizá pensaban que me estaban protegiendo. Pero cuando por fin se supo la verdad, no me sentí protegida. Me sentí traicionada.

El dolor llegó tarde y en forma de ira. Siempre había sido una chica burbujeante, enérgica y femenina. Me encantaba el folclore. Me encantaba bailar. Mi padre me introdujo en él. Me recogía, me llevaba a los ensayos y le decía a todo el mundo que su hija podía bailar en círculos alrededor de cualquiera. Incluso después de que mi madre y él dejaran de vivir juntos, seguía muy unido a él. Estaba muy unida a él.

Así que cuando se fue y mi madre me dijo que ya no podía bailar, sentí como si todo mi mundo se desmoronara. No lo entendía. Sólo sabía que estaba destrozada. Comencé a actuar. Rebelde, enojada, confundida. La única cosa que me traía alegría estaba de repente fuera de mi alcance. Sentí como si una puerta se hubiera cerrado en el único lugar donde aún podía respirar.

Mi reacción fue la rabia. No sabía cómo procesarlo de otra manera. Lo único que sabía era que me estaban quitando algo que amaba y no entendía por qué.

Fue devastador. Sentí como si alguien hubiera metido la mano y se hubiera llevado la mayor parte de mí. Acababa de perder a mi padre y ahora perdía lo único que me ayudaba a sentirme unida a él. La danza no era solo algo que me gustaba, era mi mundo. Cuando me dijeron que ya no podía seguir haciéndolo, sentí como si se hubiera apagado la luz. El cuerpo me pesaba. Mi espíritu se sentía aplastado. No sabía cómo explicarlo entonces, pero sentía como si todo lo que me daba alegría me lo estuvieran quitando, una pieza cada vez.

Y entonces, Dios me la envió.

La Llamada Que Lo Cambió Todo

Fue una simple llamada telefónica, pero cambió la trayectoria de mi vida. La señora Canales llamó a mi madre y le dijo suavemente: "No puedes quitarle lo que hace feliz a tu hija". Su tono era reconfortante, como el de una madre que habla a otra. Le dijo que el hecho de que no pudiera pagar las clases no significaba que yo tuviera que perder lo que amaba. Se ofreció a ayudarme, a apadrinarme.

Aquella conversación abrió una puerta a la curación. Empezó a pasar más tiempo conmigo en el estudio. Invirtió en mí, no sólo económicamente, sino también emocional y espiritualmente. A los diez años, me eligieron. Apadrinada. Cuidada.

Fue emocionante. Fue un honor. Pero no comprendí del todo la magnitud de lo que estaba ocurriendo hasta que me hice mayor. Mirando hacia atrás ahora, veo que fue el momento en que todo cambió. No se trataba sólo de mantenerme en la danza. Se trataba de mantenerme íntegra.

Ser elegida a los diez años fue como si alguien me hubiera devuelto la vida. Después de sentir que el mundo me había dado la espalda, primero con la pérdida de mi padre y luego con la pérdida de la danza, su "sí" fue como una cálida luz que atravesó toda la oscuridad que había estado cargando.

No tenía que hacerlo. No me debía nada. Pero vio algo en mí. Sabía lo mucho que el baile significaba para mí y decidió invertir, no sólo en mi capacidad, sino también en mi corazón. Eso lo significó todo.

A partir de ese momento, me entusiasmé por aprender más. Llegué antes. Practiqué más. Quería demostrarle que tenía razón, que valía la pena dedicarme tiempo, recibir su apoyo y creer en mí. A medida que me volcaba en los bailes que me enseñaba, empecé a darme cuenta de que había algo dentro de mí que ella había reconocido mucho antes que yo. Su fe plantó una semilla. Me dijo: *Tú importas. Tú perteneces. Merece la pena volcarse en ti.*

Y esa verdad lo cambió todo.

La Chica Que Bailó Durante El Duelo

Antes de que muriera mi padre, lo único que soñaba era con bailar. No conocía otra cosa. El baile era mi mundo. Fue su regalo para mí. Él y la señora Canales habían estado muy unidos, y él estaba orgulloso de que yo bailara. Quizá por eso a mi madre le costó dejarme continuar. Había tensión, celos y dolor, pero no era culpa mía.

Cuando supe que había fallecido -dos años después- no supe cómo actuar. No sabía cómo llorar, ni enfadarme, ni lamentarme. Pero llevaba una profunda rabia en el corazón. Contra él. Con mi familia. Con el mundo. Esa rabia se convirtió en una compañera constante.

Mi madre y mis hermanos nunca me dijeron que había muerto. Cuando por fin supe la verdad, mi mundo se hizo añicos. Estaba atrapada entre emociones, demasiado confusa para llorar, demasiado enfadada para llorar y demasiado rota para comprender.

La danza se convirtió en algo más que movimiento. Se convirtió en medicina. Era el único lugar donde podía sentirme libre.

La danza era mi terapia. Los días en que el dolor era demasiado intenso o el silencio en casa demasiado fuerte, la danza se convirtió en mi vía de escape. Era como entrar en otro mundo, uno en el que no había experimentado la pérdida, en el que no me sentía abandonada ni rota. Cuando bailaba, me sentía libre. Todo lo demás desaparecía. El dolor, la rabia y la confusión se desvanecían en cuanto empezaba la música. Me daba algo a lo que aferrarme cuando todo lo demás me parecía incierto. El baile me ayudó a respirar de nuevo. Me ayudó a sobrevivir. Y, finalmente, me ayudó a sanar.

Convertirme En Su Hija

A medida que crecía, mi vínculo con la Sra. Canales se estrechaba. Cuando tenía dieciséis años, me fui a vivir con ella. Se convirtió en todo para mí. Era mi segunda madre, mi mentora, mi maestra. No sólo me guiaba en la danza, sino que me enseñaba a vivir.

Era más estricta que mi propia madre. Exigía disciplina, trabajo duro, respeto. Si quería un papel principal o un solo, tenía que ganármelo. Tenía que reunir dinero para mis disfraces, para las clases, para viajar. Vendíamos platos de barbacoa, caramelos, anuncios para libros de recitales. Siempre lideraba las ventas, pero eso no significaba que me lo quedara todo. Me enseñó a compartir mis ganancias con otras chicas que no podían vender. Al principio me parecía injusto, pero me recordaba que éramos un equipo. Si tienes más, das más.

Me enseñó que el éxito no es nada sin humildad.

Recuerdo verla dar todo lo que tenía a nuestra comunidad, su tiempo, su corazón, sus recursos. Se volcó en la construcción de algo hermoso, algo significativo, y sin embargo la comunidad nunca le devolvió todo el apoyo que merecía. Fue desgarrador presenciarlo. Me enfadaba y me confundía. No podía entender cómo alguien tan dedicado podía ser ignorado.

Fue entonces cuando me enseñó una de las lecciones más duras y poderosas de todas. Me dijo: "No lo haces por los aplausos. Lo haces porque eres así. Lo haces porque es tu vocación".

Me ayudó a entender que, por mucho que trabajes, no todo el mundo te apreciará. Algunas personas ignorarán tus esfuerzos, o incluso tratarán de derribarlos. Pero eso no significa que te detengas. Sigues adelante. Te mantienes arraigada a tu propósito. Lo haces por ti y por la gente que te ve. Ese cambio de perspectiva me devolvió a la gracia, y lo llevo conmigo desde entonces.

Cuando entraba en una habitación con ella, era como entrar con la realeza. Todo el mundo se fijaba en ella. Todos la miraban. Estaba elegante, con clase, radiante. La observaba y pensaba: "Así quiero ser yo".

Tenía pequeños dichos que aún resuenan en mi mente. *"El que quiere celeste, que le cueste"*. Si quieres algo hermoso, te costará. Nos enseñó a no preocuparnos por los chicos, a centrarnos en nuestros objetivos, a llevarnos con orgullo. Siempre nos dijo que no dependiéramos de nadie. Ten tu propio auto. Tu propia casa. Tu propio dinero. Tu propio negocio.

Ella era mi todo. La adoraba. Todavía la adoro. La forma en que la miraba entonces es la forma en que mis perros me miran ahora, con total admiración. No me cansaba de su presencia. Me hacía sentir vista, valorada y segura.

Amor Duro Que Funcionó

No tenía favoritos. Si faltaba al entrenamiento, me trasladaba al fondo. Si llegaba tarde, no actuaba. Tenía un listón muy alto y nunca lo bajaba, ni siquiera por mí. Y gracias a eso, aprendí lo que era la excelencia.

Los entrenamientos eran largos, intensos y no negociables. Dos veces por semana, a veces tres, durante horas. Traía maestros de otras ciudades para que nos enseñaran nuevos bailes. Si faltabas a una sola clase, no estabas al frente. A veces ni siquiera actuabas. Era doloroso, pero forjaba el carácter.

Y tenía enemigos. Otras chicas me preguntaban por qué siempre estaba delante, por qué me tocaban los mejores papeles. No sabían lo duro que trabajaba. No conocían la historia detrás de mi protagonismo. Pero ella sí. Y eso era suficiente.

La vi hacer sacrificios que la mayoría de la gente nunca notó. Renunció a pasar tiempo con su familia, su marido y sus hijos porque creía profundamente en el trabajo que hacía. Sus alumnos, su escuela y su misión eran lo primero. Se volcaba tanto en nosotros que no siempre quedaba mucho para los que estaban en casa.

Como mujer joven que la veía lidiar con eso, me enseñó algo duro pero real: a veces, ni siquiera las personas más cercanas a ti entienden tu vocación. A veces, caminarás sola. Y entonces es cuando tienes que decidir: ¿te rindes o sigues adelante?

Ella me enseñó que el éxito a menudo requiere decisiones dolorosas y que tienes que estar dispuesta a hacer lo que otros no harán para convertirte en quien estás destinada a ser. Su sacrificio no fue en vano. Me convirtió en una mujer que sabe mantener la concentración, incluso cuando falta apoyo. Gracias a ella, aprendí que el propósito a veces cuesta algo, pero el impacto vale la pena.

Semillas Que Aún Dan Fruto

Gracias a ella, aprendí a trabajar duro, a pedir con valentía y a liderar con corazón. Aprendí que el mundo no siempre es justo, pero que yo puedo ser amable. Me enseñó a ser empresaria, a afrontar el rechazo y a entrar en cualquier sitio con dignidad.

Siempre me decía: "Paciencia. Después de mil noes, habrá un sí que abrirá la puerta más grande de tu vida".

Todavía oigo su voz cuando quiero rendirme.

Ella me enseñó a ser generosa, a compartir mi luz, a elevar a los demás. De mi padre heredé el espíritu emprendedor, pero de ella aprendí a combinarlo con un propósito y con las personas.

Una de las mayores lecciones que me enseñó fue que nunca hay que dudar cuando algo grande y significativo se cruza en tu camino. Si es bueno, si está alineado, ve a por ello y no te lo pienses demasiado. Solía decir que si no te asusta un poco, probablemente no es lo suficientemente grande. Pero *si* te asusta, es que vas por buen camino. Ahí es donde está el crecimiento. Ahí es donde esperan los avances.

La vi vivir esto con valentía. Nos abrió las puertas para actuar ante dignatarios, cargos electos y líderes en lugares a los que muchos de nosotros nunca imaginamos que llegaríamos. Nunca dejó que el miedo la detuviera, a pesar de que no hablaba ni una palabra de inglés. Y, sin embargo, logró mucho más que muchos de los que lo hacen.

Eso me enseñó que el valor no consiste en tener todas las palabras adecuadas, sino en presentarse de todos modos. Gracias a ella, no dejo que el miedo dicte mis decisiones. Persigo las oportunidades que me ponen a prueba, sabiendo que a menudo son las que me elevarán. Ella me enseñó a liderar con audacia, a caminar con fe y a confiar en que si Dios lo puso en mi camino, estoy destinada a estar a la altura.

El Legado Que Construimos

Su fe en mí encendió un fuego que aún arde. Gracias a que ella abrió una puerta, pude atravesar muchas otras. A través de los desfiles, las becas y los puestos de liderazgo. Recibí dos proclamaciones de dos amigos suyos de toda la vida: un senador estatal y un representante estatal. Una detrás de otra. Cosas que nunca se habían hecho en nuestra región.

Me miraba y me decía: *"Yo sabía que siempre lo ibas a hacer con mucho ánimo, aun sin muchos recursos. Aprendiste algo de mí"*.

Estaría orgullosa. Lo sé.

Llevó el folklórico a tres países diferentes. Se llevó a casa la llave de la ciudad. Recibió la Medalla de Honor de manos del Presidente Fox en Ciudad de México. Hizo todo eso con elegancia y valor. Y de alguna manera, aún le quedaba suficiente amor para derramarlo en una niña herida.

Hoy soy la orgullosa propietaria de mi propio estudio de estética. Es un espacio donde me derramo en las mujeres de la misma manera que ella una vez se derramó en mí. La gracia, la excelencia y la confianza que ella encarnaba viven ahora en la forma en que sirvo a los demás. A través de cada tratamiento y cada conversación, ayudo a las mujeres a sentirse vistas, celebradas y radiantes desde el interior. Es más que el cuidado de la piel, se trata de ayudarles a recuperar su luz, caminar con valentía en su belleza, y brillar con propósito, una mujer a la vez.

La Mano De Dios En Todo Esto

Dios la utilizó para salvarme. No hay otra forma de decirlo.

Cuando murió mi padre y me sentí sola, Él envió a alguien que podía sostener mi corazón. Ella me devolvió a donde pertenecía: a la pista de baile, a mi propósito, a la alegría interior.

La mayoría de la gente paga miles de dólares por el tipo de tutoría y educación que ella me dio. Yo lo obtuve a través del amor. A través de la gracia. Con sacrificio.

Todo lo que ella puso en mí, yo lo pongo ahora en los demás. Ya sea a través de la danza, el liderazgo o simples actos de bondad, su legado perdura.

Un momento que realmente me llegó al corazón fue cuando una mujer de Dallas -a quien nunca había conocido en persona- se puso en contacto conmigo después de seguirme en las redes sociales. Me dijo: "Necesito que me hagas un tratamiento facial. Quiero brillar como *tú*". No le importaba que estuviéramos en ciudades diferentes o que tuviera acceso a spas de alta gama y esteticistas de élite en su zona. Me quería a *mí, porque* veía algo más profundo que la piel. Vio el estándar de excelencia que llevo, el mismo que la Sra. Canales modeló para mí.

Esa llamada me recordó que Dios tomará todo por lo que hemos pasado, todo el dolor, la disciplina, las lecciones y lo usará para brillar a través de nosotros de maneras que nunca imaginamos. Lo que comenzó como una niña que luchaba por aferrarse a su pasión se ha convertido ahora en una mujer que ayuda a otros a redescubrir su luz. Gracias a ella, sirvo con el corazón. Gracias a Dios, ese corazón llega más lejos de lo que jamás pensé que podría llegar.

A La Chica Que Se Siente Sola

Si estás leyendo esto y te sientes invisible o sin apoyo, debes saber esto: Dios ya está contigo. Incluso en el silencio, incluso en la espera - Él no te ha olvidado. Y en Su tiempo perfecto, Él enviará a alguien para ayudarte a levantarte. No te rindas. No dejes de soñar. Siempre hay una persona que llegará a tu vida y cambiará todo para mejor. Pero incluso antes de que llegue, tu Padre Celestial ya está trabajando entre bastidores, preparando el camino. Y cuando llegue ese momento, sabrás que fue divinamente orquestado.

Maribel De La Fuente

Instagram: @lavishfaceandskinspa_

Capítulo 19

Salvada Por La Gracia

por Geraldine Valdez

"Porque nuestra lucha no es contra sangre y carne, sino contra principados, contra potestades, contra los poderes de este mundo tenebroso y contra las fuerzas espirituales del mal en las regiones celestes. Vestíos, pues, de toda la armadura de Dios..."
- Efesios 6:12-13

La Vida Que Construí

Te has preguntado alguna vez cuál es el propósito de tu vida? ¿Por qué Dios te creó? ¿Alguna vez has esperado a que caiga el otro zapato? ¿Como si la vida fuera demasiado bien como para no hacerlo?

Esa no era mi mentalidad en absoluto.

En febrero de 2023, por fin estaba en camino de vivir el sueño que tanto me había costado construir. El negocio estaba en auge, estaba cerrando un trato tras otro en el sector inmobiliario. Vivía en un precioso y lujoso apartamento de un dormitorio en Nueva York, un gran lujo cuando tienes treinta y pocos años. Me sentía orgullosa. Asentada. Como si por fin estuviera saboreando los frutos de todas las semillas que había plantado. Quería compartirlo con todos mis seres queridos: amigos, familia, hermanas elegidas. No tenía límites, sólo un corazón abierto.

Pero Dios estaba a punto de mostrarme algo más profundo.

Mirando hacia atrás, ahora me doy cuenta de que siempre he sido un Sherpa del Alma. Un conector. La gente a menudo se sienten atraídos por mí en sus temporadas más oscuras y yo he sido el que sentarse con ellos, el amor ellos a través de él, o conectarlos a la ruptura que necesitaban. ¿Pero la parte difícil? Muchas de esas mismas personas seguían adelante y me olvidaban. Solo me llamaban cuando necesitaban algo. Y yo me decía: "No pasa nada. Tu buena acción ya está hecha". Pero me escocía y con el tiempo empecé a verlo como algo normal.

El Despertar

Y entonces la vida se desencadenó.

Una noche de febrero de 2023, tuve una pesadilla en la que estaba en una habitación completamente a oscuras y oía voces malignas que se reían, burlándose de mí, afirmando que se llevarían mi alma. En ese momento me di cuenta de que estaba bajo un ataque demoníaco. Pasé el resto de la noche gritando: "Pueden llevarse todo lo que tengo, pero nunca se llevarán mi alma". "Estoy bendecida y cubierta por la sangre de Jesucristo, Yeshua". Finalmente, mis gritos fueron escuchados por mi prima y me despertó. Estaba angustiada y confundida, llena de preguntas. ¿Qué había significado aquella pesadilla? ¿Había algo maligno acechando que yo no podía ver?

Mi amiga Gaia (a quien la mayoría de las veces creo de verdad que es un ángel en la tierra) bendijo mi casa con agua bendita y realizó una limpieza curativa de Reiki. La curación Reiki es una técnica japonesa para la reducción del estrés y la relajación que promueve la curación. Consiste en imponer las manos sobre el receptor para transferir energía vital invisible, que se cree que mejora la curación emocional y física. Gaia oró sobre mí y cuando terminó me dio agua y me dijo que me fuera a la cama.

Hasta el día de hoy, estoy convencida de que mi alma viajó a otro reino o época. No sabría decir cuándo me dormí ni cuándo me desperté. Lo único que recuerdo es que apoyé la cabeza en la almohada e inmediatamente me vi transportado a un campamento de tipo militar; parecía un campamento de zona de guerra. Estaba sentada frente a dos seres (parecían humanos, sin embargo sus ojos eran completamente negros y sin alma). Estaba aterrorizada. No podía hablar y sabía que se estaban aprovechando de mis miedos. En ese momento sucedió, alguien puso su mano derecha sobre mi izquierda. Cuando levanté la vista, era mi padre, que me decía que no tuviera miedo, recordándome que no estaba sola. Sentí una sensación de paz y calma que nunca había sentido en mi vida.

Los dos se comunicaron telepáticamente, diciéndome que me lo quitarían todo. Les respondí con mucha calma: "Pueden quitármelo todo, mi carrera, mi casa, mis posesiones materiales, pero nunca tendrán mi alma. Estoy cubierto por la sangre de Jesucristo, Yeshua, lleno y protegido por el Espíritu Santo. No importa lo que digas o hagas, nunca la tendrás". Lo repetí como un cántico con serenidad. Nunca había sentido tanto odio por parte de nadie. Los dos desaparecieron. Mi padre procedió a pasearme por el campamento y lo siguiente que supe fue que estaba en una habitación luminosa, toda blanca.

La sala estaba llena de muchas mujeres (que no había conocido en mi vida) que se reunieron. Era una celebración, abrazos y risas. Las mujeres estaban partiendo el pan juntas en una larga mesa. Algunos panes eran dulces con miel, otros eran ricos con queso. Me desperté con esa imagen ardiendo en mi espíritu. Me pareció sagrada, como un atisbo de algo que aún no comprendía. Inmediatamente investigué la interpretación del sueño porque mi subconsciente parecía saber que era un mensaje que necesitaba descifrar.

Esto es lo que encontré: El significado espiritual de "partir el pan" durante una reunión de salón blanco puede ser profundo. A menudo simboliza la presencia y el sacrificio de Cristo, como se vio en la Última Cena, donde Jesús tomó pan y lo partió, representando su cuerpo y su sangre. Esta práctica sirve como recordatorio de Su muerte y resurrección, fomentando un sentido de comunidad y conexión entre los creyentes. Los sueños en los que aparecen mujeres partiendo el pan suelen simbolizar una presencia nutricia y reconfortante, que representa una conexión con la espiritualidad y la divinidad femenina. El pan en sí, en un contexto espiritual, puede significar la Palabra de Dios, la vida, el sustento y la presencia divina.

Cuando se ve a una mujer partiendo el pan, puede indicar una bendición espiritual, orientación o el intercambio de sabiduría y conocimiento. El hecho de que hubiera diferentes ingredientes -miel, queso, etc.- alude a la diversidad de dones, historias y bendiciones de cada mujer. La miel suele simbolizar la abundancia, la dulzura y el favor de Dios, "una tierra que mana leche y miel". (Fuente: www.hiddensignificance.com)

Este sueño sugiere que estoy siendo llamada a crear o nutrir espacios donde las mujeres se reúnen para compartir sus dones únicos, testimonios y sabiduría nutriéndose unas a otras espiritual y emocionalmente. Es un recordatorio de que todo el mundo aporta algo valioso a la mesa y en la unidad, hay sanación, provisión y dulzura divina.

También es Dios confirmando mi papel de sherpa del alma, de conectora: reunir a las mujeres para que se den un festín no sólo de comida, sino de propósito, fe y compañerismo.

Entonces, ¿qué sé ahora que no sabía entonces?

En primer lugar, en el fondo sé que fue el Señor mismo quien se presentó como mi padre, cogiéndome de la mano en aquel sueño. Me dio el valor para enfrentarme a los demonios y me condujo a través del campamento hasta las mujeres.

¿El mensaje? En los momentos más oscuros, Él está ahí guiándote, protegiéndote. Sólo tienes que respirar hondo varias veces y escuchar. Ríndete. Entrega al Señor tu temor.

Recuerda, Dios, Yahvé te hizo a su imagen. En segundo lugar, la fracción del pan con las mujeres no fue un sueño, sino una revelación de lo que estaba por venir. Mi gracia salvadora, mi comunidad, El Imperio de las Latinas.

Cuando El Dolor Llamó A La Puerta

En el transcurso de un año y medio, perdería a varios seres queridos. El 27 de marzo de 2023, perdí a mi primo menor a causa de una enfermedad mental tras suicidarse. Nueve meses después perdería a mi primo Zahrat.

La vida que yo conocía cambiaría para siempre.

Soy la nieta mayor en ambos lados de mi familia. Por parte de mi padre, mi primo Zahrat era el mayor. Zahrat fue el hermano mayor que nunca tuve. Leal. Protector. Intrépido. Cualidades que aprendí. Creo que nunca se lo dije, gracias. Sabía que no importaba en qué parte del mundo estuviera. Si llamaba, él estaría allí en un instante. Zahrat había sobrevivido a quince años injustos en la cárcel, había rehecho su vida y se preparaba para empezar la universidad. Zahrat veía la bondad y la grandeza en los demás antes de que ellos mismos pudieran verla. Nuestra familia no sabía que planeábamos en secreto construir un imperio. Una forma de jubilar a nuestros padres y ayudar a la siguiente generación a alcanzar el siguiente nivel y dejar un legado. Había hecho más en dos años de lo que la mayoría logra en toda una vida. Y entonces, nos lo arrebataron. Ahora, lo único que me queda son nuestros mensajes de texto, llenos de planes que él nunca verá hechos realidad.

El día que Zahrat murió, una parte de mí murió con él. 27 de diciembre de 2023. Era el cumpleaños de mi hermano y al pasar por su habitación sentí un dolor en el pecho. Sentí como si alguien me hubiera apretado el corazón. Tuve una sensación horrible y le pregunté a mi hermano por sus planes, diciéndole que se cuidara. Diez minutos después, recibí la llamada de que Zahrat había caído en una emboscada.

Me senté frente a la doctora y lo vi en sus ojos antes de que hablara: "No lo logró". Esas palabras me perseguirán para siempre. ¿Qué quieres decir?", pero me quedé sin habla. Me quedé mirándola, intentando asimilarlo. Tres segundos. Eso es lo que tenía. Tres segundos para procesar y levantarme.

La primera vez que sentí la presencia de Zahrat fue al salir del baño del hospital. Vi cómo el dolor se apoderaba de mi familia y, de repente, sentí su energía, su espíritu, como quieran llamarlo. Sentí como si estuviera justo detrás de mí. Me quedé helada y mi capacidad empática me hizo saber que estaba intentando comunicarse conmigo. Fue como si el mensaje llegara directamente a mi corazón. Mantenlos a salvo. Cualquier diferencia que pudiéramos tener con la familia se esfumó.

Al principio, me mantuve ocupada, ocupándome de sus asuntos para que sus padres pudieran llorar en paz.

Con el paso de los días, comenzó el aislamiento. El duelo es un estado de dolor que no le deseo ni a mi peor enemigo. Las semanas siguientes seguí sintiendo su presencia. Sabía que quería hablar y dar mensajes. No soy lo suficientemente fuerte para manejar lo sobrenatural y él lo sabía. Hay un lugar, justo entre el sueño y la vigilia, donde las líneas se difuminan y te sientes conectado a algo más grande. Fue en ese espacio donde nos conocimos. Al principio, me visitaba para pedirme que cuidara de su hermano pequeño. Yo estaba tumbada en la cama y él se ponía al lado y, de repente, veía a mi primo pequeño durmiendo en mi sofá.

Al cabo de unas semanas, ya no podía sentir su energía. En ese momento mi dolor pasó de la negación a una profunda tristeza y rabia. Pensé que tal vez lo había superado, que estaba en paz. Odio decirlo, pero la rabia y la ira que sentía eran hacia él. Le había advertido de posibles lobos disfrazados de ovejas en su círculo íntimo. Ahora, tenía que vivir la vida sin mi mejor amigo. Me había dejado para proteger a una familia que estaba destrozada. El día que lo enterramos, debí de beberme una botella entera de vodka. Lo único que conseguí fue que me doliera la cabeza, así que me lancé a orar por él, por la familia y por mí misma.

En marzo de 2024, me visitó en el mismo estado entre el sueño y la vigilia. Olvidé la parte inicial de la conversación, pero antes de dirigirse a la puerta para marcharse me dijo: "Di que sí, cuando te pregunte, di que sí, ya me has oído". Mientras él abría la puerta, entró mi hermana. Me di cuenta de que estaba despierta mirando a mi hermana, simplemente guardé el mensaje en mi corazón.

Perla Tamez-Casanovas es una querida amiga de Texas que conocí hace años a través de un amigo común. Se trasladó a Nueva York y a la semana siguiente del encuentro con Zahrat me invitó a cenar.

En el momento en que me preguntó si consideraría ser la líder del capítulo de Nueva York para The Latina Empire. Aquellas palabras volvieron a mí: "Cuz, di que sí, cuando te pregunte, di que sí, ya me has oído". Me di cuenta de que eso era lo que él quería que dijera que sí y yo no podía. Estaba destrozado, no creía que fuera capaz de ayudar a nadie. Tenía todas las razones y la intención de decir que no. Sin embargo, mi boca y mi mente no estaban sincronizadas porque mientras el "Sí" salía de mi boca mi mente gritaba ¡NO!

¿Qué ignoraba entonces que ahora sí sé?

Este sería el comienzo de mi viaje de curación. Una vez más se me recordaría mi propósito en la tierra y, lo que es más importante, escucharía plenamente mi discernimiento.

En mi primer evento de Manahood, lo vi: la visión de mi sueño. Mujeres partiendo el pan, no sólo con comida, sino con sus corazones. Compartiendo sabiduría. Lágrimas. Risas. Curación.

Antes del evento había contratado a una becaria, Sabrina. Sabrina se había graduado en la universidad y la había conocido a través de un cliente mío anterior. Me preguntó si su madre, Jennifer, podía asistir y le dije que por supuesto. Hacia el final hicimos un ejercicio para romper el hielo en el que las mujeres se emparejaron para entrevistarse unas a otras.

Resulta que Jennifer estaba saliendo de una mala situación en su país y había decidido quedarse en Estados Unidos. Jennifer se emparejó con la única persona que realmente podía ayudarla. Perla. Sentí que algo encajaba. En ese instante supe que Sabrina había llegado a mi vida no para ser mi becaria, sino para conectar con Perla. Fue como si mi alma me susurrara: *por esto estás aquí. Este es tu propósito.*

Y entonces me di cuenta de que Dios estaba haciendo algo mucho más grande de lo que yo podía ver. Dos mujeres que se habían conocido a través de este viaje terminaron ayudándose mutuamente a sanar, una a través de su dolor y la otra a través de su propósito. Meses más tarde, vi cómo la transformación se desarrollaba ante mis ojos, y me di cuenta: Yo había sido simplemente el puente. No era una coincidencia, sino una alineación divina.

El Cambio

Y cuanto más reflexionaba, más comenzaba a darme cuenta de que Dios me había estado usando todo el tiempo, incluso en mis propias épocas de quebrantamiento. Yo escuchaba. Estaba observando. El velo se había levantado, estaba viendo señales que antes hubiera pasado por alto, viendo a la gente y las situaciones por lo que realmente eran. Sin embargo, incluso a propósito, la guerra espiritual no se detiene.

La oscuridad no siempre se muestra como una sombra. A veces, se esconde en las personas que amas. He visto la envidia torcer los corazones. He visto a gente recurrir a la magia negra para dañar a otros sin pensárselo dos veces. He sido testigo de cómo alguien intentaba destruir la vida de mi primo por malicia y celos. Zahrat sufrió profundamente por culpa de alguien así.

La muerte de Zahrat me consumió de rabia. Quería vengarme. Podría haber tomado el asunto en mis propias manos. Pero de pie ante su tumba, oí al Espíritu Santo susurrar*: "Recuerda a Lucinda. Recuerda a tu abuelo".* Esos dos nombres me recordaron quién soy, de dónde vengo y lo que llevo dentro. Esos susurros eran un recordatorio de lo que había sucedido a individuos que habían causado daño y dolor a mi familia. Dios se había encargado de ello y en ese momento me rendí. Se lo entregué a Dios. Abandoné el deseo de vengarme en y recogí la paz de dejar que Él se encargara. Luego vino otro tipo de batalla, la que se libra en silencio.

Durante mucho tiempo, yo había sido la que siempre tendía la mano, la que controlaba, la que guardaba el espacio para los demás. La que siempre tomaba la llamada o respondía a los mensajes de texto. Era la persona con la que la gente se desahogaba, en la que se apoyaban, a la que llamaban cuando su mundo se desmoronaba. Sin embargo, en el invierno de 2024, algo en mí cambió. Dejé de perseguir a la gente. Dejé de llamar y enviar mensajes de texto primero. Simplemente paré.

Y siguió el silencio.

La muerte de Zahrat me había empujado involuntariamente a empezar a poner límites y a elegirme por fin a mí misma. Amigos que antes consideraba de la familia, por los que había hecho todo lo posible, desaparecieron cuando más los necesitaba. Sin embargo, tenía amigos que vivían en todo el país y en el extranjero que estaban ahí para mí. Estas hermosas almas me hicieron seguir adelante, me enseñaron que no había excusas.

Si alguien quería estar ahí, lo haría.

En junio de 2024, mientras lidiaba con el duelo, mi aislamiento se vio interrumpido. Comenzó virtualmente con nuestras clases magistrales de Claridad del Imperio Latina. Ellas no lo sabían, pero esas sesiones semanales me devolvieron a la vida. Fue mi terapia.

Me di cuenta de lo unilaterales que eran muchas de mis amistades, muchas de ellas tóxicas. Muchas veces quería acercarme, pero algo me frenaba. Durante nuestra clase de Latina Empire Mastermind, Perla hizo varias afirmaciones que resonaron en mí. Perla dijo "No puedes verter sobre otros desde una taza vacía". "Tienes que dejar ir cualquier cosa o persona que no agregue valor a tu vida". Aquella vez no sólo lo oí, lo sentí. Y me cambió.

Una persona no contactó conmigo hasta siete meses después de que me hubiera callado por completo. Preguntando: "¿He hecho algo mal?". Otra persona habló negativamente de mí. En cuanto dejé de ser la persona de confianza con la que podían contar siempre que necesitaban algo, me convertí en la villana de su historia. ¿Y saben qué? Me parece bien.

Establecer estos límites me abrió puertas y oportunidades que de otro modo habría perdido por no ponerme a mí primero.

¿Qué sé ahora que no sabía entonces?

Dios me había guiado a mi tribu. Un grupo de almas increíbles y hermosas, cada una luchando contra sus propios traumas y angustias, pero proporcionando un espacio libre de juicios. Nos damos amor, nos animamos y, lo que es más importante, nos hacemos responsables los unos de los otros.

Ya no tengo miedo a la oscuridad, porque es en la oscuridad donde encontré mi comunidad, mi *manas*. Recuerdo que recordaba aquella revelación y me preguntaba qué significaba todo aquello. Encontré mi respuesta. Aprendí a vivir en mi propósito, llenando mi copa para poder seguir vertiendo en los demás.

El Cuerpo Lleva La Cuenta

Tras recuperarme de Covid, desarrollé gastritis (o eso creía). Debido al diagnóstico gané peso, sufrí pérdida de apetito, hormonas desequilibradas y mi metabolismo se ralentizó.

En agosto de 2024, sentí un terrible dolor en el abdomen y me llevaron de urgencia a Urgencias. Resultó que tenía cálculos en la vesícula biliar y necesitaba una operación de urgencia. Me llevaron al quirófano y no pude ver a mi madre ni a mi hermana Gerube, lo que me puso muy nerviosa. Mientras estaba en la mesa de operaciones, vi la cara de la enfermera sonriendo, y luego le vi a él. Era Zahrat. Vestido de blanco con la luz blanca más hermosa que he visto nunca. Fui a decir su nombre, y lo siguiente que supe es que me estaban despertando.

La cirugía debería haber sido un simple procedimiento de una hora. Sin embargo, en cuanto empezó se dieron cuenta de que tenía un cálculo del tamaño de un huevo grande. La operación duró cinco horas. Después, tuve complicaciones debido a que mis niveles hepáticos eran extremadamente altos. Pasé once días en el hospital.

Para mí fue el cierre de ese capítulo de mi vida.

Fui testigo de la presencia y la gracia de Dios. Recibí visitas de un médico con bata blanca que me ponía al día (o eso creía yo) porque más tarde me enteraría de que en realidad no había venido nadie.

En una ocasión, una encantadora doctora con bata blanca me revisó y me dijo que debía avisar a la enfermera de que iba a tener 39 grados de fiebre. Me dio instrucciones para que pidiera un medicamento concreto y no dejara que me dieran nada más.

Unas dos horas más tarde, una enfermera vino a tomarme la temperatura y le transmití el mensaje que me había dado el médico. La enfermera me dijo que ningún médico me había revisado y que mi temperatura era normal. Aquella noche tenía 38 grados de fiebre y la enfermera (ni yo misma) pudo explicarme cómo sabía que iba a tener fiebre y qué medicación debía tomar. Este fue uno de los muchos sucesos.

El día que me dieron el alta, recibí una última visita de la misma doctora vestida de blanco. Le dije que dejara de mencionarla porque temía que todos pensaran que estaba loca. Ella sonrió y hablamos un rato. Antes de irse se volvió y me dijo: "Ahora ya sabes por qué te costó abrir tu empresa".

Me quedé perpleja. Nunca le había hablado de mis dificultades para abrir mi propia empresa.

Allí tumbada tuve una epifanía. No estaba sana y no lo sabía. No habría sido físicamente capaz de trabajar ni de responsabilizarme del bienestar de mis empleados. En las semanas que siguieron a mi operación, conocí (virtualmente) a una mujer increíble, Francesca (con su propia historia), propietaria de su propio fondo de cobertura en Nueva York. Lo que a mí me había llevado tres años averiguar, ella lo hizo en menos de un mes.

La vulnerabilidad mental cuando te operan no es algo de lo que no te des cuenta. Mi hermana Gerube (a la que adoro) cuidó de mí durante mi proceso de recuperación. La primera vez que fui al baño 14 días después de la operación y no podía limpiarme, me puse a llorar. Me preguntó qué me pasaba y le dije que no podía limpiarme. Gerube dijo "Eso no es problema. Date la vuelta" y procedió a tomar una toallita. Llamé a una de mis manas de The Latina Empire y le dije: "Creo que he tocado fondo".

Su respuesta me hizo reír entre lágrimas: "¡Oh, no, no lo has hecho! No te habrás cagado en la cama, ¿verdad?".

Le dije: "¡No! ¡Me ha tenido que limpiar mi hermana!".

Sin perder un segundo, me dijo: "Niña, llámame cuando te cagues en la cama y tengas que esperar a que alguien te ayude a levantarte y te bañe porque no puedes. Entonces es cuando realmente has tocado fondo".

Me reí. Hacía meses que no me reía así y sentí una sensación de liberación. Comprendí por qué tuve aquella revelación hace tantos años. Esta comunidad me ha levantado, me ha ayudado en mi proceso de curación e incluso en mis objetivos profesionales.

¿Qué ignoraba entonces que ahora sí sé?

La paciencia y el tiempo de Dios van de la mano. Dios me estaba salvando de tormentas que yo no podía ver. No sólo estaba protegiendo mi negocio. Me estaba protegiendo a mí, porque yo no estaba lista para llevar una batalla tan grande. Todavía no.

Esa experiencia solidificó una verdad más profunda:

Cuando Dios cierra una puerta, no es rechazo, es redirección. A veces Su "NO" te está salvando de una tormenta que aún no puedes ver. Me estaba protegiendo, me estaba guiando y, al igual que hizo con Perla, lo había hecho conmigo porque a través de Perla yo estaba conectada con Francesca.

En segundo lugar, por fin me adapté a lo que Perla nos había estado predicando. La había oído, pero hasta entonces no la había escuchado. Rodéate de gente más inteligente que tú. Perla había recibido un reconocimiento un año antes y había mencionado mi nombre en una sala de un evento al que yo ni siquiera había asistido. Los pequeños guijarros que Dios había puesto años antes construirían el puente que yo necesitaría cruzar.

En tercer lugar, me miré al espejo. Recordándome mi propia fuerza y propósito.

Lo Que Sé Ahora

Ahora, llevo el tipo de sabiduría por la que ni siquiera sabía que estaba rezando:

- La paz es mi luz verde. Si tengo que forzarla, no es para mí.
- Decir no es una frase completa, y a veces, la más poderosa.
- Mi vocación no es arreglar a todo el mundo. Es caminar en obediencia.
- Ya no persigo a la gente. Protejo mi espacio, mi corazón, mi paz.
- Mi propósito es sagrado y empieza por estar alineado con Dios.
- El discernimiento es un don y he aprendido a confiar en él.
- No todas las conexiones son divinas, algunas son distracciones disfrazadas de oportunidad.

Esta historia, mi historia, es donde la pena se apodera de mí y lucho por volver. Donde se lanzan los retos de la vida y se rompen las maldiciones. En última instancia es donde comienzan mis bendiciones.

Ya no soy la mujer que se excede, que espera a que caiga el otro zapato. Soy la mujer que camina en discernimiento, que ve las huellas de Dios en los retrasos, las redirecciones y los susurros.

He aprendido a no dejar que el mundo cambie lo que soy en el fondo, un conector del alma, un sherpa del alma. He aprendido a ver realmente a las personas y las situaciones por lo que realmente son. No guardo rencor ni resentimiento hacia nadie. A veces perdonas por tu propio bien.

Aún estoy en el proceso. No tengo todas las respuestas. Pero sí tengo una promesa: que Dios no desperdicia nada. Que cada desamor, cada silencio, cada sí y cada no me traían hasta aquí.

Mirando ahora hacia atrás, me doy cuenta de que Dios me había estado preparando para afrontar los mayores retos de mi vida. Estas lecciones pondrían a prueba mi fe, mi propósito en la vida y me llevarían a una bifurcación en el camino.

Tomé el camino más difícil, el camino de la curación.

En un mundo obsesionado con la gratificación instantánea, a menudo queremos soluciones rápidas, respuestas fáciles y resultados de la noche a la mañana. Estamos dispuestos a esforzarnos por nuestras carreras, perseguir títulos, ascensos y éxito, pero cuando se trata de nuestro bienestar espiritual y mental, dudamos. Evitamos los espejos. Silenciamos la vocecita que nos pide que hagamos una pausa y miremos hacia dentro.

Pero la curación no llega con un chasquido de dedos, ni pulsando un botón, ni en un fin de semana. Requiere tiempo, intención y un profundo trabajo interior. Ya no podía ignorar las señales. Los sueños que había tenido ya no eran sólo sueños. Las advertencias de Dios no eran susurros, eran rugidos. Dios estaba hablando a través de todo: puertas cerradas, relaciones desalineadas, la ansiedad que seguía empujando, la forma en que mi cuerpo comenzó a reaccionar cuando mi espíritu estaba agotado. Me estaba preguntando: *¿Seguirás corriendo o finalmente te detendrás y sanarás?*

Ese fue el momento en que las lecciones golpearon con toda su fuerza. No fue suave, tengo heridas de batalla y cicatrices impresas en el alma, pero era necesario. Y lo supe: si quería paz, propósito y alineación, tenía que dejar de buscar los atajos.

Mientras escribo esto, me encuentro llorando pero de buen humor; ha sido una experiencia catártica. Las palabras parecen fluir como si la intención de Dios fuera que alguien ahí fuera leyera mi historia. Que estudie. Aprenda. Saber que hay luz al final del túnel. Ya no tengo miedo a la oscuridad, porque fue en la oscuridad donde brillé más. Fue en la oscuridad donde encontré la fe, la comunidad y la fuerza para salir adelante por la gracia de Dios.

Así que, si pudiera, abrazaría a la persona que lee esto, le diría:

No estás sola. No tienes que ser todo para todos. No tienes que perseguir lo que nunca estuvo destinado a quedarse. No tienes que explicar por qué estás cambiando.

Sólo escucha a Dios. Cancela el ruido. Él está hablando.

No lo vi ni lo supe entonces, pero lo veo ahora. Su gracia estuvo conmigo todo el tiempo.

Y tal vez estás ahí ahora, caminando a través de algo que no entiende. Preguntándote por qué duele. Preguntándote si importa. Preguntándote si alguna vez tendrá sentido.

Déjame preguntarte:

¿Ha habido alguna vez en la que no hayas visto la gracia de Dios en ese momento, pero ahora miras hacia atrás y te das cuenta de que Él te estaba cubriendo todo el tiempo?

Si es así, ya lo sabes.

Te estás convirtiendo. Y no estás sola.

Si no es así, ¡aguanta! Tienes un propósito; ¡fuiste puesta en la tierra por una razón!

Sigue caminando. Sigue confiando y, en caso de duda, ora y confía en tu discernimiento.

Porque nunca sabes qué "sí" te llevará de vuelta a casa, a tu propósito.

> *"Ninguna arma forjada contra ti prosperará; y condenarás toda lengua que se levante contra ti en juicio. Esta es la herencia de los siervos del Señor, y su justicia procede de mí, dice el Señor."* (Isaías 54:17)

Geraldine Valdez

Instagram: @geraldine_nyc

Capítulo 20

Cadenas Rotas: El Poder Del Perdón

por Carmen Sauceda

"Y ellos lo vencieron por la sangre del Cordero y por la palabra del testimonio de ellos; y no amaron sus vidas hasta la muerte."
- Apocalipsis 12:11

La Armadura Que No Sabía Que Estaba Construyendo

Era apenas una niña cuando aprendí cómo se sentía el miedo en la boca del estómago. El sonido de los gritos en nuestra casa siempre llegaba sin previo aviso, como una tormenta que entraba rápidamente, sacudiendo las paredes antes de que alguien tuviera la oportunidad de prepararse. Me quedaba de pie en el pasillo, helada, viendo cómo mi madre recibía los golpes del hombre que yo creía que era mi padre. Mis pequeñas manos temblaban a mis costados, mi corazón latía tan fuerte que podía oírlo en mis oídos, y sin embargo mis pies se sentían clavados al suelo. Miedo. Ira. Impotencia. Todos vivían dentro de mí a la vez.

Trabajaba desde las tres de la tarde hasta las once de la noche. Cuando llegaba a casa era la una o las dos de la madrugada, y era entonces cuando el miedo se instalaba más profundamente en mí. Me quedaba despierta en la oscuridad, con las lágrimas empapando la almohada, llorando hasta quedarme dormida porque sabía lo que se avecinaba. No siempre lo veía con mis propios ojos, pero lo oía, los gritos, los golpes, los gritos ahogados de mi madre. Esos sonidos se convirtieron en la música de fondo de las noches de mi infancia.

Rompieron algo dentro de mí. Quería gritar, correr y empujarle, pero era demasiado pequeña. Odiaba la frustración que me producía saber que no podía detenerle. Y así, con sólo nueve años, hice un voto. Apreté los puños y me dije a mí misma: *"Nunca dejaré que un hombre me trate así. Jamás.* Ese voto endureció algo en mí. Se convirtió en mi armadura. No sabía entonces que también se convertiría en una prisión.

Años más tarde, cuando murió, pensé que mi pesadilla había terminado. Me senté en el banco de su funeral con mis hermanos, con el pecho todavía pesado por la confusión del amor y el miedo mezclados. Aquel hombre se había ido, pero las magulladuras en el espíritu de mi madre permanecían. No fue hasta aquel día, cuando oí a mi madre y a mi tía cuchichear, que descubrí la verdad: ni siquiera era mi verdadero padre. El shock me recorrió como agua helada. ¿Cómo podía no ser mi padre si me había criado, nos había tratado con bondad a mí y a mis hermanos, nos había dado su nombre? Siempre había sido bueno con nosotros, excepto cuando se trataba de mi madre.

La verdad es que mi madre se había criado en el caos mucho antes de que yo llegara. Su padre, mi abuelo, se la había robado a su propia esposa. Su madre era en realidad la madrastra de mi madre. Mi madre no fue criada por su verdadera madre, sino por la madre y las dos hermanas de mi abuelo. La violencia no era algo que aprendiera de un extraño; era algo que respiraba como el aire. El maltrato era el lenguaje de su infancia.

Por eso, cuando se casó, entró en lo que creía que era seguridad, pero que se convirtió en otro ciclo de dolor. No conocía otro camino. Y yo, su hija, absorbí cada moratón, cada grito, cada momento de silencio que seguía a una pelea.

La promesa que hice a los nueve años de que nunca me tratarían como trataban a mi madre se enroscó en mi corazón como alambre de espino. Me endureció. Me enseñó que el amor era peligroso, que ser blanda era ser destruida. Decidí que la fuerza significaba frialdad, que sobrevivir significaba no dar nunca a un hombre el poder de hacerme daño. Más tarde, cuando me convertí en esposa, ese voto me persiguió como una sombra. Era compasiva con mis hijos, pero con los hombres era dura, incluso cruel. Pensaba que el amor era un juego en el que el que cayera más hondo sería el que perdería. Y me juré a mí misma que nunca sería yo.

Pesadillas Que No Terminaban

Cuando tenía once años, pensé que tal vez, sólo tal vez, la vida mejoraría. El hombre que pegaba a mi madre había muerto. Recuerdo estar sentada en silencio, pensando que mi pesadilla por fin había terminado. Pero solo seis meses después, otro hombre entró en nuestras vidas. Y con él llegó una oscuridad para la que no estaba preparada.

Este era peor. Violento, retorcido y depredador. Vino no sólo a herir a mi madre, sino a envenenar la inocencia de sus hijos. Llevaba una rabia en los ojos que me heló el estómago. Yo era sólo una niña, pero sentía el mal de su presencia en la habitación.

Una noche, me puso una pistola en la cabeza. Aún puedo sentir el frío del acero contra mi piel, el agudo sabor del miedo llenándome la boca. En esos segundos, me asaltaron mil pensamientos, pero no eran los pensamientos de un niño, eran los pensamientos de alguien que ya había soportado demasiado dolor. Mi cuerpo temblaba, pero por dentro sentía algo extraño, casi como desafío. Dije: *"Si vas a hacerlo, hazlo. Acaba con mi miseria. Sácame de este dolor".*

Sólo unas semanas antes de ese momento, había pensado en acabar con mi propia vida. El abuso, la oscuridad, el silencio de la persona que debería haberme protegido, todo me parecía insoportable. A los catorce años me encontraba en ese punto de decisión, dispuesta a rendirme. Pero en ese momento, oí una voz muy dentro de mí, clara y firme. El Espíritu Santo me susurró: *¿Qué será de tu hijo? ¿Quién cuidará de tus hermanos?*

Esa pregunta atravesó la niebla de la desesperación. Me impidió seguir adelante. No podía dejarlos. No podía abandonarlos como me habían abandonado a mí.

Y ahora estaba aquí, mirando el cañón de una pistola, y en lugar de que el miedo me tragara entera, casi lo agradecí. *Adelante,* pensé. *Hazme un favor. Sácame de mi miseria.* No era coraje, era agotamiento. Estaba cansada de luchar, cansada de sobrevivir.

Después de que bajara el arma, el silencio llenó la habitación. No era el tipo de silencio reconfortante, sino el que te oprime el pecho. Me sentí entumecida. Mi adrenalina seguía corriendo, así que casi no importaba. No lloré. No grité. Me quedé allí, vacía, cansada de todo. Lo único que quería era encontrar una salida, para mí, para mis hermanos, para todos nosotros.

En aquellos momentos, no conocía a Dios como lo conozco ahora. Susurraba oraciones desesperadas en la oscuridad: *Si Tú existes, ¿por qué dejas que me pase esto?* Ni siquiera entonces comprendía que Su mano estaba allí. Mirando atrás ahora, lo veo, cómo Él evitó que el arma disparara, cómo me sostuvo incluso en mi entumecimiento, cómo Él ya estaba escribiendo una historia de supervivencia y redención cuando todo lo que yo veía era desesperación.

El abuso no era sólo violencia, era perversión. Se colaba en mi habitación a altas horas de la noche, entre las sombras, tocándose mientras yo yacía congelada bajo las sábanas. Yo contenía la respiración, fingiendo dormir, rezando para que no se pasara de la raya. Nunca lo hizo del todo, pero el tormento de aquellos momentos me dejó profundas cicatrices. Había agujeros en las paredes de mi armario para que pudiera espiarme. Me miraba por la ventana cuando me duchaba. ¿Y lo peor? Mi madre lo sabía. Una vez lo pilló espiando mientras me bañaba y miró para otro lado. La traición de su silencio fue más profunda que su violencia.

Mirando ahora hacia atrás, veo las huellas de Dios incluso en aquel horror. Ese hombre podría haberme quitado mucho más. Podría haber ido más lejos. Pero la mano de Dios lo contuvo. El Señor nunca me abandonó, ni siquiera cuando mi casa parecía una prisión de miedo. Entonces no lo reconocí, sólo vi las sombras. Pero ahora sé que era Su Espíritu el que me susurraba a los catorce años, manteniéndome viva para un futuro que aún no podía ver.

Doce Años Y La Vida A Cuestas

A los doce años, cuando la mayoría de las niñas aún jugaban con muñecas, llevaba la vida dentro de mí. Mi cuerpo era demasiado pequeño, demasiado joven, demasiado poco preparado para lo que estaba ocurriendo. Estaba embarazada. Mi madre me envió a un hogar de madres solteras dirigido por monjas. De una manera extraña, aquel lugar me parecía más seguro que mi casa, porque significaba que estaba lejos del hombre que me había atormentado.

La habitación en la que me alojé era sencilla: paredes blancas, una cama estrecha y un silencio que se hacía pesado por la noche. Allí había otras chicas, cada una con su propia historia, aunque ninguna de nosotras tenía palabras para compartirlas en voz alta. Nadie me había explicado lo que le pasaba a mi cuerpo. La primera vez que tuve la regla, pensé que era caca. Mi madre nunca me había hablado de ello, nunca me había preparado para ser mujer.

En casa me enseñaron cosas como a hacer bufandas y gorros de ganchillo. Aprendí con dedos torpes, pero por dentro me aferraba con fuerza a una decisión clara: Protegería a este bebé con mi vida. Él nunca pasaría por lo que yo pasé.

Cuando llegó el momento de dar a luz, estaba en una pequeña habitación de hospital gestionada por el Ejército de Salvación. Estaba sola. Sin una mano que me sostuviera, sin una voz que me animara a superar el dolor. Cuando le vi por primera vez, algo cambió en mí. Era tan pequeño, tan frágil. Su piel estaba amarillenta por la ictericia, su cuerpo necesitaba cuidados especiales antes de poder venir a casa conmigo. Me quedé a su lado, rezando en silencio, observando cada subida y bajada de su pecho.

Aquellos primeros días me incliné junto a él y le susurré promesas al oído, promesas que sentía de todo corazón. *Seré fuerte por ti. Te protegeré. Daré mi vida por ti. Nadie nos separará jamás.* En mi mente de niña, ya lo había decidido: Nunca dejaría que mi hijo o mis hermanos sufrieran lo que yo había sufrido.

Ese voto me convirtió en lo que algunos llamarían más tarde una madre helicóptero. Yo revoloteaba. Sobreprotegía. Controlaba las puertas, me asomaba por las ventanas, escuchaba cualquier sonido fuera de lugar. Mis hijos nunca sabrían lo que era vivir con miedo bajo su propio techo.

Nunca tendrían que suplicar protección como yo se la había suplicado a mi madre. Incluso entonces, como una niña de doce años que acunaba a otro niño, ya era madre y guerrera.

Supervivencia A Los Diecisiete Años

A los diecisiete años, mi infancia había desaparecido. Dejé el instituto, no porque quisiera, sino porque la supervivencia lo exigía. Yo trabajaba, y también mi marido, mi amor del instituto. Él sólo tenía dieciocho años, era más un niño que un hombre, pero me prometió que me ayudaría a cuidar de mis hermanos. Juntos, con lo poco que ganábamos, compramos una casa.

No fue por orgullo, ni por ambición, ni siquiera por la emoción que siente la mayoría de la gente cuando compra su primera casa. Fue por necesidad. Mis hermanos necesitaban seguridad y yo estaba decidida a dársela.

Le dije a mi madre que podía quedarse con sus cheques de la VA, pero que a cambio me dejaría asumir toda la responsabilidad de criarlos. En otras palabras, intercambiamos los cheques por mis hermanos. Para mí, no era una ganga. Era libertad. Era la única forma de sacarlos de la violencia en la que habíamos crecido.

Esa casa no era un hogar lleno de sueños de infancia. Era una fortaleza de supervivencia. No me sentía orgullosa, ni realizada, ni siquiera adulta. Sólo me sentía responsable. Cada decisión que tomaba, cada dólar que gastaba, era por ellos, no por mí.

Cuando El Amor Se Sintió Como Una Traición

El matrimonio llegó demasiado pronto para mí, como todo lo demás en mi vida. Mi novio del instituto se convirtió en mi marido. Durante una temporada, me aferré a la frágil esperanza de que tal vez, sólo tal vez, podríamos construir algo estable juntos. Prometió ayudarme con mis hermanos. Prometió ayudarme a criar a mi hijo. Y durante un tiempo, lo hizo.

Pero las promesas son cosas frágiles cuando se construyen sobre cimientos rotos. Me abandonó cuando estaba embarazada de mi último hijo. Su ausencia fue brusca, pero sus palabras calaron más hondo: *"¿Quién te va a querer con todos estos niños?"*. Esas palabras sembraron mentiras en mi corazón que envolvieron mi valor como malas hierbas, ahogando la confianza que me quedaba.

Al principio, le juzgué con dureza, con el pecho ardiendo de rabia y amargura por su egoísmo. Pero poco a poco, sin darme cuenta, me convertí en lo que odiaba. Me convertí en él.

Ahora lo veo claramente. En el momento en que me alejé de Dios, me convertí en una jugadora. Jugué con los sentimientos de los hombres, sin saber lo que era el verdadero amor. Mi marido había sido un mujeriego, y a mi manera, yo le imitaba. Más tarde, cuando engañé a mi segundo marido, la verdad me golpeó como un maremoto. Dios me mostró que no sólo había engañado a mi esposo, sino que también lo había engañado a Él, mi primer amor. Mi infidelidad espiritual se había manifestado en lo físico. Yo no me di cuenta hasta años más tarde, después del divorcio, pero para entonces el daño ya estaba hecho.

Aunque había dejado atrás a Dios, me aferraba a un retorcido sentido de la moralidad. Puse límites: No tocaría al marido de otra mujer. No cruzaría esa línea. Pero dentro de esos límites, me dejé llevar por la espiral. Fui egoísta. Fui descuidada. Ansiaba la atención de los hombres, no porque los quisiera, sino porque necesitaba pruebas de que las palabras de mi ex marido no eran ciertas. Quería que alguien me deseara.

Los hombres se enamoraban de mí, pero nunca les dejaba pasar de la puerta principal de mi vida real. Mis hijos eran sagrados, intocables. Nunca traía hombres a su alrededor. Dentro de mi casa, intentaba mantenerla pura e impoluta. Pero fuera de esos muros, vivía una doble vida. Bebía, nunca hasta la embriaguez, pero lo suficiente para adormecer lo que no quería sentir. Jugaba con los hombres como peones en un tablero, manteniendo siempre mi corazón a una distancia prudencial. Había jurado que, en el amor, el que cayera más hondo sería siempre el que perdiera. Y me negaba a que fuera yo.

El sexo, para mí, nunca se sintió como intimidad. Debido a la forma en que se introdujo en mi vida -por vergüenza, secretismo y trauma-, nunca tuvo que ver con el amor. Se trataba de supervivencia. Una transacción. Una forma de llenar momentáneamente un vacío que siempre volvía. Por mucho que lo intentara, ese vacío nunca quedaba satisfecho.

Un Buen Hombre, Una Mujer Herida

Había un hombre que no merecía lo que le di. Un buen hombre. Un hombre piadoso. Me trató con el tipo de amor del que hablan las Escrituras, el tipo de amor que cubre una multitud de pecados.

Cocinaba. Limpiaba. Lavó la ropa. Me trajo rosas. Me trató como a una reina. Era gentil, firme y fiel. Y sin embargo, yo no podía recibir su amor. Estaba endurecida, blindada de formas que él no podía atravesar.

En lugar de ablandarme, tomé el control. Yo era el hombre de la relación. Trabajaba catorce horas al día, siete días a la semana, dirigiendo mi negocio como un general. Él tenía un horario regular, iba al gimnasio y descansaba. El resentimiento me quemaba por dentro. Lo veía débil, aunque lo único que quería era servirme y amarme.

El desequilibrio nos consumía. Él cuidaba mientras yo luchaba. Él quería paz y yo control. Él soñaba con ser mi marido en el sentido más verdadero, pero yo no le dejaba guiarme.

Finalmente, hice lo impensable. Lo engañé. No porque me fallara, sino porque no podía soportar ser vulnerable. Y cuando lo hice, me di cuenta de que me había convertido en lo que antes despreciaba.

Él no lo merecía. Él era todo lo que yo pensaba que quería en un hombre temeroso de Dios. Y sin embargo, yo no lo amaba. Me había casado con él por conveniencia, por el bien de mis hijos, por la imagen de estabilidad, por el papel que podía desempeñar. Pero una vez que mi hijo menor creció, le miré y no sentí nada. El vacío en mi interior se había tragado el amor que podría haber sido.

Le pedí que se fuera.

Años después, le pedí perdón, aunque si soy sincera, no fue porque lo sintiera profundamente en aquel momento. Fue por obediencia a Dios. Mi corazón seguía siendo duro, pero sabía que el Señor me pedía que me humillara. Así que dije las palabras, incluso cuando no podía sentirlas. Mirando hacia atrás ahora, veo cuánto más se merecía, no sólo la disculpa, sino el amor y el respeto que nunca le di.

El Punto De Ruptura

Mi vida se había convertido en un ciclo de votos rotos y victorias vacías hasta que una noche, de pie en una playa, por fin clamé a Dios. A mi novio de entonces le encantaban las peleas. Cada día era una guerra de palabras, las paredes temblaban por su ira. Era violento y, en algún momento, yo también me había vuelto violenta. Odiaba ser quien era con él, pero me aterrorizaba estar sola.

Caminé descalza por la arena, con las olas lamiéndome los tobillos mientras las lágrimas corrían por mi rostro. *"Dios, no puedo seguir viviendo así"*, susurré en la noche. *"Si me das la fuerza para dejar a este hombre, te prometo que te serviré el resto de mi vida"*.

Semanas después, se había ido. Dios me había escuchado.

La primera noche después de que se fuera, sentí algo que no había sentido en años, paz. Un profundo alivio se instaló en mi cuerpo como un ancla. Era como si por fin hubiera pasado una tormenta y pudiera respirar de nuevo. Durante tanto tiempo, la vida con él había sido como una montaña rusa, sus emociones me sacudían arriba y abajo hasta que creí que me rompería. Pero ahora, silencio, quietud y paz.

Incluso mi salud cambió. Recuerdo haber ido al médico una vez durante aquellos años, con la tensión por las nubes. Me miró a los ojos y me dijo: *"El día que te deshagas de ese hombre, tu cuerpo volverá a la normalidad"*. Meses después, volví para una revisión. Mi presión arterial se había estabilizado y mi cuerpo había recuperado la calma. El médico sonrió con complicidad y me dijo: *"Te has librado de él, ¿verdad?"*.

Tenía razón.

Y entonces mi hijo, sin conocer ninguno de los detalles, sin que yo hablara nunca del caos, me miró un día y me dijo: *"Mamá, no se puede poner precio a la tranquilidad"*. Sus palabras me atravesaron. Por la boca de los niños habla Dios.

Incluso antes de volver plenamente a Él, Dios ya estaba usando su voz para fortalecerme. Recuerdo que me desahogaba con mi mejor amiga una y otra vez sobre las mismas situaciones, las mismas peleas. Finalmente, el Espíritu Santo me detuvo y me dijo: *"¿Por qué sigues llamándola si no vas a cambiar nada? Si quieres seguir viviendo así, cállate porque esa es tu elección. Pero si realmente quieres cambiar, entonces haz algo al respecto"*.

La franqueza del Espíritu Santo y la sabiduría de mi hijo chocaron en mi alma como una tonelada de ladrillos. Algo se rompió dentro de mí. Supe que no podía volver atrás.

El vacío que me había perseguido después de cada relación fallida finalmente comenzó a cerrarse. Por primera vez, le pedí a Dios -no a un hombre- que lo llenara. Y Él lo hizo.

Restauración

Cuando se fue, Dios no sólo calmó la tormenta, sino que empezó a reconstruir la casa desde los cimientos. La primera habitación que tocó fue la que tenía la etiqueta de **madre**.

Comenzó cuando mi madre vino a vivir conmigo. Para entonces era legalmente ciega, testaruda como un poste de cedro y seguía preocupándose, especialmente por mi hijo Jim, su favorito. Al principio, no quería quedarse conmigo. *Quería vivir con mi hijo, no conmigo.* Se resistió, pero al final aceptó, con la maleta en una mano y el orgullo en la otra.

Las primeras semanas fueron duras. Era diabética y yo intentaba ponerle límites con la comida -lo que podía comer y lo que no- y a ella se le erizaban los pelos. Pasábamos varias rondas discutiendo sobre tortillas, tamales y refrescos, y yo sentía que el calor me subía al pecho. Una tarde, en mi frustración, me desahogué con Jim sobre ella. Él me escuchó y luego me atravesó con una frase tan simple que me desarmó: *"¿Qué importa quién tiene razón o no? Es como discutir con un niño. ¿Por qué lo harías?".*

Me fui a mi habitación y oré la única oración sincera que tenia: *"Señor, no tengo el amor que necesito para ella. Dame Tu corazón. Toma este corazón de piedra. Déjame verla con Tus ojos. Haz que sólo oiga lo que Tú quieres que oiga. Ayúdame a pensar como Tú piensas. Dame compasión... porque yo no la tengo".*

Dios respondió, no de golpe, sino como una lluvia suave que empapa la tierra. Me enseñó a bañarla con suavidad, a comprarle ropa que la hiciera sentirse guapa, a plancharle las blusas, a lavarle la ropa. Por la noche, me tumbaba a su lado en clínicas de rehabilitación y habitaciones de hospital, viendo Netflix en mi teléfono mientras ella se quedaba dormida. Mañana tras mañana, me levantaba para trabajar; noche tras noche, volvía a su lado. Las tareas se convirtieron en ternura. El orgullo se convirtió en cuidado. *Era mi madre y yo cuidaría de ella.*

Un día, íbamos en auto, con las ventanillas abiertas y el sol caliente en las manos, cuando rompió el silencio. "Carmen... ¿puedes perdonarme?" Su voz era pequeña, vacilante, como la de un niño que tantea el agua.

"¿Por qué, mamá?"

"Por todo lo que te hice cuando eras una niña... Cuando debería haberte protegido y no lo hice".

Su rostro -oh, Dios- estaba delineado con un dolor que nunca había visto. No estaba a la defensiva. Sólo... arrepentida. Sentí que algo sagrado se movía por el auto, como el aliento de Dios. El perdón surgió en mí, no forzado, no teórico, sino vivo. La perdoné. Ambas lloramos. Años de dureza se ablandaron bajo el peso de la misericordia.

Y entonces me volví hacia ella, con lágrimas cayendo por mi propio rostro, y le dije: *"Mamá, ¿tú también me perdonarás? Por el odio que te he profesado todos estos años"*. Ella no dudó. Me miró, asintió y susurró: *"Sí"*.

En ese momento, el perdón fluyó en ambos sentidos: de ella hacia mí y de mí hacia ella. Algo se rompió. Algo se levantó. La pesadez de las generaciones se hizo añicos, sustituida por una misericordia que ninguno de los dos podríamos haber fabricado por nuestra cuenta.

Después de aquello, viajamos juntas. Se convirtió en mi copiloto, con el bolso pegado a ella, siempre lista antes que yo, deseosa de ir a cualquier parte conmigo. Encontramos un ritmo. La risa volvió a nuestra casa. Elegí recordar lo bueno, porque lo bueno era finalmente más fuerte que el pasado.

No sabíamos que mamá iba a morir. Se suponía que era una operación rutinaria. Antes de eso, cuando se rompió la muñeca, dormí a su lado durante la rehabilitación, aprendiendo el lento y sagrado trabajo de la paciencia: ayudándola a ducharse, vistiéndola con cuidado, aplicando loción sobre la piel que me había traído a este mundo. Planché sus pantalones, emparejé sus bufandas y sentí que el orgullo crecía en mí: ésta *es mi madre*. Cuando murió, una parte de mí se fue con ella. El asiento del auto a mi lado me pareció demasiado ligero y mi mano derecha buscó instintivamente a alguien que ya no estaba allí. Aun así, me negué a reabrir la cámara acorazada de viejos recuerdos que sólo almacenaban dolor. Quería recordarla como Dios me la había devuelto: arrepentida, tierna, mía.

Dios me concedió una misericordia más antes de que se fuera a casa. Permaneció en una cama de hospital, con dos semanas de pruebas que se prolongaron en una niebla de espera. Estuve con ella día y noche. El Señor apretó el Salmo 51 en mi corazón. *Léeselo. Que lo repitiera*. Así lo hice -línea por línea, oración por oración- hasta que llegamos a: *"Lávame y seré más blanca que la nieve"*. Al oír esas palabras, se echó a llorar. Vi cómo el arrepentimiento inundaba su rostro, cómo el Espíritu hacía lo que sólo Él puede hacer. Lloramos juntos. Se entregó a Jesús, le pidió perdón. Sentía el cielo muy cerca. Yo no sabía entonces lo que sé ahora: Dios me estaba dejando ver sus ropas siendo lavadas. Él sabía que yo necesitaba esa paz.

La Hija Que Regresó El Día De La Madre

Solía orar una oración secreta: *Dios, si no hay nada más, permíteme disculparme con mi hija. Permíteme mirarla a los ojos y decirle por qué*. La había dado en adopción a los dieciséis años, no porque no la quisiera, sino porque me negaba a traer una hija a la violencia en la que vivíamos. Yo podía soportar el infierno, pero no se lo daría a ella.

Años más tarde, Dios respondió de una manera que sólo Él podía, a través de Ancestry.com. Encontró a mi nieta, Vanessa, porque la coincidencia de sangre era alta. Melanie se acercó, pensando que era Vanessa; resultó ser la abuela de Vanessa por parte de madre. Se corrió la voz hasta Rachel, la ex mujer de mi hijo Jim. Rachel llamó a Jim: *"Hay una mujer que dice ser tu hermana"*.

Jim dijo: *"De ninguna manera"*. No se lo había dicho a mis hijos. La vergüenza es un silenciador. Pero mi hermano menor estaba en el auto con Jim. *"Es verdad"*, dijo en voz baja. Jim, atónito, le dijo a Rachel que le pasara su número. Él y mi hermano hablaron con Melanie. Ella dijo: *"Quiero conocer a mi madre"*. El ADN confirmó que era hermana de mis hijos; mi novio del instituto era su padre.

Cuando Melanie supo que Jim era el mayor y que yo lo había tenido a los doce años, hizo la pregunta que había vivido en sus huesos: *"¿Por qué no me tuvo a los dieciséis?"*. Mi hermano, firme y amable, le dijo la verdad: *"No quería meterte en lo que estábamos viviendo"*.

Querían sorprenderme con ella, traerla un día a la habitación y ver cómo se desarrollaba el reencuentro. Pero temían que me diera un infarto. *"No la sorprendan"*, decían. *"No con algo tan grande. Llevémosla poco a poco"*.

Planearon cómo decírmelo. Mi hermanito, que siempre se sintió como un hijo, me llamó al trabajo. *"Siéntate"*, me dijo. Me senté. *"¿Adivina quién se ha puesto en contacto con nosotros? Tu hija. La que diste en adopción"*.

Un sonido salió de mí, mitad risa, mitad llanto. Grité y las cabezas se giraron. Todo lo que podía pensar era: *Dios, me has oído. Te acordaste de mi oración.*

Nos conocimos el Día de la Madre. No es coincidencia: Dios escribe con mano de poeta. Corrimos el uno hacia el otro, y aquel primer abrazo fue como abrir la puerta de una casa en la que había vivido toda mi vida pero a la que nunca había entrado. Se parece a mí, mi cara en un lienzo más oscuro. Me dijo que su madre de acogida la había hecho sentir "rara" y "diferente", pero que en el fondo siempre supo que era mía. Me trajo una carta que me había escrito cuando tenía once años. Sostuve el papel como si fuera una reliquia.

"Lo siento mucho", le dije. "No quería que nadie te tocara ni te hiciera daño".

Ella respondió: "Mamá, lo entiendo. Cuando tuve mis propios hijos, sabía que lo hacías para protegerme. Y Dios me dio una buena familia. Nunca tuve un problema así".

Desde entonces, nos hemos integrado en nuestras vidas como si no hubiéramos perdido el tiempo. Estar con ella me resultaba familiar, como si siempre hubiera estado aquí. Incluso su risa tenía el mismo ritmo y tono que la de mi hija pequeña, y sus gestos se parecían, aunque nunca hubieran estado juntas. El parecido iba más allá de la apariencia; estaba en la forma en que se movían, la forma en que iluminaban una habitación.

Me hizo pensar en el viejo debate de la naturaleza frente a la educación. Hay cosas que no se pueden explicar por el entorno o la educación. Ella se había criado en un hogar totalmente distinto, con gente distinta, costumbres distintas, y sin embargo había mucho de mí en ella. La sangre tiene su propia memoria. Había algo más profundo, algo que Dios mismo había entretejido en su ser y que nos unía mucho antes del reencuentro.

He conocido a su marido, a sus hijos, incluso ramas del árbol genealógico que nunca me había atrevido a escalar. Ahora nos llamamos. Nos visitamos. Nos ayudamos mutuamente. Nos pertenecemos.

Y cuando miro atrás y veo a todos mis hijos, todos ellos con estudios, todos ellos profesionales, todos ellos llevándose a sí mismos con dignidad, veo el peso de la fidelidad de Dios. Yo no tenía ningún título. Fui madre soltera más de una vez. Pero los crie con lo poco que tenía: moral, valores y las verdades que conocía de la Palabra de

Dios. De alguna manera, Dios tomó esas semillas y las hizo crecer hasta convertirlas en un bosque. Incluso Melanie, otro árbol injertado, está floreciendo con las mismas raíces de gracia.

Perdonando Al Hombre Que Planeaba Matar

Tenía unos veintiséis años cuando el Señor me pidió que hiciera lo que parecía imposible. Había invitado a mi padrastro, el hombre cuya oscuridad había marcado mi infancia, a la iglesia. Vino. Durante el estudio de la Biblia, sentí el empujón inconfundible de Dios: *Pídele perdón.*

¿A mí? ¿Por qué? Por el odio. Por el asesinato que ya había ensayado en mi mente. Por los complots que había tendido como trampas. Dios no me pedía que fingiera que sus pecados no habían sucedido; me pedía que dejara la muerte que llevaba dentro.

Así que me puse de pie -con el corazón palpitante- y dije, delante de todos: "Siento haberte odiado tanto que planeé tu muerte".

No sentí fuegos artificiales. No oí cantar a los ángeles. Pero el cielo oyó obediencia. La curación funciona como la levadura: invisible, imparable, subiendo en secreto. No puedo decirte el día en que cayeron las cadenas; sólo sé que una mañana las tomé y ya no estaban. Dios las había cortado mientras dormía.

¿Por qué me pidió Dios que lo hiciera? Porque el odio estaba envenenando todos los pozos de mi vida. La bebida de mi padre, la depredación de mi padrastro y la infidelidad de mi marido me habían enseñado a odiar a los hombres. Ese odio me estaba moldeando, afilándome hasta convertirme en la misma hoja que me había herido. El perdón no consistía en decir que *estaba bien*; consistía en decir *que no volvería a ser la dueña de esto*. Así fue como Dios me enseñó a dejar ir.

Escrituras Que Me Guiaron

Dos capítulos se convirtieron en mi salvavidas en la oscuridad: El Salmo 51 y el Salmo 91.

El Salmo 51 me enseñó lo que significaba caer de rodillas en verdadero arrepentimiento. No del tipo superficial, sino del tipo que te abre y permite que Dios lave lo que tú nunca podrías limpiar por ti mismo. Cada vez que leía*: "Crea en mí, oh Dios, un corazón limpio, y renueva un espíritu recto dentro de mí",* sentía que Él cincelaba la piedra que rodeaba mi corazón y la sustituía por carne.

El Salmo 91 me envolvió como una armadura cuando no tenía ninguna. *"El que habita en el lugar secreto del Altísimo morará bajo la sombra del Todopoderoso".* Esas palabras eran más que poesía; eran supervivencia. Me recordaban que no estaba sola.

Esas escrituras no eran sólo versos en una página. Eran aliento en mis pulmones, luz para mi camino y el ancla que me impedía ser arrastrada.

A La Niña De Doce Años

Todo va a salir bien. Dios está contigo, y si Dios está contigo, nadie podrá contra ti. La alegría del Señor será tu fuerza, incluso cuando no sientas alegría alguna. Aguanta. Estás en un viaje, pero no estás sola en él. Mantén tus ojos en Jesús. Todos los hombres de la tierra pueden fallarte; Él no lo hará. La gente toma decisiones desastrosas, pero la misericordia de Dios es oceánica. Él sigue sacando a la orilla lo que arrojamos al mar, limpiándolo y haciéndolo útil. A través del perdón, Él romperá las cadenas dentro de ti, y lo que ató generaciones no tiene que atarte. El libre albedrío puede hacer un desastre; el perdón hace un futuro.

Las Huellas De Dios En Cada Página

Mirando hacia atrás, puedo ver los lugares donde la mano de Dios me cubrió incluso cuando huía de Él:

- Las líneas que no cruzó mi padrastro y que podrían haberme destruido; ése era el escudo de Dios.

- El hombre bueno y piadoso que me dio, a quien no supe amar, fue la prueba de que Dios trató de darme una bendición antes de que yo tuviera la sabiduría para sostenerla.

- El hombre que yo creía que era mi padre, que nunca volvió sus puños contra mí o mis hermanos, era la misericordia en una casa violenta.

- Una madre que se negó a abortar cuando se le instó a lo contrario, fue Dios preservando una vida que pensaba redimir.

- Un ex novio volátil y cruel que nunca me puso la mano encima. Protección, incluso en situaciones de peligro.

- Un pastor que llamaba todos los sábados, "sólo para practicar", y me pasaba sermones por teléfono. Era la voz de Dios disfrazada, llamándome a casa.

Todo el tiempo quise hacerlo por mi cuenta. Llevaba el poder como un arma: *nunca volveré a ser débil.* Pero el mismo poder que resucitó a Jesús de entre los muertos no vino a endurecerme; vino a sanarme. Una vez que me rendí, lo vi: las huellas de Dios en cada página. La falta de conocimiento había impulsado mis peores decisiones; el conocimiento de Dios comenzó a reescribirlas.

La Palabra De Mi Testimonio

Hay una escritura que nombra mi victoria y explica por qué les estoy contando todo esto:

> *"Y ellos lo vencieron por la sangre del Cordero y por la palabra del testimonio de ellos; y no amaron sus vidas hasta la muerte"*. (Apocalipsis 12:11 LBLA)

La sangre habla de lo que Jesús hizo. El testimonio habla de lo que Él hizo **en mí**.

Este es mi testimonio: Yo era una niña asustada que hizo un voto de nunca ser lastimada de nuevo y crecí hasta convertirme en una mujer que lastimaba a otros. Fui una madre que aprendió a proteger por las malas y una hija que aprendió a perdonar por las buenas. Fui una planificadora de venganza que eligió la misericordia y una rompedora de corazones que encontró el mío. Fui una corredora que finalmente se dio la vuelta y descubrió que Dios había estado corriendo hacia mí todo el tiempo.

Si Él lo hizo por mí, lo hará por ti. Si Él restauró a mi madre, puede restaurar a la tuya. Si Él trajo a mi hija a casa el Día de la Madre, Él puede devolver lo que se perdió en tu historia el mismo día en que se corta más profundo. Si convirtió a mis hijos en robles de justicia que crecían en la delgada tierra de una madre soltera sin diploma, puede hacer bosques de tu desierto.

El perdón no es olvido. Es la llave que Dios pone en tu mano para que puedas salir de la celda, entrar en la luz y dejar que Él te lleve a casa. Y el hogar, he aprendido, no es una casa segura que compras a los diecisiete años; es un Dios que nunca se va.

Lo que no te mata no te hace fuerte por sí mismo. Dios lo hace cuando caminas con Él.

Y ahora, por Su gracia, yo lo hago, y tú también puedes.

Carmen Sauceda

Instagram: @itscarmensauceda

"Por tanto, vayan y hagan discípulos de todas las naciones, bautizándolos en el nombre del Padre y del Hijo y del Espíritu Santo, enseñándoles a obedecer todo lo que les he mandado a ustedes. Y les aseguro que estaré con ustedes siempre, hasta el fin del mundo".
- Mateo 28:19-20

Epílogo

Hay un momento, en algún lugar entre la angustia y la curación, en el que empiezas a darte cuenta de la verdad: Dios nunca estuvo ausente. Su mano nunca te abandonó. El silencio que temías no era un abandono, sino una invitación.

A menudo lo llamamos esperar: esperar a que se abran las puertas, esperar a que se responda a las oraciones, esperar a que se produzcan milagros. Pero si somos sinceras, muchas veces no somos nosotras las que esperamos a Dios, es Dios el que espera en nosotras. Esperando que le creamos. Esperando a que renunciemos a lo que nos hemos estado aferrando. Esperando a que confiemos en que Sus caminos son más elevados, Su tiempo mejor, Su amor más profundo de lo que jamás imaginamos.

La entrega es la tierra de los milagros. Cuando dejamos ir nuestra voluntad, hacemos espacio para la de Dios. Con demasiada frecuencia, nos aferramos con fuerza a nuestros propios planes, cuando Él anhela darnos los suyos, que son *"muchísimo más abundantes que todo lo que podamos pedir o imaginar"* **(Efesios 3:20)**.

Nuestro libre albedrío es nuestro superpoder. Y creer es lo que lo potencia. Creer va de la mano con recibir. La buena noticia es que Dios no pide una fe perfecta. Él dice que si tu fe es tan pequeña como un grano de mostaza, puede mover montañas **(Mateo 17:20)**. Él toma lo poco y lo hace mucho, porque Él es un Dios bueno.

Y cuando Él te mira, Él no está buscando la perfección. Lo que busca es tu corazón. Ahí es donde comienza. Ahí es donde todo cambia.

Así que te invito, aquí y ahora, a que abras tu corazón a Jesús. Dilo con todo lo que eres: *"Creo que Tú moriste por mí. Creo que resucitaste. Creo que Tú pagaste la pena por mis pecados"*. Inténtalo. ¿Qué tienes que perder? Sólo ganar el cielo.

Cuando lo hagas, lo sentirás: el despertar de tu alma, la agitación de una nueva vida, el innegable saber que eres vista, perdonada y amada sin medida.

Porque *Diosito sí quiere, hija*. Sus promesas nunca han flaqueado. A veces el milagro no está esperando Su mano, está esperando tu sí.

Oración De Declaración Final

"Si declaras con tu boca: Jesús es el Señor, y crees en tu corazón que Dios lo resucitó de entre los muertos, serás salvo".
- Romanos 10:9

Señor Jesús,
Hoy te abro mi corazón.
Creo que moriste por mí.
Creo que resucitaste.
Creo que pagaste el precio de mis pecados.

Rindo mi voluntad y hago lugar para la Tuya.
Creo que Tú harás todo lo que yo pueda pedir o imaginar.
Confío en que incluso mi fe de grano de mostaza es suficiente para que Tú muevas montañas en mi vida.

Gracias por hacer mucho con mi poco.
Gracias por ver mi corazón y llamarme tuya.
Desde este día en adelante, elijo caminar en libertad,
Elijo caminar en fe,
Elijo caminar en Ti.

En el nombre de Jesús, Amén.

"Por lo tanto, si alguien está en Cristo, la nueva creación ha llegado: Lo viejo se ha ido, lo nuevo está aquí".
- 2 Corintios 5:17

Agradecimientos

Con el corazón rebosante de gratitud, quiero detenerme a honrar a todas y cada una de las personas que han contribuido a dar vida a este proyecto. Este libro no son sólo palabras sobre papel; es un trabajo de amor, fe y comunidad, cosido con las manos, las oraciones y el aliento de muchos.

A las increíbles colaboradoras, gracias por su confianza, valentía, honestidad y voluntad de compartir trozos de su alma. Sus historias llevan el peso de la verdad, la belleza de la curación y la luz de la gracia de Dios. Cada una de ustedes ha vertido algo sagrado y, juntas, hemos creado un libro que resonará a través de las generaciones.

A mi familia y a mis amigos, gracias por estar a mi lado en las largas noches, los plazos y los momentos de incertidumbre. Su aliento me ha recordado mi "por qué" y los planes de Dios sobre mi vida.

A mis hermanas de M3 Mastermind *(m3mastermind_podcast)*, gracias por su amor inquebrantable y su santa responsabilidad, por siempre reflejarme quién soy cuando lo olvido, y por nunca dejarme conformar con nada menos que lo mejor de Dios. Me han mostrado cómo es la verdadera hermandad. Una que está arraigada en la verdad, levantada por la oración, y envuelta en el tipo de gracia que llama a una mujer más alta.

Por encima de todo, este proyecto está dedicado a mi Señor y Salvador, Jesucristo. Yo soy simplemente Su recipiente, y Él puede hacer lo que desee con este trabajo. Gracias, precioso Señor, por la bendición de ser usada por Ti. Que cada página testifique de Tu gloria y bondad.

Y a ti, querida lectora, gracias por abrir tu corazón, por viajar con nosotras, y por permitir que estas palabras te encuentren exactamente donde estás. Mi esperanza es que a medida que pases estas páginas, comiences a despojarte de las capas que este mundo ha puesto sobre ti. Que entres en tu yo más auténtico, en el poder que Dios te ha dado y que es inherentemente tuyo, y en el propósito divino que sólo tú puedes cumplir.

Con profundo amor y gratitud,

Eliza Michelle Garza

Acerca De La Autora
Eliza M. Garza

Eliza M. Garza es una autora de libros infantiles superventas, conferenciante dinámica, coach de fe y líder global de *The Latina Empire*. Dotada para contar historias, utiliza su voz para iluminar relatos que inspiran la fe, fortalecen a las familias y fomentan el amor por la alfabetización.

Sus aclamados títulos en spanglish, entre los que se incluyen *Raspas Con Mi Grandpa* y *Vendiendo Con Mi Grandpa*, celebran la cultura a la vez que enseñan valores intemporales de amor, conexión y herencia. A través de *Vendiendo Con Mi Grandpa*, también encabeza un programa pionero de educación financiera para niños, dotando a la próxima generación de habilidades empresariales y herramientas prácticas de gestión del dinero.

Garza es la curadora de la innovadora antología *Si Diosito Quiere, Mija* (*God Willing, Daughter*) y la visionaria detrás del próximo podcast del mismo nombre, diseñado para amplificar el libro y compartir poderosas historias de Dios que despiertan esperanza y transformación. También es la fundadora de Mija Media House, una editorial creativa dedicada a ayudar a los autores a dar vida a sus historias a través de la narración impulsada por el propósito, la orientación editorial profesional y el desarrollo del autor.

Como entrenadora de fe, acompaña a las mujeres para ayudarlas a abrazar la identidad que Dios les ha dado, a despojarse de las capas impuestas por el mundo y a activar su vocación única. En su papel con *The Latina Empire*, eleva y equipa a las mujeres a nivel mundial, afirmándolas como recipientes de influencia, portadoras de legado y constructoras del futuro.

Su misión es clara e inquebrantable: glorificar a Dios, empoderar a la próxima generación y encender la transformación.

*Invita a Eliza a inspirar a tu escuela, organización o comunidad religiosa a través de una **visita de autor, una charla o una experiencia de coaching de fe**. Reserva ahora en elizamgarza.com*

Una invitación para ti

Si este libro ha tocado tu corazón, te invitamos a dar el siguiente paso y compartir *tu* historia con nosotras. Los testimonios tienen el poder de curar, inspirar y recordar a todas que no están solas. Tu voz es importante y será un honor escucharla.

Sigue el viaje en @SiDiosito para conectar, compartir tu testimonio y descubrir más formas de mantenerte inspirada.

Continúa la conversación con las autoras. Sigue sus páginas en las redes sociales, anímales y hazles saber cómo te han impactado sus palabras.

Tu historia importa

Creemos que Dios sigue escribiendo historias a través de mujeres como tú. Aquí tienes cómo unirte a nosotras:

Volumen II - God Willing, Daughter / Si Diosito Quiere, Mija Antología

Solicita compartir tu testimonio en el próximo volumen de *Si Diosito Quiere, Mija* enviando un correo electrónico a authorelizamgarza@gmail.com. Recibirás un formulario para comenzar.

🎙 **Próximamente-*Si Diosito Quiere, Mija: El Podcast***
Poderosas historias de Dios de mujeres que encontraron fe, sanación y propósito a través de encuentros divinos.

Cada episodio presenta a una de las increíbles autoras del libro. Ellas comparten las partes de su viaje que no llegaste a leer, los momentos detrás de las páginas y los milagros que dieron forma a su fe.

Escanea para seguirnos y sé de las primeras en escuchar cuando se lance el podcast. Juntas estamos construyendo una comunidad de fe, amor y transformación, testimonio a testimonio.

@SIDIOSITO

www.ingramcontent.com/pod-product-compliance
Lightning Source LLC
Chambersburg PA
CBHW072002150426
43194CB00008B/968